刑法理論の基礎 II

不真正不作為犯の体系と構造

YOSHIDA Toshio

吉田敏雄

成文堂

はしがき

　本書は，不真正不作為犯の諸問題について体系的，構造的に取り組んだものです。複眼的視座から検討する事が重要ですので，日本の学説・判例はもとより，ドイツ語圏刑法学・判例も取り上げました。本書は，『刑法理論の基礎』続編として，法学部学生講義用に書かれたものですが，日本の通説・判例をなぞらえたというより，それを批判的に検討した上で，あるべき方向を展開しましたので，不真正不作為犯の分野をいっそう掘り下げて検討してみたいという方にもお役に立つのではないかと思います。

　本書の執筆に当たっては，マックス・プランク外国・国際刑法研究所（フライブルク／ドイツ）のご配慮をいただきました。同研究所所長ハンス＝イェルク・アルブレヒト教授（Prof. Dr. Hans-Jörg Albrecht），同研究所ヘルムート・クーリー教授（Prof. Dr. Helmut Kury），並びに，リンツ大学のラインハルト・モース教授（Prof. Dr. Reinhard Moos）のご厚意並びに学恩に感謝申し上げます。

　本書の企画・公刊に当たりましては，成文堂社長・阿部耕一氏及び同社編集部長・本郷三好氏のご配慮を賜りました。ここに，紙面を借りて，心より感謝申し上げます。

　　2010年6月1日　梢にそよぐ若葉がうす緑から濃い緑に変わる季節

　　　　　　　　　　　　　　　　　　　　　　　札幌にて
　　　　　　　　　　　　　　　　　　　　　　吉　田　敏　雄

目　次

はしがき

序　章 …………………………………………………… 1

第1章　不作為犯総説 ………………………………… 7

  Ⅰ　不作為犯の体系と種類 ………………………………… 7
  Ⅱ　真正不作為犯 …………………………………………… 9
  Ⅲ　不真正不作為犯 ………………………………………… 11
  Ⅳ　複合的行為態様における作為と不作為 ……………… 14

第2章　不真正不作為犯の構成要件 ………………… 27

  Ⅰ　客観的構成要件 ………………………………………… 27
    1　結果回避義務を基礎付ける状況　27
    2　必要な作為の非着手（不作為）　28
    3　必要な作為に着手する事実上の可能性（個別行為能力）　30
    4　結果の発生　34
    5　不作為の因果関係　35
    6　保障人の地位　43
  Ⅱ　主観的構成要件要素 …………………………………… 110
    1　故意の内容と対象　110
    2　構成要件的錯誤　114
  Ⅲ　客観的帰属 ……………………………………………… 115

第3章 違法性 …………………………………………………… 135

1 緊急避難　135
2 保障人の義務衝突　137
3 被害者の承諾　140
4 正当防衛　141

第4章 責　任 ………………………………………………………… 143

第5章 未　遂 ………………………………………………………… 147

第6章 過失の不真正不作為犯 ……………………………………… 157

1 過失の不真正不作為犯概説　157
2 管理過失・監督過失　159

第7章 不作為による正犯と共犯 …………………………………… 173

1 間接正犯　173
2 共同正犯　175
3 不作為犯に対する作為による共犯　180
4 不作為による共犯　182

序　章

　不退去罪（刑法第130条後段）や不解散罪（刑法第107条）のように明文で一定の不作為を犯罪としている少数の例外的場合（一般に，真正不作為犯と呼ばれる）を除いては，犯罪構成要件は作為の行為態様を予定しているように見える。そうすると，不作為で結果を実現したといえるような場合（一般に，不真正不作為犯と呼ばれる），例えば，乳飲み子に授乳しないで餓死させたとか，あるいは，病気の幼児を病院へ連れて行かないで病死させたといった場合，「死なせた」とは言えても，「殺した」とは言えず，そうすると，「死なせた」場合の明文の規定がないので殺人罪や過失致死罪では処罰できないのではないか，処罰できるとしても，作為とでは犯罪成立要件が異なるのではないかという問題が生ずる。

　不作為犯の基本問題は，いかなる要件がそろえば，構成要件該当結果の発生を阻止しないことが作為によって結果発生を惹起した場合に等値できるかというところにある。ドイツではこれについては，18世紀に殺人罪に関して議論されたこともあったが，結果回避の法義務を体系的に把握する努力はフォイエルバッハに遡る。フォイエルバッハは，「人にわれわれが現実に行為に出ることを要求する権利がある限り，その限りで不作為犯が存在する。……しかし，市民を義務付けるのは本来的に不作為だけであるから，不作為犯は常に，作為を義務付ける特別の法的根拠（法律又は契約）を前提とする[1]」という啓蒙期の自由主義理念に特徴的な根拠付けで，専ら法律と契約だけを結果回避を義務付ける法的根拠とすることで十分であるとした。シュパネン

---

[1] *J. Feuerbach*, Lehrbuch des gemeinen in Deutschland gültigen Peinlichen Rechts, 14. Aufl, 1847, S. 24.

ベルクとヘンケ[2]はこれを超えて緊密な生活状態（例えば，婚姻，近親関係）も義務付けの根拠と見た。シュチューベルはこれに危険な先行行為を結果回避義務の根拠として加えた。「助けなければ死なざるをえない状況に他人をおいた者は，その者を助けないとき，殺人の罪を問われる」と[3]。これによって，後の不作為犯理論発展の礎が築かれたのである。

19世紀中頃，刑法学に自然科学の思考が浸透するに及んで，等値性問題を発生した結果に対する不作為の因果性を証明することで解決しようとする試みが為された。不作為の間に行われる作為を原因とする他行行為説（平行作為原因説）[4]，不作為に先行する作為を原因とする先行行為説（先行作為原因説）[5]が主張されたが，これらは一定の不作為を負責の対象とするものではなく，評価の対象を誤っていたのである。最も支持を集めたのが「干渉説[6]」であった。それによると，不作為の因果性は行為衝動を抑圧するところにあり，結果を阻止する要素（行為意思）が除去されることで，結果を現実に惹起するという。しかし，この説も認識のない過失の不作為では行為衝動の抑圧というようなことは問題外であるし，故意の不作為であっても，初めから行為衝動が存在しない場合には，行為衝動の抑圧は問題となりえないところに難点があった[7]。このように，因果性を証明する試みはどれも成功せず，結局，因果性は不作為の決定的問題ではないという認識が支配的となった。

---

[2] *Spangenberg*, Über Unterlassungsverbrechen und deren Strafbarkeit, Neues Archiv des Criminalrechts IV (1821), S. 527 ff., 539.; *Henke*, Handbuch des Criminalrechts und der Criminalpolitik, I. Teil, 1823, S. 395 f.
[3] *Stübel*, Über die Teilnahme mehrerer Personen an einem Verbrechen, 1828, S. 61.
[4] *H. Luden*, Abhandlungen aus dem gemeinen teutschen Strafrechte, Bd. II, 1840.
[5] *A. Merkel*, Kriminalistische Abhandlungen, Bd. II, 1867, S. 81.; *J. Glaser*, Abhandlungen aus dem österreichischen Strafrecht, Bd. II, 1858.
[6] *M. v. Buri*, GS (1869), Ueber die Begehung der Verbrechen durch Unterlassen, 189 ff., 196 ff.; *K. Binding*, Die Normen und ihre Übertretung, Bd. II, Hälfte 1, 2. Aufl., 1914, S. 516 ff., 536 ff., 555 ff. わが国では，勝本勘三郎『刑法要論総則』1913年・146頁。
[7] *C. Roxin*, Strafrecht, AT, 2003, §31 Rn 38.

不作為の可罰性はその因果性の仮定とはまったく関係がない。決定的に重要なのは，社会によってその介入を頼りにされている者が，期待された活動をしないことで，世話を当てにしていて，他の保全策も無く無保護の状態にある利益を侵害するという規範的観点であることが認識されるようになった。したがって，等値性問題は因果関係に代わって作為義務の問題となり，作為義務は違法性の問題となったのである[8]。長いこと，不作為犯にとって重要な法義務はまったく形式的にその発生根拠（法律，慣習法，契約，先行行為）から基礎づけられたのである（形式的法義務説）。しかし，既に早くから，結果回避の法義務を実質的に刑法の保護任務から演繹する試みもあった（実質的法義務説）。不作為者の社会的義務圏，健全な国民感情，社会共同体の内的秩序の必要事が強調されたのである[9]。不作為犯理論史の暫定的終結をもたらしたのがナーグラーの理論であった[10]。それによると，作為義務は非類型的・実質的な違法性の問題ではなく，作為義務を負わない者の不作為はそもそも構成要件に該当しない。すなわち，違法性の問題の前に，構成要件該当性が問題とされなければならない。重要なことは，等値性であって，不作為者に，法敵対的エネルギーを無害にする責務を負う，結果不発生の保障人としての特徴を与える要素によって，不作為犯に対応する作為犯の構成要件を補充するという問題である。法義務が保障義務であり，この義務を基礎付ける特別の関係が保障人の地位であり，その義務者が保障人である（保障人説）。

　国家社会主義政権の下で，ドイツ刑法第2条が改定され，罪刑法定主義が

---

[8] *E. Beling*, Die Lehre vom Verbrechen, 1906, S. 224 f.; *M. E. Mayer*, Der allgemeine Teil des Deutschen Strafrechts, 1923, S. 190 f. わが国では，牧野英一「不作為の違法性」（黒田・牧野『行為の違法，不作為の違法性』所収・1924年）。
[9] *H. -H. Jescheck, Th. Weigend*, Lehrbuch des Strafrechts. AT, 5. Aufl., 1996, § 58 I 1. 内田文昭『刑法概要上巻』（1995年）302頁以下。
[10] *J. Nagler*, Die Problematik der Begehung durch Unterlassung, GS 111 (1938) S. 1 ff. 参照，中谷謹子「不真正不作為犯の問題性に関する一考察」慶応大学『法学研究』30巻4号（1957年）14頁以下，12号40頁以下。中森喜彦「保障人説について」『法学論叢』84巻4号（1969年）1頁以下。

否定され，国民感情の観点からする類推解釈が許容された。第二次世界大戦後，この規定は削除され，罪刑法定主義が基本法第103条第2項，刑法旧第2条第1項に規定された。罪刑法定主義のこの再認識とあいまって，戦後一時期有力となった目的的行為論が不作為犯理論に影響を与えた。目的的行為論者の1人であるアルミン・カオフマンはその「逆転原理」において，作為と不作為は存在論的構造を異にし（Aとnon-Aの関係），不作為を「行為」の中に包摂することはできず，規範論理上は，作為犯はある一定の行為をするなという禁止規範に違反するものであるのに対して，不作為犯はある一定の行為をせよという命令規範に違反するもので，両者は規範違反の構造の上においてまったく本質を異にするので，禁止規範を内容とする作為の構成要件に不作為を含めることはできないこと，作為と不作為は因果関係，故意不作為においては，不作為をする決意（「故意」が法的に重要なのではなく，逆に，命令された作為をする決意の欠如しているということが重要であり，したがって，不作為の故意なるものは存在しない）等においてもまったく異なると主張したのである[11]。ここから，作為犯と不作為犯を1つの構成要件に包摂するのは不適切であるのみならず，作為犯の形式で規定されている構成要件に不作為の場合も含まれるとすることは罪刑法定主義に違反する恐れがあるのではないかが問題となったのである。したがって，この疑いを除くために，不真正不作為犯について新たな規定を設けるべきだとする要請が強くなったのである。同時に，不真正不作為犯の適切な成立要件を定めることによって，不真正不作為犯の成立範囲の不当な拡張を抑制することもできると主張されたのである。これが，1975年1月1日施行のドイツ刑法第13条（不作為による作為）の新設に繋がったのである。その条文には保障人説の影響が見て取れるのである。

　わが国においては，既に牧野英一が「不作為犯の成立については，超法規的な標準に依って事を論ぜねばならぬことになる次第からして，公序良俗乃

---

[11] *Armin Kaufmann*, Die Dogmatik der Unterlassungsdelikte, 1959.

至信義誠実の原則，その他事物の性質に依り当然であるということが，犯罪の構成要件を左右する」として，類推解釈を許容していた[12]。また，小野清一郎も，不真正不作為犯は拡張的又は類推的解釈によって構成要件該当性の認められる場合であると主張していた[13]。しかし，目的的行為論の影響が日本にも及び，不真正不作為犯の処罰は罪刑法定主義に違反すると主張する学説が現れた。これは立法論に影響を与えることになった。すなわち，罪刑法定主義違反の疑念を払拭するために，不真正不作為犯の総則規定をおくべきであるという主張が為された[14]。事実，1974年の改正刑法草案第12条は不作為による作為犯を規定している[15]。しかし，不真正不作為犯の立法化の要請は必ずしも強いものではなかった。なぜなら，一般に，規範論理的には，作為犯が禁止規範違反，真正不作為犯が命令規範違反とされるのに対し，不真正不作為犯は命令（作為義務）違反を通じて禁止規範に違反すると捉えられていたからである（「命令違反を契機とする禁止違反」，つまり，不作為による「作為犯[16]」）。しかも，総則規定の新設をすれば，これまで不真正不作為犯の成立に謙抑的態度をとってきた実務を処罰拡大の方向に向かわせかねないとの恐れがあると考えられるのであり，そこで仮に立法化するとしても，各則に個々的に不作為・結果犯規定を立法したほうが良いという主張もなされるにいたったのである[17]。

---

12) 牧野英一『刑法総論上巻』（第一五版）1958年・302頁，228頁。
13) 小野清一郎『新訂刑法講義総論』（第六版）1952年・103頁以下。
14) 金沢文雄「不真正不作為犯の問題性」（佐伯還暦『犯罪と刑罰（上）』所収・1969年）224頁以下，235頁。飯田忠雄「不真正不作為犯の刑事責任の限界－不作為による作為犯についての立法的一考察」（佐伯還暦『犯罪と刑罰（上）』所収）208頁以下，223頁。香川達夫『刑法講義総論』1980年・112頁。
15) 改正刑法草案（昭和49年5月29日法制審議会総会決定）第12条（不作為による作為犯）「罪となるべき事実の発生を防止する責任を負う者が，その発生を防止することができたにもかかわらず，ことさらにこれを防止しないことによってその事実を発生させたときは，作為によって罪となるべき事実を生ぜしめた者と同じである。」。
16) 内田（前掲書・注9），307頁，堀内捷三『刑法総論（第二版）』2004年・56頁。
17) 中山研一『刑法総論』（1989年）258頁。同「不作為による作為犯」（竹田・植田還暦『刑法改正の諸問題』所収・1967年）3頁以下，14頁。名和鉄郎「総則の意義と不真正不作為犯」法律時報46巻6号（1974年）109頁以下。たしかに，刑罰規定によっては各則で不作為の規定を設けることは可能であろうが，しかし，不作為犯行為者の見通しがたい多

いかなる社会であろうとも，その社会秩序を維持するためには，不作為義務ばかりでなく，作為義務も不可欠である。人々の生活は多くの面で相互依存・信頼関係に基づいているからである。特定の場合に，作為義務違反による法益侵害に刑罰法規をもって対処することも必要となる。実際，わが国の判例・学説においても，一般に，不真正不作為犯に関する総則規定がなくとも，その処罰は可能であるとされている。しかし，作為，不作為の区別，真正不作為犯と不真正不作為犯の区別，作為義務の根拠・範囲等，様々な問題をめぐる議論状況は今日なお終息を見ない。本稿は，これらの燎原の火のごとく燃え盛る議論状況を踏まえた上で，不作為犯の体系を構築をせんとする1つのささやかな試みである。

様性の故に刑罰規定ごとに網羅的，具体的に規定することはできないことも指摘されなければならない。*H. Welzel*, Das Deutsche Strafrecht, 11. Aufl., 1969, S. 209 f.

第 1 章 不作為犯総説

I　不作為犯の体系と種類

　一般に人の行為が積極的行為としても消極的行為としても現れるように，刑法における行為も作為犯（積極的行為）としても不作為犯（消極的行為）としても出現しうる。しかし，刑法の犯罪構成要件の大部分は作為を想定して類型化されている。一定の作為をすることを刑罰をもって禁止しているのである。

　これに対して，明文の規定で，一定の作為をすることを刑罰をもって命令しているのは稀である。命令違反の作為を刑罰をもって警告するのは例外である。したがって，刑法は，不作為義務を優先的に定め，特別の場合にのみ作為義務を定める。もとより，作為を禁止することは，同時に，対応の作為を不作為すべしとの命令でもあるし，同様に，一定の作為をするべしとの命令は，同時に，一定の不作為を禁止することでもある[1]。

　不作為が例外なのだという事情は，先ず，単なる不作為はそれほど危険ではないことが多く，通常は，作為ほどの犯罪エネルギーを伴わない，したがって，多くの場合，当罰性があるとは思われないというところにある。さらに，自由主義に立脚する法秩序においては，不作為をもって違法行為と為すことはしないということから出立するべきことも指摘できよう。なぜなら，規範名宛人に向けて，第三者の（専らの）利益のために一定の作為をするべしとの命令は，義務を課せられる者の自由を著しく制限するばかりか，場合

---

[1]　*M. Hilf*, Wiener Kommentar zum Strafgesetzbuch, 2. Aufl., 2005, §2 Rn 7.

によってはこの者に対する著しい過大な要求でもあるからである。第三者の利益保護・促進のための具体的作為義務は，同時に，その第三者の自由及び私的・答責領域への侵襲であり，したがって，人の自律性，自己答責性という基本命題と矛盾する。例えば，殺害行為をしてはいけない者は，働くとか散歩するとか読書するとか様々な行為をする自由を有しているが，今この場で他人を救助しなければならない者は，これ以外のことをすることができない。それ故，刑法は，「法益侵害が生じないような積極的行為をするように誰にでも期待できる」が，「不活動から抜け出ること」を「あらゆる状況においてあらゆる人から期待する」ことはできないということから出立する[2]。

不作為犯は行為関係性と結果関係性という実質的規準から真正（純正）不作為犯（echte Unterlassungsdelikte）と不真正（不純性）不作為犯（unechte Unterlassungsdelikte）の二群に分けられる[3]。真正不作為犯は，作為犯の下位分類としての単純行為犯の対類型として，命令され且つ可能な作為をしない

---

[2] O. *Trifftterer*, Österreichisches Strafrecht, AT, 2. Aufl., 1994, 14. Kap Rn 21.; F. *Nowakowski*, Wiener Kommentar, 1. Aufl., 1982, §2 Rn 2.; H. *Fuchs*, Österreichisches Strafrecht, AT, 5. Aufl., 2002, 37. Kap Rn 8.; W. *Gropp*, Strafrecht AT, 3. Aufl., 2005, §11 Rn 62.; *Hilf*, (Fn. 1), §2 Rn 8.

[3] H.-H. *Jescheck*, Th. *Weigen*d, Lehrbuch des Strafrechts, AT, 5. Aufl., 1996, §58 III 2 ff.; BGHSt 14, 280. これに対して，真正不作為犯と不真正不作為犯を形式的規準で区別する学説もある。それによると，構成要件が不作為によって実現されうるということが構成要件に直接表現されているか否かによって区別される。真正不作為犯は，構成要件に直接不作為として規定されている犯罪であり，構成要件が単純不作為に尽くされるか，これを超えて結果の発生が要求されるかとは関係がない。不真正不作為犯は，明文で不作為として類型化されておらず，法律上，作為・結果犯と表現される構成要件をドイツ刑法第13条（不作為による作為），オーストリア刑法第2条（不作為による作為）と組み合わせることで不作為犯と構成される犯罪である（*Fuchs*, (Fn. 2), 37. Kap Rn 1 ff.; Th. *Lenckner*, *Schönke/Schröder* Strafgesetzbuch. Kommentar 26. Aufl., 2001, Vorbem §13 ff Rn 137）。日本でも形式的規準説が一般的である（例えば，福田平『全訂刑法総論』(1984年) 86頁）。しかし，形式的規準によれば，真正不作為犯と不真正不作為犯の実質的差異が消失してしまう。さらに，真正不作為犯は命令規範に違反する場合であり，不真正不作為犯は禁止規範に違反する場合であるとする学説もある（J. *Baumann*, U. *Weber*, u. W. *Mitsch*, Strafrecht AT, 11. Aufl., 2003, §15 Rn 7 ff.)。しかし，この説によれば，行為命令，結果回避命令という規範の実質的内容が適切に把握されないことになる。不真正不作為犯はその誤解を与えかねない名称とは異なりあくまでも真正の不作為犯であり，規範論理的には命令違反の犯罪である。

ことを刑罰をもって警告する犯罪である。これを超える結果の発生は構成要件の一部に属さない。客観的構成要件は単純な命令違反の不作為に尽きる[4]。

不真正不作為犯は，命令された且つ可能な作為をしないことに加えて，構成要件該当結果の発生を要求する。真正不作為犯とは異なり，不真正不作為犯の行為者には，一定の作為義務ばかりでなく，具体的な近接する結果発生を阻止する特別の義務が課せられる。構成要件に表現される命令は，作為をすることばかりでなく，これを超えて，結果の回避にも関係する。しかし，結果回避義務は一定の人，つまり，いわゆる保障人にのみ課せられる。それ故，不真正不作為犯は，作為・結果犯の対類型なのである[5]。

II 真正不作為犯

真正不作為犯は，命令規範によって要求される行為をしないことに尽くされる。この義務侵害が不法を構成する。真正不作為犯は大なり小なり一般的に義務を負う行為者圏に向けられる。真正作為犯は作為によっては犯しえない犯罪である[6]。多衆不解散罪（刑法第107条），不退去罪（刑法第130条後段），爆発物告知義務違反罪（爆発物取締罰則第7条），犯罪告知義務違反罪（爆発物取締罰則第8条），運転免許証の不携帯罪・不提示罪（道路交通法第95条，第121条第1項第10号，同条第2項，第120条第1項第9号）等がある。

真正不作為犯の結果的加重犯もある。保護責任者不保護罪（刑法第218条後段）は特定の侵害結果や具体的危険の発生を要求しておらず，真正不作為犯であり，その結果死傷を生じさせた場合，保護責任者不保護致死傷罪（刑法

---

[4] *Nowakowski*, (Fn. 2), Vorbem § 2 Rn 17.; *D. Kienapfel, F. Höpfel*, Strafrecht AT, 9. Aufl., 2001, Z 28 Rn 1.; *Hilf*, (Fn. 1), § 2 Rn 9. なお，真正不作為犯の代わりに単純不作為犯（schlichte Unterlassungsdelikte）が，不真正不作為犯の代わりに加重不作為犯（qualifizierte Unterlassungsdelikte）という概念が使われることもある。*Jescheck/Weigend*, (Fn. 3), § 58 III 2.

[5] *Hilf*, (Fn. 1), § 2 Rn 9.

[6] *E. Steininger*, Salzburger Kommentar zum Strafgesetzbuch, 2001, § 2 Rn 1.

第219条）が成立する。

　客観的構成要件要素は命令された作為をしないことと，その作為の事実的可能性である。いかなる作為が命令されているかは，個々の構成要件，その保護目的，具体的状況によって異なる。命令を充足させる傾向を有する作為をすることで足りる。その判断基準は客観的考察者の事前判断である。作為の事実的可能性は，不作為者の利用できる手段，知識，能力によって限定される。したがって，命令された作為を物理的・現実的に行いうる（個別行為能力）ということが真正不作為犯の書かれていない構成要件要素である[7]。

　不作為から生ずる結果は，基本犯の成立の成否には関係がない。

　犯罪類型によっては，単純行為犯によっても真正不作為犯によっても犯されうる犯罪があるのではないかが問題となる。例えば，偽証罪（刑法第169条）は，積極的に虚偽の陳述をすることによっても（作為犯），決定的事実を秘匿することによっても（不作為犯）犯されうるかが問題となる[8]。たしかに，偽証罪が重要な事実を秘匿することによっても犯されうること，事実の「秘匿」という行為自体は一般的に「不作為」と見られるけれども，しかし，証言犯罪の領域における重要な事実の秘匿が（単なる）不作為と見られうるのかには疑問がある。証人が専ら黙秘することは偽証ではなく，証言拒絶である。証人が部分的に不実を述べ，且つ，重要な事実を秘匿するとき，全体として積極的に（も）虚偽証言があったといえる。これに対して，証人の述べることは真実であるが，しかし，証人がこれを越えて，重要な事実を秘匿するとき（明白にこれに関する供述を拒絶することなく），この供述は全体として不作為によって始めて偽証になる，つまり，供述の完全性の概観を維持する秘匿によってのみ，行為が全体として構成要件該当になる。しかし，このことは当該偽証が真正不作為犯と見るべきことを意味しない。実際，偽証というのは，証人が（その真実義務に反して）完全に証言することをしないということによって初めて生じているのであり，ここに推断的虚偽供述を見ることが

---

[7] *Kienapfel/Höpfel*, (Fn. 4), Z 28 Rn 4 f.
[8] オーストリア刑法第288条第1項（偽証罪）について肯定説を展開するのが，*Triffterer*, (Fn. 2), 14. Kap Rn 15.

できる。なぜなら，証人は，事実状況が完全に証言したとおりなのであり，積極的に述べたことと異ならないということを表現しているからである。したがって，不作為は全体行為の一部として推断的作為と一体化するのである[9]。

III 不真正不作為犯

不真正不作為犯では，基本犯の命令規範は，一定の行為をするばかりでなく，結果の回避も命令している。行為義務は，結果を回避するためにある。すなわち，行為者は，命令された作為をすることで，一定の結果が生じないようにする責任を負わねばならない。但し，その前提要件は各犯罪が結果犯であること，すなわち，行為から思考上分離された外部世界における変動，つまり，結果の発生である。

ドイツ語圏では，ほとんどの結果犯が文言上作為による結果の招来として把握されている，つまり作為・結果犯として規定されていると理解されているのである。そのため，類推禁止という法治国の要請に応えるためには，不作為による結果の招来を負責させるための明文の法規定が必要であるとされたのである。そこで，罪刑法定主義上の問題を払拭すべく立法的解決が図られたのである。ドイツ刑法には，1969年の第二次刑法改正法（1975年1月1日施行）によって第13条（不作為による作為）に，オーストリア刑法には，1974年の刑法改正によって第2条（不作為による作為）に不真正不作為犯に関する規定が導入された。

ドイツ刑法第13条（不作為による作為）は，「(1)刑法の構成要件に属する結果を回避することを怠った者は，その者が結果の発生しないことにつき法的に義務を負う場合であって，且つその不作為が作為による法律上の構成要件の実現に準ずる場合に限って，本法により可罰的となる。(2)刑は，第49条第1項により，これを軽減することができる。」と規定している。

---

9) *Hilf*, (Fn. 1), § 2 Rn 16.; *H. Wegschider*, Versuch und Rücktritt beim schlichten Unterlassungsdelikt?, JBl 1976, S. 353 ff., 354 FN 12.

オーストリア刑法第2条（不作為による作為）も，「法規が結果の招来につき刑を科しているときは，法秩序によって特に自己に課されている義務に従い結果を回避すべき事情にあり，かつ結果の回避を為さないことが，作為によって客観的構成要件を実現したものと同視すべきであるにもかかわらず，結果の回避を為さなかった者も罰する。」と規定している。本規定には，ドイツ刑法第13条とは異なり，「特別の法義務」が明文化されている。しかし，実質的には本規定もドイツ刑法第13条も異ならない。さらに，オーストリア刑法第34条第5号は，特別の減軽事由として，「法規が結果の惹起に刑を科しているとき，行為者が結果を回避する行為をしなかったことによってのみ可罰的とされた場合」を定めている。

これに対して，スイス刑法典には長らく不真正不作為犯の明文規定はなかったが，不真正不作為犯は連邦裁判所の認めるところであった。「不真正不作為犯が認められるのは，……少なくとも作為による結果の招来に明文の刑罰規定があるとき，被告人が作為をすれば実際に結果の発生を回避できたと云え，且つ，その法的地位の故にその義務が課せられており，そのため，当該不作為が積極的行為による結果の招来に価値的に等しいと思われる場合である」(BGE 113 IV 68 ff., 72)。「不真正不作為犯の可罰性が正当化されるのは，行為によって一定の結果を回避する義務を課せられている者が，実際にその義務を履行することができるのにもかかわらず，そうはせず，基本的に，結果を作為によって招来する者と同様に当罰的であるというところにある」(BGE 96 IV 174)[10]。その後，罪刑法定主義（スイス刑法第1条）の観点から問題のある法状態は，2002年の刑法改正で刑法に第11条が新設されることにより，一応の解消を見た。スイス刑法第11条（不作為による作為）「(1)重罪も軽罪も義務違反の無為によっても犯しうる。(2)義務違反で無為にとどまるのは，刑法で保護される応益の危殆化又は侵害を，法的地位からすると阻止義務があるにも関わらず，阻止しない者である，特に次の根拠がその義務を基礎付ける，a法律，b契約，c任意に結ばれた危険共同体，又は，d危険の創

---

[10] P. Noll, S. Trechsel, Schweizerisches Strafrecht AT, 4. Aufl., 1994, S. 215.

出。(3)義務違反で無為にとどまる者は，行為の情況から，作為で犯罪がされた場合と同じ非難が向けられうる場合にのみ，相応の構成要件に依拠して処罰できる。(4)裁判所は刑を軽減できる」。スイス刑法第11条は，ドイツ刑法やオーストリア刑法とは異なり，例示規定ではあるものの保障人義務の成立根拠を列挙しているところに特色がある。

　かくして，ドイツ，オーストリア及びスイスでは，各則の作為・結果犯の規定と「不作為による作為」の規定の組み合わせによって，新たな不真正不作為犯の構成要件が定立される。これに対して，わが国には，このような総則規定が存在しない。しかし，作為・結果犯を規定しているように見える刑罰規定であっても，禁止規範のみならず命令規範を含めうるのである[11]。すなわち，「人を殺した」という刑罰規定（刑法第199条）から，禁止規範である作為・結果犯の構成要件と命令規範である不作為・結果犯の構成要件が形成されるのである。それらの成立要件が異なることは当然である。したがって，不真正不作為犯は不作為による作為犯ではなく，まさに「真正の」不作為犯なのである[12]。ドイツ刑法第13条，オーストリア刑法第2条には，個々の保障人義務の成立根拠・範囲，等値性条項の意義等に関して明確ではないが，それは当時の学説・判例の理論状況から止むを得なかったともいえよう。しかし，罪刑法定主義の内容を成す明確性原則との関連で依然として問題が残されているわけで，このことは，かかる明文の規定をもたないわが国にはなおさらあてはまる。法的安定性の確保は今後の学説・判例の発展に委ねられているのである[13]。

---

[11] 参照，浅田和茂『刑法総論』2005年・150頁以下。西田典之『刑法総論』2006年・108頁以下。同「不作為犯論」芝原邦爾ほか編『刑法理論の現代的展開・総論Ⅰ』(1988年) 71頁以下。山口厚『刑法総論』(第二版) 2007年・76頁。鎮目征樹「刑事製造物責任における不作為犯論の意義と展開」『本郷法政紀要』8号 (1999年) 345頁以下。消極説として，松宮孝明『刑法総論講義』(第二版) 1999年・82頁。

[12] *Jescheck/Weigend*, (Fn. 3), S. 601.; *H.-H. Jescheck*, Leipziger Kommentar zum Strafgesetzbuch, 10. Aufl., 1981, Vor §13 Rn 83.

[13] *Hilf*, (Fn. 1), §2 Rn 5.

IV 複合的行為態様における作為と不作為

a 作為と不作為の区別

　構成要件該当行為が作為として規定されているのか，不作為として規定されているのか，はたまた作為と不作為の両方を規定しているのかは，構成要件の規定の仕方と解釈の問題である。不真正不作為犯においては，これと区別されるべき問題として，実際に行われた行為が作為として評価されるべきなのか，不作為として評価されるべきかという問題がある。エネルギー投入を伴う積極性（つまり身体活動）は作為であり，エネルギー投入を伴わない消極性（つまり非身体活動）は不作為である。しかし，何かを積極的に行う場合でも，命令されたことをしない限り（例えば，被害者に楽な姿勢をとらせるが，救助しないとか，連れて行かない），それは不作為による遂行である[14]。刑法上重要な積極的作為というのは，構成要件記述に対応し，したがって，法律上非難される，侵害結果に変化しうる危険を創出する行為に限定される。これに対して，危険を減少させること無く存続させるに過ぎない行為は，特定の作為義務に違反する場合にだけ，刑法上重要な不作為となる（エネルギー投入・因果関係結合説）[15]。

　人の存在そのものは作為とはならない。例えば，恐喝現場に受動的な立場で居合わせた者に最小限のエネルギー投入すら欠如しているとき，作為は否定される。人がある場所に存在している，つまり，居合わせているという事情が第三者の犯罪行為と因果関係があるとしても，それはエネルギー投入の要件を満たしていない。不作為として扱われることになる。但し，その者が

---

[14] K. Engisch, Tun und Unterlassen, Gallas-FS, 1973, S. 163 ff., 174「刑法理論学の共有財によれば……不作為者が定められたことをしないという事実は，不作為者が同時に別のことをする（遮断機を閉じない踏み切り番がそのとき踏み切り小屋近くの庭園で仕事をしている）ことと相容れる」。

[15] H.-J. Rudolphi, Systematischer Kommentar zum Strafgesetzbuch, 1992, Vor § 13 Rn 6.; G. Stratenwerth, Strafrecht AT, 4. Aufl., 2000, § 13 Rn 3.; Hilf, (Fn. 1), § 2 Rn 22. 参照，山中敬一『刑法総論』（第二版）2008年・220頁。大越義久「作為と不作為」（阿部純二ほか編『刑法基本講座第2巻』所収）1994年・81頁以下。

身振り手振りといった何らかの方法で，第三者と被害者の間の会話に参加し，第三者の恐喝行為に心理的影響を与えたといえる場合は作為が認められる[16]。同様に，若者がその女性友達に男性らしさを示そうとして物を破壊するときにも同じことが言える[17]。

b 同時的全体事象

上記の外形的考察方法に基づく規準で作為と不作為を簡単に区別できる場合は問題がないが，しかし，現実の社会生活においては，積極的行為態様と消極的行為態様（結果の発生を阻止する措置が採られない）が絡まった形で現れることが多く，その場合，刑法上重要な意味をもつのは作為なのか不作為なのかといった厄介な問題が生ずる。刑法典自体はその判断規準を与えていない。しかし，一般に，不真正不作為犯は厳格な可罰性要件に服すること，さらに，減軽事由となりえるので，不作為は作為ほどには当罰的と考えられていないことからすると，「可罰性完全汲み尽し作為」優先原則（Primat des strafbarkeitsausschöpfenden Tuns）から出立するべきだと一応考えられる。これによると，複合的行為態様の場合，作為に焦点を合わせるべきであるが，但し，作為が行為全体の無価値を完全に汲み尽している場合に限られる[18]。

しかし，「可罰性完全汲み尽し作為」優先原則は限定された範囲内でしか適用されない。積極的行為態様と消極的行為態様が単一の行為の時間的に同時の要素として現れ，全体事象を形成している，つまり，通常，時間的に同時に生起することからして，全体事象に照らして，独立の諸個別行為に技巧的に分解することに意味がない場合に限定されるのである。この意味での（狭義の）多義的行為の場合，作為の可罰性が不作為に優先する。これに対し

---

16) *U. Sieber*, Die Abgrenzung von Tun und Unterlassen bei der „passiven" Gesprächsteilnahme, JZ 1983, S. 431 ff., 437 ff.; *H.-J, Rudolphi*, (Fn. 15), Vor §13 Rn 7. BGH, Urteil v. 10. 2. 1982, JZ 1983, S. 462 f（2人の同僚弁護士が依頼者と被害者の話し合いにおいて恐喝行為をしたが，もう1人の弁護士はこの話し合いに「受動的」に参加したという事案で，連邦裁判所はこの弁護士につき作為による恐喝幇助を認定した）。
17) *C. Roxin*, Strafrecht AT II, 2003, §31 Rn 92 f.
18) *Kienapfel／Höpfel*, (Fn. 4), Z 28 Rn 25.; *Steininger*, (Fn. 6), §2 Rn 9.

て，積極的行為態様と消極的行為態様が独自の性質を有している全体事象の場合には，この原則を適用する余地はない[19]。但し，この多段階的事象と同時的事象の区別は流動的である[20]。

「可罰性完全汲み尽し作為」優先原則は故意犯に妥当する。支払い意思がないのに飲食物を注文し，あるいは宿泊の申し込みをする無銭飲食，無銭宿泊の場合，客の支払い意思について錯誤が惹起され，しかもこの錯誤は行為者の行為によるといえるから，客の様に振舞うこと自体が黙示の挙動（推断的行為）による欺もうということになる[21]。妻による嬰児殺害行為を阻止せず，同時に，「好きなようにやれ」と言って妻の殺害計画を促進する（救助義務のある）夫には，故意の作為犯が成立する[22]。しかし，この原則の主要適用領域は過失犯にある。積極的行為が作為犯として評価するための結節点となる一方で，不作為から行為不法（客観的注意違反）が生ずる。すなわち，積極的行為そのものの客観的注意違反は，必要な安全措置を（同時に）採ることをしなかったところに認められるのである。それ故，作為による遂行と判

---

[19] *Fuchs*, (Fn. 3), 13. Kap Rn 14 f.; *Hilf*, (Fn. 1), §2 Rn 25.

[20] *Steininger*, (Fn. 6), §2 Rn 11.

[21] 同時的全体事象が一定の説明価値を有しているとき，作為によって，つまり，推断的行為によって錯誤を惹起した又は強固なものにしたといえる。D. *Kienapfel*, Grundriß des österreichischen Strafrechts, BT II, 2. Aufl., 1988, §146 Rn 67. 参照，大判大正9年5月8日刑録26輯348頁〔無銭であることを秘して飲食したり投宿したりすることはその行為自体が欺もう行為であり作為犯〕。最決昭和43年6月6日刑集22巻6号434頁〔代金支払い不能の事実を秘して商品の注文をすることはその行為自体が欺もう行為であり作為犯〕。これに対し，不作為による欺もうは，相手方が既に誤った観念をもっていたとき，あるいは，他の関連事情から誤った観念をもっていたときにみとめられる。例えば，宝石店主が顧客に模造「宝石」を模造であることを秘して販売するときは作為による欺もう行為であるが，店員が誤って高価な値札をつけてしまった模造「宝石」を顧客に販売するとき，これに気づきながら何の説明もしない宝石店主には不作為による欺もう行為が認められる。*Noll/Trechsel*, (Fn. 10), S. 219. 次の判例は，作為義務を肯定することによって不作為を導くが，これは論理がさかさまである。不作為が確定された後に作為義務の存否が問題とされるべきである。大判大正7年7月17日刑録24輯939頁〔準禁治産者であることを秘して相手方から金を借り受ける場合，準禁治産者であることを告知する義務があるから不作為犯〕。大判昭和4年3月7日刑集8巻107頁〔抵当権の設定及び登記のある不動産を売却するに当たって，抵当権が設定・登記されている事実を告知しないとき，告知義務があるから不作為犯〕。

[22] R. *Moos*, Wiener Kommentar zum Strafgesetzbuch, 2. Aufl., 2002, §79 Rn 15.

断されるべきなのである。例えば，人免疫不全ウイルス感染者が避妊用具を使用しないで（不作為）性交渉をもつ（作為）こと[23]，適当な側面距離をとらない（不作為）で追い越し運転する（作為）すること[24]，無灯火（不作為）で運転する（作為）こと，安全措置をとらない（不作為）で危険物を保管する（作為）こと，スキーリフトからスキー客が転落した後でも，それを止めることなく（不作為），動かし続ける（作為）こと，遊んでいる子供たちの側で馬を放ち（作為），その際，馬の監視をせず，子供たちへの危険な接近防止措置を採らない（不作為）こと，摩滅したタイヤを交換せず（不作為）に運転する（作為）場合等がある[25]。

同時的全体事象においても，例外的に，可罰性の結節点が不作為であることもありうる。一方で，積極的行為に構成要件該当性，違法性又は責任が欠如し，したがって可罰性がなく，他方で，不作為に独自の無価値が認められる場合である。例えば，潜水指導者が夜間潜水の講習指導を実施中，潜水を開始してから間も無く後方を確認しないまま移動を開始したところ，受講者らを見失い，取り残された受講者らが圧縮空気タンクを使い果たして溺死した場合，移動した（作為）が，離れ離れになった場合の適切な措置をとっていない（不作為）ことが問題とされるべきである[26]。その他，スキー客に登頂の可能性を指摘した（作為）が，危険性を特に示唆することなしに，あるいは，先に進むことを明らかに諫めることもしない（不作為）山小屋管理人の例も挙げられる[27]。

さらに，作為に不作為が伴うときに，当該作為と結果の発生の間の因果関

---

[23] *Baumann/Weber/Mitsch*, (Fn. 3), §15, vor Rn. 1.
[24] この事案において，ドイツ連邦裁判所（BGHSt. 11 (1958), S. 1 ff.）は，作為か不作為かを問題とすることなく，連結トラック運転者が車間距離を十分にとっていても，酩酊して活動機能を鈍化させていた自転車運転者はおそらく確実に轢死したであろうという理由から，過失致死罪の成立を否定した。
[25] *Fuchs*, (Fn. 3), 13. Kap Rn 15.; *Steininger*, (Fn. 6), §2 Rn 8 u. 10 FN 29.; *Hilf*, (Fn. 1), §2 Rn 25.
[26] この事案において，最決平成4年12月17日刑集46巻9号693頁は，受講者らを見失った行為（作為）と被害者ら死亡との間の因果関係を肯定して，業務上過失致死罪の成立を肯定した。
[27] *Hilf*, (Fn. 1), §2 Rn 26.; *Steininger*, (Fn. 6), §2 Rn 11.

係が否定される場合，作為ではなく不作為と見るべきである。例えば，母親が，電気コンロのスイッチをいたずらしたことのある3歳の幼児を残して外出したところ，その幼児がやはりそれををひねったため，加熱板の横にあった紙が燃え，台所に火災が発生し，その幼児が窒息死した場合，不作為による過失致死が認められる。母親が外出したという作為と結果の発生との間には因果関係が認められないからである。なぜなら，母親が家に残っていて特に何もしていない，あるいは，別のことをしていても，やはり当該結果は発生していたといえるからである。この事例では，結果を回避するための適切な措置を採らなかったこと，それが行われていたならば結果の発生は確実性と境を接する蓋然性をもって避けられたということが問題なのである[28]。

c 多段階的事象

個々の行為が，通常は認識可能な時間的系列にあるため独自の評価が可能で，それ故，単一の事象としてではなく，結果に至る全体事象の独立した，したがって，有意味な分割が可能な諸部分として考察できる場合，「可罰性完全汲み尽し作為」優先原則は働かない。こういった事象過程は本来的意味での多義的ではなく，むしろ多段階的と云える。時系列に分離できる行為態様は相互に分離して刑法上の評価ができるのであり，続いて必要に応じて競合問題として扱われるべきである。この場合，複数の刑法上評価されうる行為（作為及び／又は不作為）のどれが最終的に処罰の基礎となるのかが問題となる[29]。

積極的行為に続き，不作為を遂行する者は，作為を負責されるのが普通であり，不作為は作為に対して補充的関係にある[30]。例えば，殺害の意図でガス栓を開け，引き続きそれを意図的に閉めない者は，故意の作為犯に問われ

---

[28] *C. Roxin*, (Fn. 17), §31 Rn 88 f. 地方裁判所は「幼児を放置して外出する」という作為による過失致死罪を認定した。これに対して，連邦裁判所は「非難可能性の重点」説から不作為による過失致死罪を認定した。BGH, Beschl. v. 17. 8. 1999, NStZ 1999, 607 f.
[29] *Roxin*, (Fn. 17), §31 Rn 96 ff.; *Steininger*, (Fn. 6), §2 Rn 12.; *Hilf*, (Fn. 1), §2 Rz 27.
[30] *Nowakowski*, (Fn. 2), §2 Rn 41.

る。こういった単一の意思決定に基づく多段階的事象過程の場合，不法は完全に積極的行為によって把握されるのが普通である。ガス栓を開ける者は，その行為によって危険を創出し（作為），その後，それを閉めない（不作為）ことで結果の発生に至らしめたが，しかし，行為者の故意は積極的行為をする時点において既に結果の発生に関係しているのであるから，故意の作為と故意の不作為の競合は仮像問題に過ぎない[31]。

これとは異なった扱いをされるべきなのは単一の意思決定に基づかない多段階的事象の場合である。例えば，工場経営者が炭疽菌で汚染された山羊毛を消毒しない（不作為）で加工のために従業員に渡す（作為）場合，不作為が問題となる。消毒をしないという不作為の時点では，たしかに，危険は発生しているが，結果回避義務を基礎付けうる過失致死罪の構成要件的状況がいまだ存在せず，危険な山羊毛が労働者に渡されて初めて結果の発生に至る因果関係が動き始めたといえるからである。このときに，構成要件該当の作為が認められるのである。消毒しないという不作為は過失犯の注意義務違反を意味するのであって，不作為犯の意味での不作為ではない[32]。

踏み切りにおいて対抗する自動車双方の運転者が互いに譲りあおうとしなかったので，駅員から後退を促された運転者が踏み切りの停止線の外側まで下がって停止し，相手の自動車の出口を塞ぐことによって，その自動車を軌道上に停車させ，進行してきた電車と衝突させて，電車の往来を生じせしめた場合，不作為による電車往来危険罪が成立する。それ自体問題のない自動車を後退させること（作為）とそれに続く停止（不作為）は単一の意思決定に基づいていない。必要な措置を採らないという不作為が故意又は過失の対象である[33]。泥酔状態になった内妻に，酔いを醒ますために風呂に入るように

---

[31] *Hilf*, (Fn. 1), §2 Rn 28.
[32] RGSt 63, 211（ライヒ裁判所は，作為か不作為かの問題に触れることなく，作為を前提に立論を進めている）。*Roxin*, (Fn. 17), §31 Rn 67.; *Gropp*, (Fn. 2), §11 Rn 62.; *Noll/Trechsel*, (Fn. 10), S. 219.
[33] 東京地判昭和39年6月26日判タ164号152頁。作為説に，日高義博「不作為犯」西原春夫ほか編『判例刑法研究1巻』（1980年）95頁以下，99頁「停止したままでいるという不作為よりも，停止してBの運転する自動車の出口を塞いだという作為に刑法的評価の重点をおくべきである」。

命じ，同女が着衣のまま浴槽内に入ったのを見て一旦就寝し，約6時間後に同女がまだ浴槽内の水に浸かり大声を出しているのを見て風邪をひかせないように浴槽の水を抜き，同女をそのまま放置したところ，同女が洗い場で死亡した場合，栓を抜いて浴槽内の水を抜いたという作為それ自体は咎められるべきことではなく，結果の発生を防止しないという不作為が問題となる[34]。脳内出血により重度の意識障害の状態にある入院中の患者を病院中から連れ出し，「シャクティ治療」するためにホテルまで運び込み，生存に必要な措置を講じないまま放置したため，同人が翌日死亡した場合，点滴装置や酸素マスクを取り外し，病院から連れ出すという作為の時点では，病人の生命に対する重大な危険をはらんだ行為とはいえるものの，殺人の実行行為を認定するに足る現実的・具体的危険が無く，連れ込んだホテル内で患者の生存に必要な措置を一切行わなかったという不作為の時点で，患者の生命に対する現実的・具体的危険が発生しており，この時点で殺人の実行行為が認められる[35]。

　その他，妻が泥酔している夫を確実に家に連れ戻すために，居酒屋に迎えに行き，帰途，争いとなったために危険な川の浅瀬の側に放置し，その後，夫が転落し，溺死した場合も，迎えに行き，家に連れ帰る（作為）とこれに続く放置（救助不作為）は，単一の意思決定に基づいていない。積極的行為には，夫の生命・身体に関して，過失もいわんや故意も認められない。過失又は故意の対象は，積極的行為を継続しない，ないし，必要な救助措置を採らないところにある。盲人を助けて横断歩道ををわたる途中，放置して立ち去る者も同様に扱われる。立ち去る行為それ自体は積極的行為であるが，これをもって可罰性を基礎付けることはできない。立ち去る行為それ自体は無害であり，不救助，不監督というところに行為無価値が認められる。立ち去る行為（作為）と結果発生の間には因果関係もない。他のいかなる積極的行為をしようと，結果の発生は避けられなかったからである。因果関係があるのは，結果回避のための命令された作為をしなかったということだけである。

---

[34]　東京高判昭和60年12月10日判時1201号148頁。
[35]　最決平成17年7月4日刑集59巻6号403頁［シャクティ治療殺人事件］

横断歩道の途中に置いてきぼりをされた被害者を横目に走り去る他の歩行者（非保障人）が作為犯の廉で処罰されることはない[36]。妻が泥酔の夫を乗用自動車で迎えに行き，帰路，夫を道路わきの危険な場所に遺棄するときは，単一の意思決定の存否とは関係なく，積極的行為が刑法上の評価の結節点である。妻が泥酔の夫を迎えに行くが，助けのない状態に放置するつもりのときは，もとより単一の意思決定が認められる[37]。

過失の作為に続いて故意の不作為が遂行されるとき，作為が不作為に対して補充の関係にある。例えば，他人を不注意に川に突き落とし，それから，被害者は泳げないことに気づきながら，救出しない者は，突き落とすという作為と救助しないという不作為を遂行している。この場合，故意の不作為が無価値を完全に覆っている[38]。

複合的行為態様において，積極的行為が，構成要件該当性なし，違法阻却，責任阻却といった理由から可罰性が欠如するとき，積極的行為後の不作為の可罰性が問題となる。例えば，被害者を誤って1室に閉じ込めた後，そ

---

[36] 最決昭和43年11月7日裁判集［刑事］169号355頁〔寒い冬の夜酒によって正体不明に陥っている被害者を家に連れ帰ろうとしたが，路上に座り込んで動こうとしないので，酔いを醒まさせるため順次衣類を剥ぎ取りながら引きずって行ったが，全裸にしても動こうとしないので，これを田圃中に放置した事案につき，保護責任者遺棄罪が成立する〕。

[37] *Hilf*, (Fn. 1), §2 Rz 28. 最判昭和34年7月24日刑集13巻1163頁は，人を自動車で轢き，歩行不能の重傷を負わせたので，病院に連れて行こうとして自動車の中に入れたが，医者を呼んでやると欺いて途中で降ろして立ち去った事案につき，置き去りという不作為による遺棄を認定し，保護責任者遺棄罪の成立を認めた。これに対して，作為による遺棄と見るべきだとする見解がある（生田勝義「わが国における不真正不作為犯について(1)(2・完)」立命館法学128号（1977年）455頁以下，131号（1977年）85頁以下）。見解の差異は，遺棄の意思が生じた時点をどこに求めるのかに基づく，つまり置き去りの時点で初めて生じたのか，走行時に既に生じていたのかに由来する。大越義久「作為と不作為」84頁。しかし，自動車から降ろして遺棄したという作為を結節点と見，その時点における故意，過失を問題とするべきである。同旨，内田文昭『刑法概要上巻』（1995年）313頁。

[38] *M. Burgstaller*, Die Scheinkonkurrenz im Strafrecht, JBl 1978, S. 393ff. 402. この事例では，1つの結果発生が故意殺人と過失致死で評価されることは許されないのであるから，仮像競合が問題となっているのに過ぎない。*Fuchs*, (Fn. 3), 13. Kap Rn 14. これに対して，真の競合関係を認めるが，量刑において死の結果を二重に負わせてはならないとする見解がある *Kienapfel/Höpfel*, (Fn. 4), Z 28 Rn 28.; *Jescheck/Weigend*, (Fn. 3), S. 604.; BGH 7, 287. 客観的帰属論から解決するべきだという見解もある。すなわち，第三者の故意の不適切行為からの類推で，結果の発生を社会的に優越する，故意の不作為の帰結として行為者に負責させうるという見解である。*Steininger*, (Fn. 6), §2 Rn 12.

れに気づきながら意識的に開錠しないとか，（それ自体社会的相当の）ガス栓を開けたが，閉め忘れたといった場合である[39]。

d 「非難可能性の重点」説

ドイツの通説と目されているのが「非難可能性の重点」説である。これによれば，複合的行為態様においては，作為の面がより多いのか，不作為の面がより多いのかによって，作為の当罰性か不作為の当罰性が決定される[40]。連邦裁判所も，「規範的に見て且つ社会的行為意味を考慮して，刑法上重要な行為の重点がどこにあるのか」（BGHSt 6, 59）によって決定されるべきである，「作為か不作為かの判断するに当たって決定的なことは，行為者態度の重点である。……これに関しては，事実審裁判官が評価的判断を下さなければならない」として「非難可能性の重点」説を支持している[41]。

しかし，「非難可能性の重点」説には次のような問題点が指摘されている。第1に，非難可能性の重点というのは循環論証に過ぎないということである。作為犯にあっては「非難」が作為に向けられ，不作為犯にあっては「非

---

[39] *Hilf*, (Fn. 1), §2 Rn 30.
[40] W. Stree, *Schönke/Schröder* Strafgesetzbuch, 26. Aufl., 2001, Vorbem §§ 13 ff Rn 158 mN.「非難可能性の重点」説はメツガーに遡る（Roxin, (Fn. 17), §31 Rn 75)。E. Mezger, Strafrecht AT, 9. Aufl., 1960, S. 76. それによると，作為と不作為の区別の問題は，「個別事例の外的形態によってではなく，専ら，法的非難がそれぞれの事例で何に向けられているのかによって答えることができる」。例えば，ライヒ裁判所の山羊毛事件（上記注32の事件）では，「事実関係をごく外形的に見れば，作為犯（未消毒の毛を渡す）とも不作為（命令されている消毒をしない）ともとれる拠り所が十分にある。しかし，被告人に対する非難は決して中国産の山羊毛を加工させたことに向けられるのではなく，専ら，消毒をしないままに渡したことに向けられるのであるから，本事例は不作為犯の観点の下でのみ検討，判断されなければならない。すなわち，作為犯と不作為犯の区別は事実問題ではなく，評価問題である。」と。その教科書第九版まで，本事例については不作為犯だとしていたが，その後，「非難可能性重点」説を維持しながらも，本事例については作為犯と捉えるべきだとしている。E. Mezger, H. Blei, Strafrecht AT, 14. Aufl., 1970, S. 81 f.
[41] BGH NStZ 1999, 607（注28の事案）。地方裁判所は，「子供を放置して外出した」という作為による過失致死を認定したが，連邦裁判所は，「非難可能性の重点」説に立脚し，「なるほど外出するということは積極的作為であるが，しかし，このこと自体は，被告人が他のやり方で監視するとか，少なくともガス栓に技術的安全措置を採るとかしていたなら，無害であったであろう」と判断して，不作為による過失致死罪の成立を認定した。

難」は不作為に向けられるのは当たり前のことであって，非難に方向を与えるためには，その前に作為，不作為の区別が為されていなければならない。第2に，非難可能性の「重点」，つまり，事象の「社会的意味」によって作為，不作為を区別する規準が不明確で，したがって，感情司法に流れる。第3に，作為にも不作為にもとれる事例において，作為に伴う不作為というのは，過失犯に特有の不作為要素の現象形態，すなわち，注意の懈怠にすぎない。特別の，あらゆる過失に特有とはいえない不作為が問題となっているとの印象を受けるのは，一般的「注意」を払うということではなく，正確に規定された安全対策が採られていないということからきているに過ぎない。それにもかかわらず，注意命令の具体化が問題となっているに過ぎない。それ故，理論的には，非難可能性の重点を必要な注意を払わないというところに見るなら，あらゆる過失犯を不作為犯扱いすることができることになる。しかし，このような結論を支持する者は誰もいない。第4に，積極的エネルギーによって招来された過失の結果惹起を，保障人義務に違反しない不作為として扱うことによって，可罰性を否定することは，法律とも合致しない。過失犯の規定（ドイツ刑法第222条）は「人の死を過失によって惹起した」とだけ定めている[42]。

e 作為による不作為

行為態様を作為又は不作為として評価する問題との関連で生ずる特別の事例がいわゆる「作為による不作為（Unterlassen durch Tun）」である。自然主義的考察からは積極的行為と見ることができるが，評価的考察，つまり，社会的意味からすると不作為と見られうる場合，不作為犯として処罰されるべきである。例えば，自ら行った，しかしまだ効果の現れていない救助行為を積極的に後戻りさせるが，その際同時に，第三者の行う救助行為を妨害することはしない場合である。この場合，行為者は，救助行為を初めからしていなかったなら，生じたであろう状態を創出しているのに過ぎないからである

---

[42] *Roxin*, (Fn. 17), §31 Rn 79 ff.; *K. Kühl*, Strafrecht AT, 5. Aufl., 2005, §18 Rn 14.

(いわゆる「命令遂行の試みの中止[43]」)。その背後にある考えは，積極的中止行為を禁止することの意味が究極的には結果発生を阻止すべしとの命令に由来しているということである。溺れている人をめがけて浮き輪をそもそも投げない，浮き輪をいったん投げたが，溺れている者がそれを捉える前に奪うかは，評価的考察からは同じことである[44]。同じことは，医師の心臓圧力マッサージの打ち切りが早すぎた場合にも言える。医師はそれ以上の救命措置をやめたに過ぎない[45]。

末期状態において，医師が患者の心肺装置や呼吸器をはずすのも不作為である。たしかに，医師が医療装置のつまみを押す際にはエネルギーが投入され，それによって患者の死が招来されているのであるから，「エネルギー・因果関係説」からは作為と見られる。しかし，社会的・価値的に見ると，医療装置のつまみを押すことの意味はこれ以上延命措置をとらないというところにある。結果の回避をしないという医師の行為は，上記の心臓圧力マッサージの打ち切りに比肩できるのである。さらに，薬物療法の打ち切りが許される場合（不作為），医療装置を使用する治療の打ち切りも許されることも指摘されなければならない[46]。したがって，医療装置のつまみを押すという行

---

[43] *Armin Kaufmann*, Unterlassungsdelikte, 1959, S. 107.; *H.-J. Rudolphi*, (Fn. 15), Vor §13 Rn 47.
[44] これに対して，内田（前掲書・注37）309頁以下は，行為者は一旦投下した救命具を手繰り寄せることによって，溺れている者の法益（生命）を悪化させたことを理由に作為と見る。
[45] *Kienapfel/Höpfel*, (Fn. 4), Z 29 Rn 29.; *Steininger*, (Fn. 6), §2 Rn 13.; *Hilf*, (Fn. 1), §2 Rn 33.
[46] *Eser*, Schönke/Schröder Strafgesetzbuch. Kommentar, 26. Aufl., 2001, vor §211 Rn 32.; *Roxin*, (Fn. 17), §31 Rn 118.; *J. Wessels, W. Beulke*, Strafrecht AT, 32. Aufl., 2002, Rn 703.; *Stree*, (Fn. 40), Vorbem §§13 ff Rn 160. これに対し，作為犯と捉えながら不処罰とする作為犯説も拮抗しているが，説得力に欠けることが指摘されている。「自然死権」を肯定して不処罰を導く説（*E. Samson*, Begehung und Unterlassung, Welzel-FS, 1974, S. 579 ff., 602）は，広く「自然死権」を認める形では嘱託殺人の立法趣旨に反するので，延命措置の中止の許される場合に限定されることになろうし，そうすると，それは実質的には不作為犯を前提とした立論となるし，同じことは「規範の保護目的」論から構成要件該当性を否定する説（*B. Jähnke*, Leipziger Kommentar zum Strafgesetzbuch, 10. Aufl., vor §211 Rn 17）にも妥当する。蘇生の継続が患者の意思に合致しない場合には構成要件該当性が否定される，さもなければ，医師に現在の法秩序と相容

為は，その社会的意味から，医療措置をしないこと，つまり，不作為と理解される。医師が心肺装置をたまたま遮断するか，あるいは，初めから心肺装置を利用しなかったかは規範的に見るとなんらの違いもないのであって，客観的行為不法帰属ができないのである。医者には，一方において，患者の生命維持に全力を注ぐべき義務があるものの，しかし他方において，死の切迫，激痛，ますます長引く意識喪失状態に鑑み，いかなる医療手段を講じても生命延長措置をとる義務はない。非可逆的意識喪失者あるいは生きる意思を有している臨死者の生命維持措置をとらない医師の判断は可罰的ではないのである[47]。このことは看護師，その他の第三者にも当てはまる[48]。

これに対して，積極的行為によって新たな危険を創出したといえる場合，例えば，溺れている者が既につかまっている又はつかめることのできる（場合によっては自分の投げた）浮き輪を奪うとか，第三者の救助措置の妨害をする，例えば，窮救助行為に積極的に介入する（被害者が既につかんでいたか否かとは関係なく，救助手段を奪うとか，救助船を破壊する等）とか，他の救助意思のある者を他の方法で積極的に妨害する（説得，欺もう，脅迫又は暴行その他から救助水泳者を殴ることまで）のであれ，そこには，自己の行為が遮断されているという単に不作為の無価値が表現されているのではない。こういった場合，

れない強制治療権が認められることになろうという説（Rudolphi, (Fn. 15), vor §13 Rn 47）もあるが，強制治療に対して保護されるということは，患者が望むときに限って，医師による治療継続の中止を命じるのであって，嘱託殺人を許すものではない。患者の意思又は推定的意思は医師の不作為と関連してのみ決定的意味をもつのであって，積極的殺害の場合にはなんらの意味も有しない。Roxin, (Fn. 17), §31 Rn 120.

[47] G. Geilen, Neue juristisch-medizinische Grenzprobleme, JZ 1968, S. 145 ff.; Moos, (Fn. 22), Vorbem §§75-79 Rn 45.

[48] Eser, (Fn. 46), vor §211 Rn 32. これに対し，医師の取り外しは不作為，それ以外の者の取り外しは作為だが，意識のある患者が耐え難い苦痛のために人工延命装置の遮断を要求したときは医師にもそれ以外の者にも不作為となるとするものに，Roxin, (Fn. 17), §31 Rn 123.; Ch. Schneider, Tun und Unterlassen beim Abbruch lebenserhaltender medizinischer Behandlung, 1997, S. 179, 190, 297.

わが国における不作為説に，西原春夫「作為と不作為の概念」（平場還暦『現代の刑事法学（上）』所収・1997年）83頁以下。金沢文雄「人工呼吸器の遮断と刑法」広島大学政経論叢26巻5号113頁。作為説に，中森喜彦「作為と不作為の区別」（平場還暦『現代の刑事法学（上）』126頁以下。神山敏雄「作為と不作為の限界に関する一考察－心肺装置の遮断をめぐって」（平場還暦『現代の刑事法学（上）』99頁以下。内田（前掲書・注37）317頁。

「積極的行為は，……最初の義務適合的行為の後戻りを超えている[49]」。救助の因果過程を妨害ないし断絶することは作為による結果惹起であって，作為犯を理由とする行為者の処罰に通じる。但し，行為者によって妨害された因果過程が構成要件該当結果を確実性と境を接する蓋然性をもって回避できた場合に限られる[50]。

　作為による不作為はいわゆる「原因において自由な不作為（omissio libera in causa）」においても見られる。例えば，保障人が積極的行為によって自分に課せられている行為義務を果たせなくする場合である。これは故意でも過失でも生じうる。例えば，行為者が，決定的瞬間において救助活動をできないようにするため，泥酔状態になるまで飲酒し，行為無能力にし，その結果，要保護者が死亡したとき，自然的考察からは飲酒という作為によって死を惹起したことになる。しかし，この場合，命令の履行を不能にするなという禁止に違反しているのであるが，この禁止の意味は究極的には後の，義務履行行為をせよという命令からきているのである。したがって，この禁止は作為義務以上には広がらないのである。積極的行為の無価値は不作為の無価値に由来する。もとより，不作為犯の成立は，故意又は過失の作為があること，相応の構成要件があること，及び，（不真正不作為犯の場合には）保障人の地位に依存している[51]。

---

49) *Nowakowski*, (Fn. 2), §2 Rn 43.; *Steininger*, (Fn. 6), §2 Rn 13.
50) *Hilf*, (Fn. 1), §2 Rn 34.
51) *Fuchs*, (Fn. 3), Rn 18.; *Steininger*, (Fn. 6), §2 Rn 15.; *Hilf*, (Fn. 1), §2 Rn 35.

第 2 章 不真正不作為犯の構成要件

I 客観的構成要件

1 結果回避義務を基礎付ける状況

　不真正不作為犯の客観的構成要件要素として，先ず挙げられるべきなのは，結果を回避するための特別の作為義務を基礎付ける状況の存在である（いわゆる構成要件該当状況ないし義務を基礎付ける事態）[1]。すなわち，不作為者にその介入を期待するないし要請する事態が存在しなければならない。

　具体的作為義務を生じさせる事態の発生は，結果発生の危険が生ずる時点で初めて認められる。すなわち，保障人の地位といった要件を別とすれば，具体的な結果発生の危険があって初めて，個人の作為義務が生ずる[2]。

　例えば，工場経営者が炭疽菌に汚染された山羊毛を事前に消毒することなしに加工のために工場労働者に引き渡したところ，工場労働者4人がそれに感染して死亡したという，有名なドイツの山羊毛事件がある[3]。この事件では，(消毒をしなかったという) 不作為と (工場労働者に山羊毛を引き渡したという) 作為の両面があり，不作為犯と捉えるか作為犯と捉えるかが問題となる。次のように説く学説がある。本事例は，作為犯としても不作為犯としても構成できる，「消毒をしていないという不作為が積極的行為に影響を与えている。

---

[1] *H. Fuchs*, Österreichisches Strafrecht AT, 5. Aufl., 2002, 37. Kap. Rn 20.; *M. Hilf*, Wiener Kommentar zum Strafgesetzbuch, 2. Aufl., 2005 §2 Rn 42.
[2] *Fuchs*, (Fn. 1), 37. Kap. Rz 21.; *Hilf*, (Fn. 1), §2 Rn 42.; *E. Steininger*, Salzburger Kommentar zum Strafgesetzbuch, 2001, §2 Rn 23.
[3] RGSt 63, 211.

なぜなら，山羊毛が消毒されなかったのであるから，それを労働者に引き渡すということは注意義務違反である。しかし，逆に，こうも言える，山羊毛は工場労働者に渡されることになっていたから，既に，それを消毒していないということが注意義務違反である」。したがって，過失犯という同一の構成要件該当性につき，作為犯としても不作為犯としても構成することが可能であり，両者は競合するが，補充性の観点から，作為犯として処理されるべきである，但し，行為者が引き渡し時点において責任無能力状態にあるなら，不作為犯として処理されるべきであると[4]。しかし，本事例は作為犯として処理されるべきである。なぜなら，不作為の時点では，結果回避義務を基礎付ける危険がまだ生じていなかったからである。山羊毛を引き渡すという計画だけでは，まだ「行為者心理現象」にすぎず，危険な行為は存在せず，したがって，構成要件該当状況は生じていないからである。したがって，行為者が山羊毛を引き渡す時点において責任無能力であったなら，その前の消毒をしなかった時点を捉えて，不作為犯として構成することはできない。その時点では，構成要件該当状況は存在しなかったからである[5]。

2 必要な作為の非着手（不作為）

構成要件該当行為は，各命令構成要件によって要請される（積極的）作為をしないこと（不作為）である。必要な行為は法律に明文化されているわけではない。それは，各構成要件該当状況におかれた客観的観察者の事前の判断に基づくと，各犯罪類型，その保護目的，具体的状況から，できるだけ迅速且つ確実に構成要件該当結果の発生を回避するために何が必要であるのかというところから導かれる。具体的な結果発生の危険があって初めて作為義務が生ずるからである。したがって，いかなる行為が必要とされているかの判断には，事例ごとの特殊な事情がすべて流れ込む。すなわち，義務付けられる者の知識，能力及び可能事，危険源への近接性，救助に必要な救助手段

---

[4] *J. Baumann, U. Weber u. W. Mitsch*, Strafrecht AT, 11. Aufl., 2003, §15 Rn 27.
[5] *C. Roxin*, Strafrecht AT II, 2003, §31 Rn 86.; *Hilf*, (Fn. 1), §2 Rn 42. 参照，本書第1章Ⅳc。

の存在及びこれを利用するのに必要な経験と知識。命令されるのは，常に，着手することが実際に可能な行為だけである[6]。例えば，子供が熱湯で火傷したとき，火傷軟膏を塗るだけで足りるのか，医師を呼んだりあるいは病院へ連れて行かねばならないのかは，火傷の種類・程度，子供の年齢，体質，及び，事故の場所，時間を考慮して判断されねばならない[7]。

　結果発生を阻止するために適した行為は，唯一つしかないというわけではなく，複数の行為選択肢のあることが多い。この場合，構成要件該当の不作為が認められるのは，行為者が必要とされる行為のどれにも着手しなかった場合に限られる。行為選択肢のなかの1つでも行われれば，不作為があったとはいえなくなるからである。例えば，自ら救助措置をする可能性のほか，他人の助力を求める可能性もある[8]。行為義務を課せられる行為者が，結果回避を直接果たさねばならないということではない。それどころか，危険状況によっては，行為者は専門の第三者（例えば，警察，救助隊，救急医療，消防）に助力を求めることが許されるし，場合によっては，求めねばならない。しかし，第三者に義務を果たしてもらうということは，行為者を自分の行為義務付けから免れさせるものではない。むしろ，行為者は第三者の活動を監督し，必要な場合には，介入しなければならない[9]。

　結果回避傾向を有する行為が行われれば，それで十分である。したがって，行為義務者が，「客観的状況からして，できるだけ最善の且つ迅速な結果回避に必要なことをすべて行った」といえる限り，結果が実際に効果的に回避されたか否かは重要ではない[10]。但し，行為者が，結果回避をする上で不適切な選択肢を適切だと誤認して選んだとき，例えば，自らは救助措置を採らないで，到底適時に介入し得ない警察を呼ぶとか，その他，不十分な選

---

[6]　*D. Kienapfel, F. Höpfel*, Strafrecht AT, 12. Aufl., 2007, Z 29 Rn 3 f.; *Hilf*, (Fn. 1), §2 Rn 43.
[7]　*Kienapfel／Höpfel*, (Fn. 6), Z 29 Rn 4.
[8]　*O. Triffterer*, Österreichisches Strafrecht, AT, 2. Aufl., 1994, 14. Kap Rn 77.
[9]　*W. Stree, Schönke／Schröder* Strafgesetzbuch. Kommentar 26. Aufl., 2001, Vorbem §§13 ff. Rn 152.
[10]　*Kienapfel／Höpfel*, (Fn. 6), Z 29 Rn 5.; *Hilf*, (Fn. 1), §2 Rn 44.

択肢をとったとき，過失の不作為犯が問題となる[11]。

　通説によると，不作為の因果関係が肯定されるためには，具体的結果が，必要とされる行為が為されていたなら確実性に境を接する蓋然性をもって生じなかったということの証明が必要である。しかし，このことは，行為が必要とされるのは，当該行為によって確実性に境を接する蓋然性をもって法益侵害が避けられる場合に限定されるということを決して意味しない。必要とされているのは，実際の救助可能性のあるあらゆる作為である。「行為義務にとり，事前に，行為が確実性に境を接する蓋然性をもって迫り来る結果の発生を阻止するという認定は前提要件ではない」のである[12]。かかる蓋然性は結果の発生を帰属させる際に意味をもつにすぎない。一切の（最小であっても）救助可能性で足りる[13]。「規準人の客観的判断によると，事前に，考えられうる救助活動が実際には見込みがない」と判明しても（例えば，5％程度の救助可能性しかない），それでも，救助行為は可能であり，命令されている。しかし，不作為の因果関係，帰属可能性又は少なくとも期待可能性がなくなる。確実性に境を接する蓋然性の要求は発生した結果の因果関係の存否との関係でのみ意味を有する[14]。

3　必要な作為に着手する事実上の可能性（個別行為能力）

　次に，不作為者に客観的つまり実際に行為可能性（物理的な現実の可能性）があるということ，換言すると，個人的行為能力が必要である。法は不可能なことを強いることはできないからである。事実的救助可能性というこの独立の客観的構成要件要素によって，命令された作為に着手する義務が限定さ

---

[11]　*Roxin*, (Fn. 5), §31 Rn 180.; *Kienapfel/Höpfel*, (Fn. 6), Z 29 Rn 6.
[12]　*Stree*, (Fn. 9), Vorbem §§ 13 ff. Rn 149.; *M. Burgstaller*, Das Fahrlässigkeitsdelikt im Strafrecht, 1974, S. 86 Fn. 30（救助行為が行われたなら単に可能なのではなく，確実に結果の発生を阻止したといえる場合にのみ，その救助行為は義務付けられるという見解（*G. Stratenwerth*, Bemerkungen zum Prinzip der Risikoerhöhung, Gallas-Festschrift, 1973, S. 227 ff., 239）は，行為規範の問題と結果の帰属の問題の区別を正しく認識していない）。
[13]　*Steininger*, (Fn. 2), §2 Rn 25.
[14]　*Hilf*, (Fn. 1), §2 Rn 45.

れる。行為者の個別行為能力が無ければ,既に行為義務は存在しない[15]。もっとも,個別行為能力の問題は前述2の命令された作為の非着手の問題と重なっているのである。

交通事故を起こし炎上している自動車から脱出した同乗者が,自動車に閉じ込められた運転者か他の同乗者のどちらかしか救助できないとき,それは個別行為能力の問題ではなく,作為義務衝突の問題である[16]。

行為可能性の存否は,不作為者の視点からではなく,客観的視点から具体的状況(現実の所与)に関連させ,且つ,不作為者の個人的能力とも関連させて判断されねばならない[17]。そうすると,行為の可能性が存在しない場合というのは,不作為者に,命令された行為を着手するのに必要とされる救助手段が欠如しているために不可能であるとか,不作為者に必要とされる(技術的)技量,知識,知的能力又は経験が欠如しているときである。例えば,泳げない人は,溺れている人を泳いで助けに行かなくとも,不作為者とはなら

---

[15] *Stree*, (Fn. 9), Vorbem §§ 13 ff Rn 144.; *R. Moos*, Salzburger Kommentar zum Strafgesetzbuch, 2001, §4 Rn 129.
[16] *Kienapfel/Höpfel*, (Fn. 6), Z 28 Rn 5. 行為無能力とする説に,*H.-H. Jescheck, Th. Weigend*, Lehrbuch des Strafrechts AT, 5. Aufl., 1996, §59 II 2.
[17] これに対して,イエシェック/ヴァイゲントは,不作為は一般的行為能力(すなわち,平均人の知識と能力を完全に具備している者には命令された行為ができるという可能性は,行為論の領域で扱われ,社会的に重要な人の行動としての不作為の概念に属する)を前提とするが,不作為の構成要件該当性の問題は具体的事例において不作為者と考えられる個人に関係しなければならない,というのは,この者に可能であった行為をしなかったことだけが不法の性質をもちうるからであると論ずる。*Jescheck/Weigend*, (Fn. 16), §59 II 2. しかし,この議論は適切とは思われない。平均人が命令された行為をすることができたか否かは,前構成要件の次元で答えることはできないからである。いかなる行為がそもそも命令されていたのかは,具体的構成要件に基づいてしか判断できないからである。したがって,一般的行為能力を問題にするなら,そこでは行為者がおよそ,何らかの方法で受動性から自己の意思により離脱する可能性をもっていたか否かだけを調査し,構成要件該当の行為能力の問題では,平均人とは関係なく,行為者が個別的に命令された行為をすることができたか否を調べるべきである。*Triffterer*, (Fn. 8), 14. Kap Rn 79.
これに対して,フックスは,命令された作為の客観的可能性と個別行為能力を区別している。一方で,客観的構成要件要素としての命令された作為をする「客観的可能性」は,具体的に,しかし,客観的に(不作為者の視点からではなく)判断されるべきであり,他方で,個人行為能力は責任要素であって,行為時点における個人の精神的及び身体的状況に照らし,客観的にに命令された行為を実際にも行うことのできた者だけに有責の不作為が認められる。*Fuchs*, (Fn. 1), 37. Kap. Rn 23 u. 81.

ない。もっとも，浮き輪を投げかける等の他の手段が採れる場合は別である。同じことは，十分な力が無いとか，身体疾患のために身体的行為能力が無い場合にも当てはまる。遠隔地にいるということも－危険の客観的認識可能性を前提として－必要とされる救助措置の着手を不可能にする。例えば，札幌にいる人は，同時刻に東京で命令される行為を不作為することはできない。

　行為義務が不作為者にあるといえるためには，不作為者が自分の物理的及び心理的状況から，行為義務を果たせる場合に限られるのであるが，この可能性は，法に誠実な心情を対象とする「期待可能性という可能性とは異なった次元にある」。実際の個別的救助可能性・能力は保障人義務の履行能力ばかりでなく，同時に，保障人義務の具体化でもある。かくして，不作為犯においては，客観的規準と主観的規準の分離が意味を為さないことは明らかである。不作為者の個別の，したがってまた，主観的行為可能性は「客観的義務の微調整」であるから，不法の領域に属するのである[18]。

　注意されるべき点は，必要とされる行為が必ずしも直接的救助である必要は無く，利用可能な援助を求めることでもよいことがあるということである。行為の不可能性又は無能力は，行為選択肢が無い場合にのみ存在する。同時に，行為無能力は，「人が具体的状況の下で命令を履行するための意味あることをまったくできない」，換言すると，「意味のある方法で必要なことをする」可能性がまったく無い場合に既に認められる[19]。例えば，消火することはできなかったが，自分の妻の放火を止めることのできた火災保険の被保険者である夫には，不作為による放火罪が成立する[20]。この場合，結果回避のための意味のある可能性があったからである[21]。これに対し，火災の場に出くわした者が，手で水を掬くって炎に注ぐことをせず，絶望のあまり何もしない場合，不作為による放火は認められない。なぜなら，このような方

---

[18] *Moos*, (Fn. 15), §4 Rn 119.
[19] *Jescheck/Weigend*, (Fn. 16), §59 II 2.
[20] RGSt 64, 273, 276.
[21] *Roxin*, (Fn. 5), §31 Rn. 9.

法では首尾よく消火することはできないからである[22]。すなわち，命令された行為の着手の可能性がなかったとするためには，行為無能力が絶対的に存在したことまで要求されない[23]。

可能性判断は，客観的観点から下される。すなわち，危険を除去するために必要なことが不作為者に客観的に可能だったということである。こういった可能性の前提となるのは危険とこれを除去するための救助手段の客観的認識可能性である。不作為者が救助措置によっても結果回避ができるのかについて本気で疑問を抱いていても，行為能力が否定されるわけではない。救助措置に出ても無駄であることが確実に予見できる場合にのみ，行為能力は否定される。したがって，救助義務者は，救助措置が役に立つか否かを知らなくとも，救急自動車，警察を呼ばねばならない。後に，被害者はもはや助けられなかったことが判明しても，不作為による未遂の問題が生ずる[24]。これに対して，危険，行為可能性又は具体的に必要なことが不作為者に知られていたか，又は，知りえたかといった問題は故意，過失の問題に過ぎない[25]。例えば，父親が自分の子供が危険状態にあることに気づかないとか，現に存在する救助手段に気づかないといったことは，不作為の存否に影響を与えない[26]。しかし，危険ないし救助手段の主観的認識可能性が無い場合，個人行為能力が否定される[27]。

個人行為無能力は責任を排除するのではなく，不作為を否定するのである[28]。しかし，不作為者が有責に個人行為無能力の状態におくとか，行為の

---

[22] *Roxin*, (Fn. 5), § 31 Rn 9.
[23] *Roxin*, (Fn. 5), § 31 Rn 9.; *Hilf*, (Fn. 1), § 2 Rn 48.
[24] BGH NStZ 2000, 415.
[25] *Stree*, (Fn. 9), Vorbem §§ 13 ff Rn. 143.
[26] *Roxin*, (Fn. 5), § 31 Rn 11. カオフマンとヴェルツェルは，不作為の成立要件として構成要件該当状況の認識と必要とされる救助手段の認識が必要だとして，したがって，過失の不作為を可罰性から排除するが，これは過大な要求である。*Armin Kaufmann*, Die Dogmatik der Unterlassungsdelikte, 1959, 35 ff., 59 ff.; *H. Welzel*, Das Deutsche Strafrecht, 11. Aufl., 1969, 201.
[27] *Hilf*, (Fn. 1), § 2 Rn 49.
[28] マイヴァルト (*M. Maiwald*, Grundlagenprobleme der Unterlassungsdelikte, JuS 1981, S. 473 ff., 479) は，社会的地位から任務を与えられている者が，その任務を果

場所から離れるとかした場合，それは必ずしも不処罰を意味しない。その可罰性はいわゆる原因において自由な不作為（omissio libera in causa）の問題として扱われるべきである。例えば，列車の通過時点において遮断機を下ろせないほど酩酊している踏み切り番の場合，故意又は過失でそういう状態に陥ったことが負責される。原因において自由な不作為は作為ばかりでなく，不作為によっても生じうる。例えば，母親が病気の子供のための薬を適時に購入しない場合である[29]。

保障人が有責に責任無能力状態（同時に行為能力を失うことなく）におく場合も同様に考えられる。例えば，列車の通過時点において遮断機を下ろせないほど酩酊はしていないが，しかし，泥酔のために軽率にもそれをおろさなかった踏み切り番の場合である[30]。

4　結果の発生

不真正不作為犯は，対応の作為－結果犯において要請される結果を，実際に，因果関係的，且つ，規範的に帰属可能的に発生させたことを前提とする。結果が発生しないか，不作為の因果関係が欠如するか，発生した結果が客観的，主観的に不作為者に帰属できないとき，故意犯では未遂の可罰性が問題となる[31]。

たさないとき，個別行為無能力であっても，不作為が認められると論ずる。例えば，非医師には，医学知識なしにはなし得ない生命救助措置をしなくとも，不作為は認められないが，本来可能な救助措置ではあるが，20時間もの災害出動の後でそれがもはや「できない」医師には，不作為が認められ，ただ免責されるにすぎないと論ずる。しかし，法は不可能なことを義務付けることはできない。疲労のあまり無気力状態にある，あるいは，心臓発作で倒れている医師に，行為のできる医師を前提とする義務を課することはできない。*Roxin*, (fn. 5), §31 Rn 15. これに対して，不作為に過大な要求をする学説がある。アンドロウラキスは「（行為）能力の完全な自由」を，ヴォルフは行為能力の前提に動機付け能力を要求する。K. *Androulakis*, Studien zur Problematik der unechten Unterlassungsdelikte, 1963, 115.; E. A. *Wolff*, Kausalität von Tun und Unterlassen, 1965, 46, Fn. 26. しかし，そうなると，どのようにして不作為と責任を区別するのかという問題が生ずる。*Roxin*, (Fn. 5), §31 Rn 15.

[29]　*Stree*, (Fn. 9), §§13 ff. Rn 144.
[30]　*Stree*, (Fn. 9), Vorbem §§13 Rn 145.; *Hilf*, (Fn. 1), §2 Rn 51.
[31]　*Hilf*, (Fn. 1), §2 Rn 52.

5　不作為の因果関係

　不真正不作為犯が既遂に達するためには，不作為と具体的結果発生の間につながりが認められなければならない。もとより，不活動，すなわち，エネルギーを投入しないということが具体的結果発生に現実の影響を及ぼしているわけではないことから，自然科学的意味では，不作為と具体的結果発生の間には因果関係は無い（De nihilo nihil fit. Nichts kommt aus dem Nichts.「無から有は生じない」）。しかし，このことから，法的範疇としての不作為の因果関係が否定されるべきだということにはならない[32]。

　法的には，不作為と具体的結果発生の間の社会的意味連関が重要である。この意味で，不作為の因果関係は価値範疇であり，仮定的因果関係である。自然科学的意味での因果関係の存在の認定に代わって，命令された作為と具体的結果の不発生との間の関連につき経験的根拠に裏付けられた予測が必要となる[33]。したがって，現実の因果関係が問題となる存在範疇としての作為犯の因果関係とは異なり，不作為の因果関係は常に思考上の因果関係，つまり擬似因果関係とも呼ばれるのである[34]。

---

[32]　*F. Nowakowski*, Wiener Kommentar zum Strafgesetzbuch, 1. Aufl., 1982, Vorbem zu §2 Rn 19 f.; *Steininger*, (Fn. 2), Vorbem zu §2 Rn 5, 7 f, 21 f.

[33]　*Steininger*, (Fn. 2), Vorbem zu §2 Rn 7, §2 Rn 18.

[34]　*Steininger*, (Fn. 2), Vorbem zu §2 Rn 21, §2 Rn 17. ノヴァコフスキーが不作為犯における因果関係を「法的意味での因果関係」であり，客観的帰属と1つになった事象だと論ずるとき（*Nowakowski*, (Fn. 32), §2 Rn 19），客観的帰属の領域を拡張しすぎている。なぜなら，もともと客観的帰属というのは基本要件としての自然科学的因果関係を限定する規準であり，さらに，刑法理論的明晰性のためにも，行為と結果の間の結びつきを自然科学的側面からと法的側面から分けて論ずるべきだからである。*Triffterer*, (Fn. 8), 14. Kap Rn 85. なお，シュペンデルは，「擬似因果関係」とか「仮定的因果関係」という用語は適切でなく，作為の場合には積極的条件が，不作為の場合には消極的条件が問題となっているのであるから，条件連関（Konditionalzusammenhang）という用語を用いるべきだと主張する。*G. Spendel*, Kausalität und Unterlassung, in: Festschrift für R. D. Herzberg zum 70. Geburtstag, 2008, S. 247 ff.

　自然科学的意味での因果関係の存在しない不作為を義務違反として処罰することへの疑問から，不作為を作為に還元する方向を目指すのが，酒井安行「不真正不作為犯のいわゆる因果論的構成の可能性と限界」『西原春夫先生古稀祝賀論文集第1巻』1998年・133頁以下。松宮孝明「『不真正不作為犯』について」『西原春夫先生古稀祝賀論文集第1巻』1998年・159頁以下。

不作為犯の場合にも，等価説が基本的に妥当する。作為犯の場合には作為を除去する条件公式が適用されるのであるが，不作為犯の場合には作為を付加した修正等価説が適用されるのである。すなわち，命令された作為が行われたならば，当該具体的結果は確実性に境を接する蓋然性をもって発生しなかったであろうといえる場合に，当該不作為は当該具体的結果の発生に対して因果関係がある（仮定的因果関係）[35]。不作為の因果関係は，構成要件に抽象的に輪郭付けられた結果ではなく，発生した具体的形態における結果に関係しなければならない[36]。したがって，命令された作為が行われていても，

---

[35] BGH 1 StR 175/70 v. 28. 7. 1970（*W. Dallinger*, MDR 1971, S. 361 f.）「不作為犯の場合，結果の発生を阻止しないことにつきこれを行為者に帰属できるのは，結果が欠落するということなしには，為されなかった行為を付加して考えることができない場合に限定される（RGSt 63, 392, 393; 75, 49, 50）……これには確実性に境を接する蓋然性を認定することをもって足りる（RGSt 75, 49, 50）」。*W. Gropp*, Strafrecht AT, 3. Aufl., 2005, §11 Rn 79.; *Jescheck/ Weigend*, (Fn. 16), §59 III 4.
　最決平成元年12月15日刑集43巻13号879頁（覚せい剤の注射をされて錯乱状態に陥った少女をホテルの客室に漫然と放置したため急性心不全のため同女が死亡したという事実につき，保護責任者遺棄致死罪に問われた事案）「直ちに被告人が救急医療を要請していれば，同女が年若く（当時13歳），生命力が旺盛で，特段の疾病がなかったことなどから，十中八九同女の救命が可能であったというのである。そうすると，同女の救命は合理的な疑いを超える程度に確実であったと認められるから，被告人がこのような措置をとることなく漫然同女をホテル客室に放置した行為と……同女が同室で覚せい剤による急性心不全のため死亡した結果との間には，刑法上の因果関係がある」。ここに，「十中八九」という表現が，文字通り80％ないし90％の意味ではなく，蓋然性に境を接する確実性を意味していると理解するべきであろう。内田文昭『刑法概要上巻』1995年・358頁は，結果防止の「最高度の蓋然性」を要求するが，同趣旨であろう。*A. Donatsch, B. Tag*, Strafrecht I, 8. Aufl., 2006, S. 314 ,,höchstwahrscheinlich".; *S. Trechsel*, Schweizerisches Strafrecht AT I, 4. Aufl., 1994, S. 231 ,,höchstwahrscheinlich". 参照，原田国男『最高裁判所判例解説刑事篇（平成元年度）』(1991年) 385頁。平山幹子「不作為の因果関係」『刑法判例百選I　総論（第六版）』2008年・10頁。
　この程度の証明がなされない限り，命令された作為と具体的結果発生の間の因果関係は認められない。盛岡地判昭和44・4・16判時582号110頁（自動車運転者が，交通事故により被害者に瀕死の重傷を与えたが，犯行の発覚をおそれて被害者を遺棄しようとして，自動車内に乗せて搬送中死亡した事案につき，「被害者を事故後直ちに最寄の病院に搬送して救護措置を受けたとしても，死の結果を回避することができたとは認め難い」から，病院に搬送しないという不作為と被害者の死亡との間に因果関係は認められない）。参照，山口厚『刑法総論（第二版）』2007年・77頁以下。
[36] *Steininger*, (Fn. 2), Vorbem zu §2 Rn 20.; *J. Wessels, W. Beulke*, Strafrecht AT, 32. Aufl., 2002, Rn 712.

構成要件該当の結果は生ずるが，但し，具体的に生じたのとは異なった形で生ずるといえる場合でも，不作為と具体的結果の発生の間には因果関係がある[37]。因果関係の存在を前提とした上で負責を限定するのが客観的帰属論である。

　特殊な場合に，作為犯にあっては，等価説が合法則的条件公式に依拠する必要があるように[38]，不作為犯にあっても合法則的条件公式に依拠する必要がある。そうすると，命令された作為が行われたならば，時間的に後続する，当該作為と相互に合法則的に結びつく外界の変化が生ずるということが，確実性に境を接する蓋然性をもっていえ，この外界の変化が生ずれば，それだけで又は1個又は複数の他の作為とあいまって，最終的には具体的結果の発生には至らなかったといえる場合に不作為の因果関係を認めることができる[39]。このように不作為犯の因果関係では，予測の領域に蓋然性判断が要求される。この点で，客観的帰属の問題も含まれていることになる。仮定的因果関係が通常予見できることの範囲外にあるとき，因果関係は初めから否定される[40]。

---

37) *Roxin*, (Fn. 5), §31 Rn 56.; *Hilf*, (Fn. 1), §2 Rn 35.; BGH NStZ 1981, 219〔この日に外科手術をしておれば患者は確実性に境を接する蓋然性をもって1日生き延びたのであり，延命の高度の蓋然性がそもそもあった〕。BGH NStZ 1985, 27〔この時点で処置がとられていれば患者の延命の可能性はずっと高かった。事実審の見解では，患者の生命は少なくとも1時間延びた〕。

38) 例えば，作為犯において，甲が丙を殺害する予定であるが，甲が殺害行為に出ないときは，乙が丙を殺害する予定であり，実際には甲が丙を殺害したとき（仮定的因果関係の問題），必要条件公式を適用すると甲の因果関係が否定される。また，甲と乙がまったく別々にそれぞれ致死量にたる毒薬を丙のワイングラスに入れ，それを飲んだ丙が死んだとき（二重因果関係，択一的因果関係又は重疊的因果関係とも呼ばれる問題），必要条件公式を適用するとここでも甲も乙も因果関係が否定される。しかし，合法則的条件公式によれば，つまり，行為に，一般的又は専門的経験からすると，時間的に後続する外界の変化が生じ，当該変化が当該行為と相互に自然法則的に結びついており，構成要件該当の結果をもたらした場合，当該行為は当該結果と因果関係にある。いずれの設例にも因果関係が認められる。等価説の「除去方式」による必要条件の同定は，因果関係の定義を意味しているものではないのであって，実践的には多くの場合有用ではあるが，常に有用だとは限らない。*Fuchs*, (Fn. 1), 13. Kap Rn 5, 8, 10 u. 14.

39) *Burgstaller*, (Fn. 12), 1974, S. 93.; *Jescheck / Weigend*, (Fn. 16), S. 283, 619.; *Hilf*, (Fn. 1), §2 Rz 56; *Steininger*, (Fn. 2), Vorbem §2 Rn 22, 34.

40) *Steininger*, (Fn. 2), §2 Rn 18.

このように，不作為の因果関係が認められるのは，作為義務の生じた時点で命令された作為が行われたなら，具体的結果の発生が確実性に境を接する蓋然性をもって避けられたといえる場合である。確実性に境を接する蓋然性を要求することは，証明の程度を下げることを意味するのではなく，人間の認識能力に適ったことなのである[41]。しかし，確実性について過大な程度を要求してはならない。実際的確実性，すなわち，「遠く離れた，純理論的に考えられる可能性は無視されるが，人々が生活においてこういうものとして承認し，満足せねばならない確実性」で十分である[42]。不作為の因果関係に当たっても，「疑わしきは被告人の利益に」の原則が適用される[43]。不作為の因果関係がこのようには証明できないとき，既遂罪は成立しない。故意犯の場合だと，未遂犯処罰の可能性が残る[44]。

---

[41] *Roxin*, (Fn. 5), §31 Rn 44.; *Hilf,* (Fn. 1), §2 Rn 57.
[42] *Nowakowski*, (Fn. 32), Vorbem §2 Rz 28.; *Steininger*, (Fn. 2), Vorbem zu §2 Rn 21, §2 Rn 20.
[43] *Jescheck/Weigend*, (Fn. 16), S. 619.
[44] *Roxin*, (Fn. 5), §31 Rn 59.; *Hilf*, (Fn. 1), §2 Rn 57. 危険増加説の立場から通説に対して，行為者が確実に回避できる結果に対してのみ責めを負うとき，結果の回避につき確実性に境を接する蓋然性が無くとも，救助を「それでも試みる」という法的義務を負わせるのは説明がつかないとの批判がなされる。*G. Stratenwerth*, Strafrecht AT I, 4. Aufl., 2000, §13 3. Kap Rn 55 Fn 81. しかし，救助に適した，相当な行為が行われなかったときには，未遂罪の成立が認められるべきである。BGH StV 1985, 229〔夫が打ちのめし，その傷が本で死亡した妻を病院に連れて行かなかった事案において，即座に手術をすれば助かるわずかな見込みがあっても，不作為による故意の殺人罪は成立しないが，未遂罪の成立は可能である〕。
これに対して，西田典之『刑法総論』2007年・109頁−110頁は，「ある期待された作為がなされていたならば，高度の蓋然性をもって結果が回避されたであろう」とはいえない場合，つまり，客観的に結果回避可能性がない場合には，「そもそも不作為すなわち期待さるべき作為というものを観念することができないので，そこでは不作為犯の実行行為が欠如し，未遂犯も成立しない」と主張し，前田雅英『刑法総論講義（第三版）』1998年・132頁も，「因果関係とは，実行行為と結果との結びつきの問題であるが，不作為犯においては，結果防止（回避）可能性がなければ作為義務は認められない。結果を防止することが具体的に可能な作為を想定しえない以上，『期待された作為』を設定できない。そうだとすれば，結果を回避し得なかった場合には，因果関係が欠けて結果を帰責できないので未遂となると考えるのではなく，実行行為性が欠け無罪おなるとすべき」と主張し，又，大谷實『刑法講義総論（第三版）』も，「不真正不作為犯の実行行為が認められるためには，期待された作為によって結果の防止がほとんど確実に可能であるという要件が必要となる」と論ずるが，いずれの見解も未遂犯の理解において適切でない。参照，佐久間修

不作為の因果関係に確実性に境を接する蓋然性を要求することは，刑事政策的観点からは不都合ではないかということが指摘されている。例えば，交通事故の負傷者が病院に搬送されたが，医師がその脳内出血を見落とし，適切な治療を行わなかったために死亡したが，適切な治療が行われていたならば，負傷者は80％の蓋然性をもって助かっただろうといえる場合，その死亡事実は危険連関の欠如のために自動車運転者に帰属できず，そうかといって医師には因果関係が認められない。命令された作為が行われたとしても，確実性に境を接する蓋然性をもって死の結果を避けられたとはいえないからである。さらに，一般的に，医療においては，不作為はほとんど常に不処罰ということになると批判される。治療を行えば，確実に助けられたというようなことは，何時いえるのだろうか。具体的結果の発生が焦点になっていることもあまり役立たない。適切な治療が行われていたなら，「少なくとももう少し生き延びた」ということを確実性に境を接する蓋然性をもって認定できるのは稀であり，ひょっとして，よりによって命令された手術をしたなら，死んだであろう，つまり，もっと早く死んだかもしれないと[45]。

そこで，危険増加説が主張されることになる。これによると，命令された作為が行われたならば，現実化した法益に近接した危険を著しく減少させたといえる場合に既に，不作為は発生した結果に対して因果関係が認められる。作為義務者は，確実でなくとも，50％あるいはそれ以下の可能性であっても，現実に救助の可能性があればそれを引き受けなければならない，すなわち，結果発生の危険を減少させる義務を有する。命令された危険減少が行われず，且つ，義務に違反して減少策のとられなかった危険が現実化したとき，結果の発生は，義務に違反して減少策のとられなかった，したがって，作為義務者によって違法に招来された危険の現実化であり，発生した結果は作為義務者に客観的に帰属可能である。ただし，この顕著な危険現象は確実性に境を接する蓋然性をもって証明されなければならないと[46]。

『刑法講義（総論）』1997年・98頁。松宮孝明『刑法総論講義（第二版）』1999年・86頁。林幹人『刑法総論』2000年・156頁。
[45] *Fuchs*, (Fn. 1), 37. Kap Rn 30, 31.

しかし，危険増加説に対しては，侵害犯の構成要件が危険犯の構成要件に機能転換されることになるとの批判が加えられる[47]。この批判は形式的に見ると当たらないように思える。結果の発生は依然として要求されており，侵害犯が危険犯に変化するわけではないからである。しかし，実質的に見ると，因果関係の存否判断の重点が，実際の結果発生からただ結果発生の危険があっただけということに移されている。したがって，侵害犯が危険犯に機能転換しているとまではいえないが，侵害犯が危険犯に接近しているとはいえよう[48]。さらに，危険増加説には次の問題もある。危険増加論は内容的には客観的帰属論の構成要素であるが，しかし，客観的帰属論は，本来，客観的，主観的に構成要件該当行為が実際にも刑罰規範によって是認されない領域に入るのか否かを目的論的理由から検証するのであって，負責限定的機能を果たすのである。ところが，危険増加論は不作為犯処罰の範囲を拡張するのである[49]。

自らは結果を回避できないが，結果回避のために必要な第三者（例えば，救急医）に助けを求めることをせず，その結果，救助を必要とする者が死亡するとき，かかる不作為にも因果関係はある。第三者がまったく来なかっただろうか否か，第三者の作為が結果の発生を（確実には）阻止できなかっただろうか否かといった仮定的考慮は，不作為の因果関係の認定にとって重要ではない。第三者に来てもらうことによって，不作為者はその限りで負責

---

[46] *Fuchs*, (Fn. 1), 37. Kap Rn 32, 33 u. 35.; *Stratenwerth*, (Fn. 44), §13 Rn 54 ff.; H.-J. *Rudolphi*, Systematischer Kommentar zum Strafgesetzbuch, 1992, Vor 13 Rn 16, 16a; H. *Otto*, Grundkurs Strafrecht AT, 7. Aufl., 2004, §9 IV.
[47] *Kienapfel/Höpfel*, (Fn. 6), Z 29 Rn 13.
[48] *Roxin*, (Fn. 5), §31 Rn 60.; *Steininger*, (Fn. 2), §2 Rn 21.
[49] *Steininger*, (Fn. 2), §2 Rn 21. 例えば，火災の際に，父親がマンション3階のベランダから2人の幼子を外で両腕を開けて救助しようとしている者たちめがけて落下させなかったため，2人の幼子が炎にまかれて死亡したとき，確実性に境を接する蓋然性をもって救助できたといえる場合，不作為の因果関係は肯定される。しかし，この事例を5階に代えると，確実性に境を接する蓋然性をもって結果の発生を回避できたとはいえず，不作為の因果関係は否定されることになろう。しかし，危険増加説によれば，この場合も，不作為の因果関係は肯定されることになろう。*R. Schmidt*, Strafrecht AT, 6. Aufl., 2007, Rn 804. vgl. BGH, (Fn. 35).

免除されるのであり，第三者の答責領域にある新しい状況が創設されることになる。

そうすると，当初の不作為とは関連のない別の因果関係が進行することになる。もとより，結果回避のために必要な第三者が来ない，あるいは，介入しないことを確実に知っており，それ故，第三者を呼ばない者は，そうすることが唯一の救助手段であっても，救助の可能性が欠如するという理由から，構成要件該当性が否定される[50]。

不作為犯における因果関係の特殊な問題として，いわゆる集団決定がある。例えば，製造会社の取締役が健康に危険な商品を回収しないという決定を下す場合，個々の取締役の投票行動と保障人義務に反する取締役会の決定との間の因果関係の存否が問題となる。命令される作為をしないという集団決定が全員一致で下されるうる場合に因果関係の存在することに問題はない。同様に，集団決定が多数決で下されるが，それが1票差で決定されたときも因果関係は存在する。多数票に組した個々の取締役は自分の投票行動を変えることによって多数決を直接変えることができたといえるからである[51]。問題となるのは，2票以上の票差で集団決定が下された場合である。多数票に投じたどの取締役も，異なった投票を投じていても他の取締役の投票行動が妨げとなって，結局否決されただろうと主張できるからである。そうすると，取締役の投票と取締役会の決定との間に因果関係は存在しないということになり，誰も刑事責任を問われないという事態が生じる。しかし，このような奇妙な結論は避けられるべきである。先ず，故意の不作為の場合には，共同正犯の法理にしたがって因果関係の問題を解決できる。共同正犯が成立するためには，事前の判断からすると，各取締役の加担行為が集団決定に重要でありうるというだけで十分であり，個々の取締役に他の取締役の投票行動を帰属させることによって，因果関係の存在を肯定できる[52]。次に，過失の不作為の場合には[53]，過失の共同正犯[54]を認めない説，あるいは

---

50) *Roxin*, (Fn. 5), §31 Rn 64.; *Hilf*, (Fn. 1), §2 Rn 59.
51) *K. Kühl*, Strafrecht AT, 6. Aufl., 2008, §18 Rn 39b.
52) *Roxin*, (Fn. 5), §31 Rn 66.

過失の共同正犯を認めても，その前提要件が具備されない事案では，別の解決策が求められる。作為犯においても条件公式の修正が必要とされる場合があるように，不作為犯においても仮定的因果関係公式の修正が必要である。すなわち，択一的に付け加えても結果の発生は避けられない条件ではあるが，累積的に付け加えられると結果の発生が避けられる条件であるとき，いずれの条件も結果の発生と因果関係がある。したがって，他の取締役と一緒になって結果の発生を回避できる取締役はいずれも結果の発生と因果関係があり，取締役の保障人義務に違反する不作為は結果の発生と合法則的条件関係にある[55]。

---

[53] BGHSt 37, 106〔皮革製品用噴霧器判決（Lederspray-Urtei）。1980年晩秋以来，We 有限会社製造の皮革製品用噴霧器を使用した消費者から健康障害が発生しているとの報告を受けながら，We 社，及び，その子会社である販売会社 E 社，So 社は，製造中止，回収措置を採らなかった。1981年5月12日に特別取締役会が開かれたが，販売中止，回収の措置は採られなかった。この特別取締役会の後になって製造もしくは販売された噴霧器の使用によって発生した傷害については，作為の危険傷害罪，この特別取締役会の時点で既に販売されていた噴霧器の使用によって発生した傷害については，不作為の危険傷害罪，不作為の過失致傷罪が成立するとして，4人の取締役が起訴された事件。連邦通常裁判所は，健康障害の発生報告があった後でも製品を回収しなかったために生じた不作為の過失致傷に関して，個々の取締役の不作為と結果の発生の間の因果関係を次のように論じて肯定した。「損害の回避に必要な措置，本件では取締役会で決定されるべき（危険な製品の）回収が複数の関係者の協働があってはじめて実現できるとき，自分に共同決定権限があるにもかかわらず，回避のための寄与をしない者は誰もが，必要とされる措置が採られないことに原因を設定している。この範囲内において誰もがそこから発生する構成要件該当結果に対する責めを負う。……その際，命令された集団決定をする努力をしても効果が無かっただろう，なぜなら，自分の投票は争いのある案件において他人の投票で破られたであろうと主張して責めを免れるわけには行かない。刑法上の共同答責を免れるのは，必要とされる決定を下すために，自分に可能で，期待されることはすべてしたといえる場合だけである」。本判決は，一般に，結論そのものは支持できるが，理由付けが不十分であると批判されている〕。参照，岩間康夫『製造物責任と不作為犯論』2010年・133頁以下。

[54] *I. Brammsen*, Kausalitäts-und Täterschaftsfragen bei Produktfehlern, Jura 1991, 533.

[55] *B.-D. Meier*, Verbraucherschutz durch Strafrecht?, NJW 1992, 3193 ff., 3198.; *W. Beulke, G. Bachmann*, Die „Lederspray-Entscheidung"-BGHSt 37, 106, JuS 1992, 737 ff., 743.; *I. Puppe*, Anmerkung zum Urtei des BGH v. 6. 7. 1990 „Lederspray-Urteil", JR 1992, 30 ff.

6　保障人の地位

(1)　総説

不真正不作為犯は，不作為にとどまった者が，構成要件該当結果を回避するべく，法秩序によってこの者に課せられる特別の義務に従った行為をするべきにもかかわらず，それをしなかった場合に成立する。このいわゆる法的保障人義務は，事案ごとに具体的に存在する実際の事情から，つまり，保障人の地位から生ずる。この保障人の地位が不真正不作為犯の規範的客観的構成要件要素であって，違法要素とか責任要素とかではない[56]。したがって，不真正不作為犯は真正の身分犯である。故意は行為者の保障人の地位を基礎付ける実際の事情を認識することに関係する[57]。例えば，父親が川で溺れている者が自分の子であることに気づかないとき，父親は自分と救助を要する子との間の家族関係という保障人の地位を基礎づける事情を知らないのであるから，故意を排斥する構成要件的錯誤が認められる。これに対して，保障人の地位から生ずる保障人義務は，行為の事情ではなく，違法性，つまり，一種の行為全体評価的要素である[58]。例えば，行為者が法秩序とは異なった

---

[56]　*Nowakowski*, (Fn. 32), §2 Rn 29.; *Steininger*, (Fn. 2), §2 Rn 28.; *Hilf*, (Fn. 1), §2 Rn 68. 内田（注35）319頁。リットラーに見られるように，従前，保障人の地位は，違法要素と理解されていたのだが，その根拠は，作為においてのみ構成要件該当性が違法性を徴表するからであり，不作為にあっては構成要件該当性が違法性を推定させるものではないというところにあった。*Th. Rittler*, Lehrbuch des österreichischen Strafrechts, 2. Aufl., 1954, 55.

[57]　*Nowakowski*, (Fn. 32) §2 Rn 32.; *Steininger* (Fn. 2) §2 Rn 28.; *Hilf*, (Fn. 1), §2 Rn 68.

[58]　BGHSt 16, 155.; *Kühl*, (Fn. 51), §18 Rn 128. フックスは，保障人義務は規範的構成要件要素であって，故意が認められるためには，行為者が保障人義務の社会的意味内容を認識していなければならないと論ずる。例えば，父親が，自分の30歳になる息子が川に流されているのに気づきながら，自分には保障人義務がないと考えるとき，保障人義務の素人的認識すらなく，したがって，規範的構成要件要素の社会的意味内容に関する錯誤が認められ，故意は排斥される。行為者が社会的意味内容を少なくとも素人的にも認識しているとき，行為者が不処罰を信じても，それは無視されるべき包摂の錯誤にすぎない。*Fuchs*, (Fn. 1), 37. Kap. Rn 76.

参照，福田平『全訂刑法総論』(1984年) 91頁以下「保証者的地位は，……違法類型としての構成要件に属し，記述されていない構成要件要素である。これに反し，保証者的地

判断をし，保障人の地位を基礎付ける事情を知りながら，誤って，保障人として介入する義務はないと考えるとき，禁止の錯誤（正確には，命令の錯誤，つまり，不作為が命令に違反していることについての錯誤）が認められる。

　一般的な，誰にでも課せられる法的義務は保障人義務ではない。不真正不作為犯にあっては，危機に瀕している結果との特別の関係の故にまさに不作為者を一般の人々から際立たせ，この不作為者に呼びかける法的義務に従わなかったということが，結果回避をしなかったが故に可罰性を基礎付ける。すなわち，特別の，つまり，個人的結果回避義務が問題となっている。偶然に，結果の発生を阻止できる状況に遭遇したということだけでは，この危機に瀕した法益に向けられた結果阻止の法的義務が法定されていても，保障人義務を基礎付けるのに十分ではない[59]。保障人義務を基礎付ける上で決定的に重要なことは，当該不作為者が具体的状況下で特別に義務を課せられていたか否かにある。したがって，直接類型化された不作為犯から生ずる作為義務（爆発物取締罰則第7条，第8条）は保障人義務ではない。法益侵害を他の人々よりも防止できる一定の人々に向けられた法義務（軽犯罪法第1条第8号）も保障人義務ではない。道路交通法第72条の救護・告知義務も消防法第25条第1項，第2項の消化義務も保障人義務を基礎付けるものではない。かかる規範の保護目的・内容は，警察活動，消防活動への協力義務なのであって，被害者の保護はこの義務の間接的効果に過ぎないからである[60]。

位から生ずる帰結としての保証者的義務そのものは，構成要件に属しない。……保証者的地位についての錯誤は構成要件の錯誤であるが，保証者的義務そのものについての錯誤は，違法性の錯誤」である。井田良『刑法総論の理論構造』(2005年) 36頁以下。これに対して，大塚仁『刑法概説総論』（改訂版）1986年・141頁は，保証者的地位と保証者義務を包括した保証義務を作為義務の内容として捉え，記述されない規範的構成要件要素と見る。同旨，佐久間修（注44) 73頁。木村亀二『刑法総論』（増補版・阿部純二増補）1978年・196頁は，作為義務に関する錯誤は構成要件の錯誤であって，禁止の錯誤（法律の錯誤）ではないする。西原春夫『刑法総論』1987年・267頁は，作為義務に関する錯誤は違法性の錯誤であると論ずる。

59) *Nowakowski*, (Fn. 32) §2 Rn 3.; *Triffterer*, (Fn. 8), 14. Kap. Rn 26.; *Hilf*, (Fn. 1), §2 Rn 70.
60) *Triffterer*, (Fn. 8), 14. Kap. Rn 26.; *Kienapfel/Höpfel*, (Fn. 6), Z 30 Rn 11.; *Steininger*, (Fn. 2), §2 Rn 36.; *Hilf*, (Fn. 1.), §2 Rn 70, 78. 團藤重光『刑法綱要総論』（第三版）1990年・150頁。

保障人義務は，比較的狭い範囲の作為義務者に限定されるが，特定の集団に所属しているという理由だけでは，保障人義務を基礎付けることはできない。他人以上に法益侵害を防止する任務を有する集団に所属する者，例えば，医師といった職業についている者には，刑法以外の法律によって行為義務が課せられていても，それらの規範の保護目的，内容からすると医師一般に向けられた義務であって，保障人義務を基礎付けるものではない。保障人義務を基礎付けるためには，個別事案の具体的状況の中で構成要件的結果阻止義務が特定の医師にあったか否かが検討されなければならないのである[61]。

保障人義務は法義務であるから，法秩序の中で基礎付けられねばならない。しかし，そのことは保障人義務が法律に明文化されていなければならないことを意味せず，個別事例において法秩序全体からの法的推論（法律類推又は法類推）によっても導かれうる[62]。したがって，道徳的・倫理的義務，慣習，宗教的義務では十分でない。例えば，友達関係，仲間関係，同業者関係，隣人関係，共同居住関係，団体に所属していること（例えば，政党，協会，宗教団体）は保障人義務を基礎付けない。同様に，パーテイ（例えば，薬物パーテイ）に参加したということだけでも保障人義務を基礎付けるものではない[63]。

---

[61] *D. Kienapfel*, Die Garantenpflichten (§ 2 StGB): System, Voraussetzungen und Grenzen, JB 1975, Heft 1/2, 13 ff., 15 f.; *Hilf*, (Fn. 1), § 2 Rn 70.
[62] *Triffterer*, (Fn. 8), 14. Kap. Rn 26.; *Steininger*, (Fn. 2), § 2 Rn 30., *Hilf*, (Fn. 1), § 2 Rn 71.
[63] *Steininger*, (Fn. 2), § 2 Rn 34.; *Hilf*, (Fn. 1), § 2 Rn 72.
　これに対して，大塚（注58）143頁，前田（注44）137頁は，作為義務の法的根拠として，法令，契約・事務管理と並んで慣習，条理（特に先行行為）を挙げる。大判大正13年3月14日刑集3巻285頁「死体遺棄罪ハ……死体ヲ其ノ現在セル場所ヨリ他ニ移シテ之ヲ放棄スル場合ハ勿論法令又ハ慣習ニ依リ葬祭ヲ為スヘキ責務アル者若ハ死体ヲ監護スヘキ責務アル者カ擅ニ死体ヲ放置シ其ノ所在ノ場所ヨリ離去スルカ如キモ亦死体遺棄罪ヲ構成スル……被告ハ甲ト親族法上身分関係ナキハ勿論雇傭其ノ他何等監護ノ責務関係アル者ニ非スシテ偶偶被告所有ノ炭焼窯ニ於テ木炭製造中右甲カ誤テ其ノ燃焼セル窯中ニ陥リテ焼死ヲ遂ケタルコトヲ知テ之ヲ搬出セス同人ノ陥没セシ穴ヲ塞キ依然其ノ燃焼作用ヲ継続セシメタルニ過キサルモノナレハ被告ハ此ノ場合ニ於テ焼死セル前記甲ノ死体ヲ埋葬シ若ハ監護スヘキ法令又ハ慣習上ノ責務ヲ有スルモノト謂フヲ得サルニ依リ其ノ死体ヲ窯中ニ放

保障人義務が法的推論によって導かれるということは，刑法の類推禁止に触れることを意味しない。刑法の類推禁止は刑法外の法領域には妥当しないのであるから，保障人義務が刑法外の法領域，例えば，民法，商法などの民事法の法規から導かれる限り，類推禁止抵触の問題は生じない[64]。問題はむしろ明確性原則との間に生ずる緊張関係にある。したがって，法的推論によって保障人義務を導くのは，作為義務の範囲が既に行為時点において定まっており，作為義務者にもこの範囲の予見が可能だった場合にだけ許される[65]。

　保障人義務は行為者に特別に関わる法義務であるが，法律又はその他の法規定の定める行為命令がすべて，保障人義務を基礎付けるものではない。保障人義務は結果との関係でしか課すことができない。さもなければ，行為義務というものが何らかの法規定に違反したということに縮減されてしまうからである。保障人義務は，「危ない状態にある法益に対してあるいは阻止されるべき危険の発生源である人，物に対して義務を負う者の高められた答責」を意味する[66]。したがって，他人の法益を保護することをしなかったにすぎないことが，作為と同様に負責されなければならない法的根拠が証明されなければならない。危機に瀕している保護法益客体を保護する特別の，つまり，「個人の」義務が課せられているのか，「一般的」行為義務が存在する

────────

　置シ其ノ焼クルニ委セシ如キハ道義上ヨリ論スレハ固ヨリ非議スヘキモノナリト雖法律上該死体ヲ窯中ヨリ搬出シ葬祭ヲ行フニ適スヘキ状態ニ置クヘキ責務ヲ有スルモノニ非スト謂ハサルヘカラサルヲ以テ本件被告ノ所為ハ死体遺棄罪ヲ構成セサルモノト論断セサルヲ得ス」。東京高判昭和45年5月11日高集23巻2号386頁「刑法第二一八条第一項の保護責任の根拠は，法令,,契約，慣習，条理などのいずれであるかを問わないのであって，……自動車運転者が歩行者を誘って助手席に同乗せしめて走行中，しきりに下車を求められたにもかかわらず走行を継続したため，同乗者が路上に飛び降り重傷を負った場合に，その救護を要する事態を確認した運転者としては，いわゆる自己の先行行為に基づき，刑法第二一八条第一項の保護責任を有する」。

64) *Nowakowski*, (Fn. 32), §2 Rn 6.; *Hilf*, (Fn. 1), §2 Rn 74.; *Steininger*, (Fn. 2), §2 Rn 31. オーストリア刑法第2条は，「『法秩序によって』特に自己の課せられている義務に従い結果を回避すべき事情にあり」と規定し，このことに明文で配慮している。
65) *Steininger*, (Fn. 2), §2 Rn 32.; *Hilf*, (Fn. 1), §2 Rn 74.
66) *U. Medigovic*, Unterlassung der Anzeige nach §84 StPO-Amtsmißbrauch? JBl 1992, 423 ff., 424.

にすぎないのかは、各規定の保護目的と内容を基礎に、解釈によって求められなければならない[67]。これはあらゆる保障人義務の基礎にある考えでもある[68]。

ここに保障人義務を基礎付ける実質的規準が問題となるのであるが、従来、保障人義務は、法律、契約及び危険な先行行為といった法源によって形式的に分類されてきたのである（形式的法義務説）。しかし、多くの場合、純粋に形式的法義務論では、保障人義務の内容を基礎付けることができず、したがって、保障人義務の範囲と限界が不明確であった。それ故、ドイツ語圏刑法学では、1970年前後から保障人義務を実質的に分類し、定める考えが次第に勢いを得てきた[69]。その中心にあるのが、保護義務の内容、すなわち、特別の義務を基礎付ける機能である[70]。この方法論は機能論と呼ばれる（Funktionenlehre. 機能説）[71]。

機能説の背後にある思想は、危険に瀕している法益の保護が特定の人の積極的行為に依存していること、「被害者」はこの人の能動的介入を当てにしているといういうものである。この実質的観点からは、保障人義務は、保護義務ないし庇護義務と監視義務、監督義務ないし保安義務の二群に分けられる。保護義務はある特定の法益についての保護機能を有するのに対して、監視義務はある特定の危険源を監視する責務（保安・支配義務）を有する[72]。すなわち、保護義務には被害者とのかなり強い関係が認められる。保護保障人には特定の人の個々の法益又は全部の法益をあらゆる方向（誰からであれ、何からであれ）からの危険に対して包括的に保護する義務がある[73]。これに対して、監視保障人はいわば行為者の側に立つ。その法的義務は、この者によっ

---

[67] *Kienapfel/Höpfel*, (Fn. 6), Z 30 Rn 11.; *Fuchs*, (Fn. 1), 37. Kap. Rn 42.
[68] *Steininger*, (Fn. 2), §2 Rn 35.
[69] *Armin Kaufmann*, (Fn. 26), S. 283 ff.; *Kühl*, (Fn. 51), §18 Rn 47 ff. 参照、神山敏雄「保障人義務の理論的根拠」（森下忠先生古稀祝賀『変動期の刑事政策上巻』1995年所収）189頁以下、193頁以下がドイツの学説を俯瞰している。
[70] *Steininger*, (Fn. 2), §2 Rn 38.
[71] *Jescheck/Weigend*, (Fn. 16), §59 IV. 2.; *Stree*, (Fn. 9), §13 Rn 7 ff.
[72] *Kienapfel*, (Fn. 61), 70.; *Steininger*, (Fn. 2), §2 Rn 38.
[73] *Triffterer*, (Fn. 8), 14. Kap. Rn 32.; *Fuchs*, (Fn. 1), 37. Kap. Rn 46.

て監視されるべき危険源の影響範囲に立ち入る者の誰に対してもそこから危険の及ぶことを妨げるところにある[74]。

しかし，機能説には，保障人のありうる機能についての説明であって，いかなる法的根拠から保障人の地位が生ずるのかについては何も語っていないではないかとの疑問が生ずるのである[75]。そこで，最近のドイツ語圏刑法学では，保障人の地位が認められるのは，近接している結果に対して「特別の」関係に立つ者に限られるとのフォイエルバッハの認識から出立して，保障人の地位の実質的法的根拠を一元論的あるいは二元論的に構成する試みも為されている。

一元説としては，例えば，あらゆる保障人の地位を「社会内の相互期待」から導く説，すなわち，信頼の基礎は作為による個々の法益の危殆化，侵害によって破られるが，それと同じくらい，期待が破られることによって社会生活の信頼関係に重大な損害が生ずると論ずる説[76]，作為犯の特徴は「行為支配」にあり，不作為が作為に等値するためには，「行為支配」に近似した基準が求められとして，作為にも不作為にも共通に妥当する「結果の基因支配（Herrschaft über den Grund des Erfolges)」（法益侵害の重要な諸条件支配）に求める説がある[77]。後説は，この支配の前提として，「法益が無防備であることに関する保護関係」ないし「被害者の脆弱性」（例えば，親子関係，医師と患者の関係）と「危険源の物的支配」（例えば，安全確保義務，その他の監視義務）を挙げ[78]，しかも，事実的支配の不可欠であることを指摘する[79]。結果の基因

---

[74] *Triffterer*, (Fn. 8), 14. Kap. Rn 32.; *Hilf*, (Fn. 1), §2 Rn 79.
[75] *Roxin*, (Fn. 5), §32 Rn 22.; *Th. Weigend*, Strafgesetzbuch. Leipziger Kommentar, 12. Aufl., 2007, §13 Rn 22.
[76] *Otto*, (Fn. 46), §9 Rn 42 ff. vgl. *J. Brammsen*, Die Entstehungsvoraussetzungen der Garantenpflichten, 1986, 131, 169.
[77] *B. Schünemann*, Grund und Grenzen der unechten Unterlassungsdelikte, 1971, 231 ff.
[78] *B. Schünemann*, Die Unterlassungsdelikte und die strafrechtliche Verantwortlichkeit für Unterlassungen, ZStW 96 (1984), 287 ff. 294.
[79] *B. Schünemann*, Die Funktion der Abgrenzung von Unrecht und Schuld, in: *E. Gimbernat, B. Schübemann u. J. Wolter* (Hrsg.), Bausteine des europäischen Strafrechts. Coimbra-Symposium für C. Roxin, 1995, 66 ff., 72 ff.

が被害者の脆弱性にあるとき，因果関係の積極的操縦という意味での行為支配は見られないものの，それでも，類似の現象，つまり，自分の支配の下にある被害者を保護しないしないことによって結果を招来するという現象はある。危険源の物的支配の場合，危険な企てを行い，必要な安全措置を採らない者は，その後事故が起こっても，結果の基因を支配していたと云える。そこで，すべての保障人の地位を特徴付けるのにふさわしい概念として，「統制支配（Kontrollherrschaft）」が提唱される[80]。作為犯の「操縦支配」に近似している統制支配，「保護支配」（庇護支配）と「保安支配」（監視支配）に分けられる。保障人の地位はこの両支配に基礎付けられる。

　二元説としては，「制度的管轄による義務」（例えば，親子関係，婚姻関係等）と「組織管轄による義務」（例えば，安全確保義務，先行行為等）に分ける説[81]，自己の行為に基づく「自律的」発生根拠と制度的指定に基づく「他律的」発生根拠に分ける説がある[82]。これらの説は機能説と親和性があるのだが，それと区別するために一般に機能二分説（Zweiteilungstheorie）と呼ばれている。

　しかし，「社会における相互期待」には抽象的にすぎるとの批判が加えられるし[83]，「危険源の物的支配」には，危険を阻止できるということが危険を阻止するべきであるということに直結することには成らないはずであるし，そうすると，いかなる規準で刑法上の作為義務が生ずるのかという問題が依然として残るとの批判[84]，これらの説は様々な事案の包摂作業を通した一義的解決を導き得ないほど抽象的であるとの批判[85]が可能である。「統制支配」説も，主唱者自身が言うように，それが最上位の指導原理にすぎない

---

[80]　*Roxin*, (Fn. 5), §32 Rn 17 ff.
[81]　*G. Jakobs*, Strafrecht AT, 2. Aufl., 1991, 28. Abschn. Rn 14 f., 29. Absch. Rn 27 f.
[82]　*J. Vogel*, Norm und Pflicht bei den unechten Unterlassungsdelikten, 1993, 353 ff, 366 ff.
[83]　*Roxin*, (Fn. 5), §32 Rn 31.
[84]　*K. Seelmann*, Opferinteressen und Handlungsverantwortung in der Garantenpflichtdogmatik, GA 1989, 241 ff., 244; *ders*., Nomos-Kommentar zum Strafgesetzbuch, 2003, §13 Rn 46.
[85]　*Kühl*, (Fn. 51), §18 Rn 42.

ので[86]，これまた抽象的にすぎるとの批判を免れることができないであろう[87]。そこから，そもそも一元論や二元論的構成には無理があり，保障人の地位を3個の規範的命題によって基礎付けるべきだとの主張も展開されるのである。すなわち，引き受けの思想（援助を約束し，要援助者にその遵守を期待させる者は援助義務を有する），先行行為の思想（自ら危険を創出した者はその危険に責を負う），支配の思想（排他的支配領域を管理する者はそこから生ずる危険を阻止する義務を有する）がそれである[88]。

---

[86] *Roxin*, (Fn. 5), §32 Rn 21.
[87] *Kühl*, (Fn. 51), §18 Rn 42.
　そもそも，「支配統制」説の基礎にある「結果の基因支配」説には正当にも次のような批判が加えられていたのである。「支配」という概念が不明確なため，この概念を使用することで任意の結論を得ることができる。「支配」は，一方で，実際の現実の支配を意味しうるが（自分の身体的及び精神的存在によってある状況の支配者になる），他方で，規範によって基礎付けられうるのであり，この場合，実際の支配は本質的でない（物の所有者がそれを盗まれたため実際には「支配」していなくても，物の「支配関係」と云えるのであり，法的規範だけが「支配」を成す。同様に，母親がその幼児を家においたまま外出するとき，母親はその幼児を支配しているといえるが，それは幼児の面倒を見る法的義務があるという意味合いにおいてである）。シューネマンは，一方で，「支配」を「実際の力の具体的関係」と捉えるが，他方で，親がその子を家において外出するときも，親に保障人の地位を認めるが，そうすると，親の不在中に窃盗目的でその家に侵入した者が，ガス漏れに気づいたという場合，侵入者はそこに残された子の保障人になるのであろうか。何等の保護義務も基礎付けない様々な形態の実際の支配がある。シューネマンが作為によって招来される結果を帰属させるための基因として挙げる自分の身体への「支配」というものは，危険を自分の身体から遠ざけておく法的義務を有する保障人の地位を基礎付けない。同様のことは，自分の意思に反して－望まないのに送られてきたという場合－自分の占有に入った他人の財産への支配にも云える。「支配」があっても，保障人の地位が基礎付けられたり，そうでなかったりする根拠が明らかでない。結果の「基因」支配という概念も不明確である。病気の者がその親戚の保護を頼りにしたが，看護してくれないため死亡したという場合，この結果の「基因」は何かが問題となるが，看護しなかったということが基因だとすると，保護義務のある親族が「基因」を支配したといえるのは，これらの者に結果回避可能性があったというところに求められる。しかし，結果回避可能性があったということが直ちに結果の「基因」を意味するのではない。というのは，結果の回避可能性というものは非保障人も有しうるからである。しかし，結果の「基因」を保護関係の自発的基礎付けに求めるなら，全体が循環論証になってしまう。というのは，親族の者が保護を自発的に引き受けたとうことは，これらの者が保護関係の基礎付けを通して「支配」を有することを意味するからである。この場合，自発的引き受けだけが保障人の地位を基礎付けうるのであって，それ以外の考慮はまったく必要でないと。*Maiwald*，(Fn. 28), 473 ff., 480 f.
[88] *Weigend*, (Fn. 75), §13 Rn 24.

こういった流れの中で，実質的，社会的考察方法だけで保障人義務を基礎付けると，保障人義務が広がりすぎる恐れがあるため，形式的考察と実質的考察を組み合わせ，形式的に基礎付けられた保障人義務を機能と規範の保護目的によってその内容を精緻化する説も有力に主張されている。これによると，個々の保障人義務の発生根拠としての形式的法義務（法源）があらゆる保障人義務の基礎である。次に，実質的考察，つまり，機能論によって，あらゆる法義務の保護の方向，範囲を精緻化を図るばかりか，法的義務を，場合によっては，規範の各保護目的が本来目的とする程度にまで後戻りさせるための適切な手段が提供されるのである（目的論的縮減）。例えば，水泳場の監視人は，水泳客に対する関係で保障人義務を有するが，しかし，水泳客が他の水泳客によって危害を加えられないような措置を採ることまでの義務を有するものではない[89]。これに対して，実質的考察からすると，人的関係が濃密であるとか，法律で承認された保護義務と酷似しているとか，はたまた保護目的に比肩できる出発点があるとは云える場合であっても，その理由だけでは，法の基礎のない保障人義務を認めることはできないのである[90]。

このような立場が基本的には妥当といえよう。保障人義務をその機能面から見ると，保護義務と監視義務に分けられ，保障人義務を発生根拠から見ると，法令，任意の義務引き受け（契約），危険を基礎付ける先行行為，及び，危険源責任に分けることができる[91]。以下では，保障人義務の発生根拠による分類を行い，次いで，それぞれについて，保障人義務の保護機能と監視機能，及び，規範の保護目的という実質的観点から，その明確性と限定性を図ることとする。

---

[89] *Jescheck/Weigend*, (Fn. 16), §59 IV. 2.; *Stree*, (Fn. 9), §13 Rn 8.; *Steininger*, (Fn. 2), §2 Rn 40.; *P. Lewisch*, Casebook Strafrecht, 2007, 122.; *Hilf*, (Fn. 1), §2 Rn 79.
[90] *Steininger*, (Fn. 1), §2 Rn 40.; *Medigovic*, (Fn. 66), 424 f.; *Lewisch*, (Fn. 89), 117.
[91] Vgl. *U. Ebert*, Strafrecht AT, 2. Aufl., 1994, 160 f.; *Kühl*, (Fn. 51), §18 Rn 43.; *Baumann/Weber/Mitsch*, (Fn. 4), §15 Rn 50 f.

⑵ 保障人の地位
a 法令

保障人の地位の発生根拠として考慮される法令には法律及び行政命令がある[92]。

法秩序のあらゆる部分に見られる特定の範囲の行為義務者に特に向けられている法規定から、保護保障人の義務（特に、家族法において）と監視保障人の義務（特に、危険な領域や活動と関連した民事法、公法の保安義務）が生ずる[93]。

私法の分野では親族法に保障人の地位を発生させる諸規定が見られる。民法第752条は夫婦の相互扶助義務を定める。この扶助義務には人的配慮（生命・身体救助）が含まれる。基本的に、配偶者はそれぞれ権利行使の主体として危険な行為もすることができ、意識的に自らを危険な状態におくことはできるのであるから、相手方配偶者にはこれを阻止するに及ばない。例えば、夫が心臓に異常を感じながらも無視し続け医師の診察を受けず、その結果、心筋梗塞で死亡したとき、適宜に治療を受けていれば死の結果は避けられたといえる場合であっても、その妻には夫を病院に連れて行く義務は無い[94]。自殺の場合、相手方配偶者の不作為による自殺幇助罪の成否が問題となる。自殺にいたる個人的、家庭的事情は複雑であり、適切な自殺防止措置を採ることができるか疑わしいこともあり、こういった場合には、不作為の作為との等価値性が欠如していることを理由に客観的帰属が否定される。しかし、生命を脅かす切迫した状況があり、それに対する有効な対応措置が可能な場合とか、自殺行為が行われたがまだ死の結果が発生していないときには、相手方配偶者に保障人義務が生ずる[95]。相互扶助義務は財産的損害の回避も含

---

[92] *Hilf*, (Fn. 1), §2 Rn 84.
[93] *Hilf*, (Fn. 1), §2 Rn 84.
[94] H. *Frister*, Strafrecht AT, 3. Aufl., 2008, 22. Kap. Rn 36.
[95] R. *Moos*, Wiener Kommentar zum Strafgesetzbuch, 2. Aufl, 2005, §78 Rn 31.
　ドイツの刑法学説は、配偶者の保護義務というのは、保護されるべき者を「外部からの危険から保護する」することを内容とし、「自分自身からの危険から保護する」ことを含んでいないとして、自殺に関しては一切配偶者の保護義務を否定するのが一般である。*Rudolphi*, (Fn. 46), §13 Rn 52.; *Roxin*, (Fn. 5), §32 Rn 46 f.; *Weigend*, (Fn. 75), §13 Rn. 28. しかし、ドイツ連邦裁判所は殺人罪の成立を肯定している。BGHSt 2. 150

第2章　不真正不作為犯の構成要件　53

む[96]。しかし，この扶助義務には配偶者の犯罪行為を妨げる義務を含まれない。相互扶助義務は，相互監視義務ではなく，配偶者相互のためのものであり，配偶者が危害を及ぼすかもしれない第三者のためのものではないからである[97]。

　夫婦の相互扶助義務から生ずる生命・身体救助義務は，一方配偶者又は双方配偶者の不貞行為によって消滅することはないし，配偶者の一方から一方的に破棄されることもできない。双方の話し合いによる扶養義務の放棄も無効である[98]。不倫行為や別居生活中であることは配偶者の法的義務を消滅させるものではない。しかし，離婚協議中とか決定的な別居生活は配偶者の法義務を縮減しうるし[99]，それどころか場合によっては消滅させうる[100]。この意味で，夫婦の保障人義務の基礎付けと存続にとり，婚姻の形式的，法的関係ばかりでなく，夫婦の実質的生活形態も重要である。離婚が法的に確定すると，相互扶養義務は消滅する。したがって，後日，事故にあっている元配偶者に偶然遭遇した他方の元配偶者には保障人義務は存在しない[101]。離婚夫婦が引き続き婚姻類似の生活を送る場合も，相互扶養義務は存在しない。ここには，予期せぬ法律の欠缺が認められないので，法推論によって保障人の地位を基礎付けることはできないからである[102]。

　民法第820条は親権者がその子を監護及び教育する権利を有し，義務を負うことを定める。ここから，両親のその子に対する包括的な人的配慮義務と未成年の子に対する人的監督義務が生ずる。したがって，両親はその未成年の子の犯罪行為を阻止する義務も負う[103]。

─────────

〔夫が自殺しかけて意識不明に陥っているのを見て放置した妻には故殺罪が成立する〕。
96)　*Nowakowski*, (Fn. 32), §2 Rn 9.; *Fuchs*, (Fn. 1), 37. Kap. Rn 47.
97)　*Nowakowski*, (Fn. 32), §2 Rn 9 u. Rn 18.; *Triffterer*, (Fn. 8), 14. Kap. Rn 33.; *Kienapfel/Höpfel*, (Fn. 6), Z 30 Rn 23.; *Kühl*, (Fn. 51), §18 Rn 60.; *Steininger*, (Fn. 2), §2 Rn 43.; *Hilf*, (Fn. 1), §2 Rn 85.
98)　*Steininger*, (Fn. 2), §2 Rn 43.
99)　*Hilf*, (Fn. 1), §2 Rn 85.
100)　*Kienapfel/Höpfel*, (Fn. 6), Z 30 Rz 23.
101)　*Steininger*, (Fn. 2), §2 Rn 43.; *Hilf*, (Fn. 1), §2 Rn 85.
102)　*Steininger*, (Fn. 2), §2 Rn 44. 扶養義務を肯定するのが，*Hilf*, (Fn. 1), §2 Rn 73, 85.

両親の人的配慮義務はその子の生命，身体及び自由の保護を含む。それ故，両親には，自分の子に対する第三者による猥褻行為に介入する義務がある[104]。親の片方がその子に犯罪行為を働くとき，例えば，父がその娘に猥褻行為を行うとき，他方の親はそれを阻止する義務を有する[105]。民法第824条は親権者の子の財産管理義務を定めている。両親は財産的損害の発生を阻止する義務を負う[106]。子が成人になると，その自己答責が前面に出てくるので，人的配慮に関わる保障人義務も財産的配慮に関わる保障人義務も，生命に関わる危険防御に縮減される（民法第730条）[107]。これは子がなお親元で一緒に生活しているか否かとは関係がない[108]。

未成年の子，特に，幼児の危険な行為に親が介入する義務の限界が問題となる。「過保護児」にすることではなく，勇気，自由，独立心等を涵養することが擁護できる教育理念だとすると，例えば，幼児が平衡感覚を試すために塀の上を歩くことが，そこから地面に落下すれば，裂傷を負う危険がある場合であっても，親にはそれを止める刑法上の義務はないといえよう[109]。

民法第730条は直系血族及び同居の親族の相互扶け合い義務を，民法第877条は直系血族及び兄弟姉妹の相互扶養義務を定めている。ここから，人的配慮，財産的配慮に関して，子のその両親に対する保障人の地位や両親のその成人の子に対する保障人の地位及び兄弟姉妹間の保障人の地位が生ずる[110]。先ず，子と親の関係では，独立した生活を送っている子がやはり独立した生活を送っているその親を保護するという関係は，病気の親の面倒を見ているというような場合を除いては，通常は存在しない。しかし，親の生命，身体

---

[103] *Baumann/Weber/Mitsch*, (Fn. 4), §15 Rn 54.; *Hilf*, (Fn. 1), §2 Rn 86.; *Nowakowski*, (Fn. 32), §2 Rn 18.
[104] *Steininger*, (Fn. 2), §2 Rn 46.; *Hilf*, (Fn. 1), §2 Rn. 86.
[105] Vgl. BGH NStZ 1984, 164. *Roxin*, (Fn. 5), §32 Rn 37.
[106] *Steininger*, (Fn. 2), §2 Rn 46.; *Hilf*, (Fn. 1), §2 Rn 86.
[107] *Steininger*, (Fn. 2), §2 Rn 47.; *Hilf*, (Fn. 1), §2 Rn 86.
[108] *Wessels/Beulke*, (Fn. 36), Rn 718. これに対して，ロクスィーンは成人の子が親元を去ったときは親の保障人の地位を否定する。*Roxin*, (Fn. 5), §32 Rn 40.
[109] *Roxin*, (Fn. 5), §32 Rn 34 f.; *Kühl*, (Fn. 51), §18 Rn 51.
[110] *Fuchs*, (Fn. 1), 37. Kap. Rn 47.; *Hilf*, (Fn. 1), §2 Rn 87.

に危急な事態が発生した場合には，子には保障人義務が生ずる。子と親の間には基本的結合関係が見られるからである。したがって，子と親が共同生活を送っているか否かは重要でない[111]。次に，祖父母は，その孫との関係では，祖父母が現実にその孫の面倒を見ている場合にのみ，保障人の義務が生ずる。第一次的には，両親がその子に対する人的配慮義務と人的監督義務を有しているからである[112]。最後に，兄弟姉妹の関係では，共同生活を送っている場合に限定される[113]。

　民法第838条第1号は，未成年者に対して親権を行うものがいないとき，又は親権を行う者が管理権を有しないとき，後見が開始することを定める。未成年後見人は，民法第820条等に規定する事項について，親権者と同一の権利義務を有する（民法第857条）。民法第7条，同第838条第2号は，精神上の障害により事理を弁識する能力を欠く状況にある者について，民法第838条第2号は，後見開始の審判があったとき，後見が開始することを定める。これらの規定に基づき，保障人義務が生ずる。

　子が嫡出子であるか婚外子であるか，はたまた養子であるかによって差異が生ずるものではない（民法第818条第1項，同第730条）[114]。

　公法の分野では，「警察官職務執行法」第5条が警察官の犯罪予防及び制止義務を定めている。警察官には，保護保障人として，第三者の犯罪によって侵害される市民を保護する義務が課せられる。例えば，窃盗行為を現認している警察官には犯罪阻止義務が生じ，これを傍観していた場合には不作為

---

[111] *Kühl*, (Fn. 51), §18 Rn 55. ドイツ連邦裁判所は，成人の子のその親に対する保障人義務を「密接な生活共同体」から導出している。BGHSt 19, 167. これに対して，ロクスィーンは，子がその親と共同生活を送っている，つまり，保護機能の引き受けが見られる場合にのみ保障人義務を肯定する。*Roxin*, (Fn. 5), §32 Rn 43. イエシェック／ヴァイゲントは，保障人義務を親のその子との依存関係がある場合に限定する。*Jescheck/Weigend*, (Fn. 16), §59 IV 3 a.
[112] *Kühl*, (Fn. 51), §18 Rn 53.; *Roxin*, (Fn. 5), §32 Rn 44.; *Rudolphi*, (Fn. 46), §13 Rn 48.
[113] *Kühl*, (Fn. 51), §18 Rn 60a.; *Roxin*, (Fn. 5), §32 Rn 44.
[114] *Kienapfel/Höpfel*, (Fn. 6), Z 30 Rn 10.; *Stree*, (Fn. 9), §13 Rn 18. これに対して，ロクスィーンは，父親はその非嫡出子に対して共同生活をしていない限り保障人の地位を否定する。

による窃盗幇助罪が成立する。本条の背景には次の思想がある。市民は自己に認められている緊急行為権にもかかわらず保護できないことが多く（自己の保護喪失），それ故，警察による保護を信頼している（警察による保護の期待）。市民を保護する第一次的責務は国にある（自由保護保障人としての国）。国は市民の自由を保護することによってしか正統化されないのであって，この自由保護任務を国は警察官に職務義務の形態で委ねている。それ故，市民の危機に瀕している法益を保護する（例えば，生命の保護）ことは警察官の公法上の「本来的任務」の1つである[115]。

但し，警察官の職業関係性という点から，この犯罪阻止義務には限定が必要である。その1は，警察官に場所的，事物的管轄があることである。その2は，警察官は勤務中であることである。したがって，警察官が勤務時間外に聞知した犯罪についてはそれを阻止する義務は生じない。それでも，当該犯罪が，重い犯罪であって，当該警察官が勤務に就けば直ちに阻止できる場合には犯罪阻止義務が生ずる。警察官は，勤務時間外には即座の介入義務を

---

[115] Vgl. *Kienapfel/Höpfel*, (Fn. 6), Z 30 Rn 11. V.; *V. Krey*, Deutsches Strafrecht AT, Bd. 2, 3. Aufl., 2008, §36 Rn 339.; *Kühl*, (Fn. 51), §18 Rn 84. 但し，キュールは，市民が警察の介入を要請する場合にのみ，警察官の保障人の地位を肯定する。その理由は，公務義務と保障人義務を等値すると，保障人義務が無限に拡大すること，これを防ぐためには，公務を基礎付ける一般条項を超える，個人保護法益の特別の保護が要請されるべきであり，それ故，具体的公務義務の基礎には，警察官と当該保護法益の担い手たる市民の間に人的関係が存在しなければなならないというのである。もっとも，「要請」が現実の状況から不可能の場合には，例外的に，その必要ではないし，生命や健康に対する犯罪にあってもその必要はないと論ずる。*Kühl*, (Fn. 51), §18 Rn 87-89. しかし，この主張は適切でない。市民が警察の介入を要請するということが国の保護機能の発生根拠なのではなく，それを具体化させているのにすぎないからである。*Roxin*, (Fn. 5), §32 Rn 97. 神山敏雄「保障人義務の類型」岡山大学法学会雑誌第44巻第1号（1994年）1頁以下，32頁以下は「引き受け」説を展開している。

ドイツ連邦裁判所も警察官の保護保障人の地位を肯定している。BGHSt 38, 388〔犯罪を防止する警察官の公法上の義務は，各構成要件によって保護される法益をこれに迫り来る危険から守ることに仕える。公衆のために規範違反状態を防止したり除去すること，及び，個人のために個人法益の安全を確保することというこの2つの保護目的は分かちがたく相互に結びついている。したがって，個々の市民を犯罪から保護するという任務は他の内容を有する職業義務の反射・副次効果ではなく，警察官の職業義務の本質的構成要素である。このことは，すでに市民が国に対する公法上の権利主体であるということから生ずる。したがって，市民は，警察にその法益保護のために介入してもらう請求権を有する〕。

第2章 不真正不作為犯の構成要件 57

負わないが，しかし，重大な法益侵害が迫っていることの情報をあっさりと「忘却」することは許されないからである116)。

さらに，公的安全に攪乱が発生しているとき，警察官がこれに今介入するべきか後に介入するべきか，どのように介入するべきかについては，公法上，警察官に裁量の余地があることに注意を要する。裁量の余地が縮減してまったく無くなったときに，直接的介入を要する結果阻止義務が生ずるのである。警察官が具体的法益侵害を現認した時点で，重大な損害を阻止するために即時の介入が必要なとき，裁量の余地はまったくない。これに対して，軽微犯罪の場合には介入するか否かは警察官の裁量に委ねられる117)。軽微犯罪は，「国の創設の契機となっておらず，したがって，軽微犯罪の予防は国からそれ自体として制度的に保障されていないからである118)」。

警察官と同様に，消防吏員にも，「消防法」等の関連法令により火災等からその管轄内において市民を保護する義務が課せられている。それは一般的

---

116)　Vgl. BGHSt 38, 391 f.〔勤務時間外に訪れた居酒屋でそこで売春経営の行われていることを聞知した警察官が介入しなくても，刑法第180条ａ（売春奨励罪）の不作為による幇助罪は成立しない〕。*Weigend*, (Fn. 75), §13 Rn 31. vgl. Pavlik, Der Polizeibeamte als Garant zur Verhinderung von Straftaten, ZStW 111 (1999), 335, 353 f.

　ドイツ刑法学では，警察の保障人の地位を否定する見解も見られる。この否定説は，市民には自己保護の包括的権能（正当防衛，緊急避難，自力救済）があり，国と市民の間には依存関係が無く，自ら自己保護の責務を負うということから出立する。したがって，市民を保護する警察の責務は特殊の責務ではなく，市民も刑法第138条，第323条ｃによって相互に負う緊急の場合の一般的救助義務である。警察官には公的安全と秩序を保護する義務があり，市民を保護する義務はせいぜい職業義務の反射効果副次効果に過ぎないことになる。D. Herzberg, Die Unterlassung im Strafrecht und das Garantenprinzip, 1972, 356.; *Rudolphi*, (Fn. 46), §13 Rn 54c.; *B. Schünemann*, Die deutschsprachige Strafrechtswissenschaft nach der Strafrechtsreform im Spiegel des Leipziger Kommentars und des Wiener Kommentars, GA 1985, 341 ff., 379 f.

　しかし，この見解は妥当でない。たしかに，市民には自己保護の様々な手段があるが，それでも，市民はその安全を確保するために国の保護に頼っているし，またそれを信頼せざるをえない。国と警察が存在しなければ，社会はアナーキーの状態に陥り，市民の安全ももはやまったく保障されないことになろう。*Roxin*, §32 Rn 93.「外的，内的安全の確保が国の主要目的である。そのために，啓蒙された人は市民の地位に就くのである，つまり，生来の自由を緊急行為権の行使に限定し，法律に服するのである」。*Jakobs*, (Fn. 79), 29. Abschn. Rn 77d.

117)　*Roxin*, (Fn. 5), §32 Rn 98.
118)　*Jakobs*, (Fn. 81), Abschn. 29 Rn 77d.

義務にとどまるものではなく，保障人義務を基礎付ける。燃焼している建築物を消火せず，放置する消防吏員は不作為による放火の刑事責任を問われる[119]。

「刑事収容施設及び被収容者等の処遇に関する法律」第62条は飲食物の強制給養を定めている。飲食物の摂取は，被拘禁者自身によってしか行われえないのであるから，それをしない被拘禁者は不作為による自殺を図っているのである。同法第62条に基づき，刑事施設の長ないし刑事施設医師の保障人義務が基礎付けられ，自殺幇助罪が成立する。自殺幇助罪の成立には，被拘禁者が，なお任意に行動できた時点に餓死の決断をしたということが前提となる。その後，身体的衰弱のため自分の運命に関してもはや任意の決断ができなくなったとき，強制給養の不作為が事後的に「行為支配の転換」を理由に殺人罪になるわけではない[120]。

b 任意の義務引き受け（契約）

最近では，契約[121]という言葉に代えて任意の義務引き受けという表現が用いられ，それによって，事務管理[122]からも保障人義務が生ずることと並んで，保障人の地位が民事上の有効な契約に依存しないことを明確にしようとする傾向にある。

危険に瀕している者に対する保護機能も特定の危険源に対する監視機能も任意に（契約で）引き受けることができる。それがあるからこそ，普通，危険に瀕している人は，保護を命令されている者に出動する用意のあることを信頼して，そうでなければ晒したであろうよりも大きな危険に晒すか，他の

---

[119] *Frister*, (Fn. 94), 22. Kap Rn 39.
[120] *Moos*, (Fn. 95), §78 Rn 33.
[121] 大判大正4年2月10日刑録21輯90頁〔契約によって6ヶ月未満の幼児の養育の義務を負う者が，故らに殺害の意思をもって生存に必要な食物を与えず死亡させたときは，殺人罪が成立する〕。
[122] 大判大正15年9月28日刑集5巻387頁〔病者を引き取り自宅に同居せしめた者は，民法事務管理の法理に照らし，病者がその保護を受ける要なきにいたり，又は，その保護を為す者あるに至るまで，法律上継続して保護すべき義務を負い，この義務を果たさないとき，保護責任者遺棄罪が成立する〕。

保護措置を放棄するものである（例えば，水泳教師の救助用意を期待して深みへ行く水泳生徒，登山指導員の援助を期待して急峻な岩登りの多い登山に参加する観光客等[123]）。

被害者は，保障人の手助けしてくれるとの約束が無くとも，やはり同じ危険に晒したであろうといえるか否かは重要ではない。例えば，身体障害者の道路横断に付き添う者は保障人義務を負う。身体障害者が必要とあらば単独でも道路を横断したであろうという事情があるからといって，身体障害者が付添い人の保護の下にあったこと，この手助けを信頼して道路を横断するという事実は変わらないからである[124]。しかし，被害者が保障人を信頼して危険を増加する行為をするということが任意の義務引き受けの一般的基準となるわけではない。被害者が，第三者の救助の用意を知らずに自らを危険に晒すとき，例えば，水泳（高波）監視員の存在を知らずに危険な海に行くとき，したがって，被害者に救助への信頼がないとき，水泳（高波）監視員の保障人義務の存在を否定する理由を見出しがたいからである[125]。

保障人義務の引き受けを一方的に破棄することはできない。保障人が危機に瀕している法益の救助活動をしないことにつき，法益主体が法的に有効な（場合によっては推断的）放棄をしている場合，保障人義務は消滅する[126]。

任意の義務引き受けを根拠とする保障人は，特に，（法的に有効な）契約に基づき保護義務又は監視義務を任意に，且つ，実際にも引き受けた者に限られるというのが通説である。契約を締結しただけではまだ十分ではない。事実上も引き受けたこと，つまり，合意に基づき引き受けた義務を実際に履行することが決定的基準となるというのである（事実上の義務引き受け）[127]。そう

---

[123] *Jescheck/Weigend*, (Fn. 16), §59 IV. 3 c.; *Rudolphi*, (Fn. 46), §13 Rn 59.; *Steininger*, (Fn. 2), §2 Rn 95.; *Hilf*, (Fn. 1), §2 Rn 90.
[124] *Hilf*, (Fn. 1), §2 Rn 90.; *Rudolphi*, (Fn. 46), §13 Rn 59.
[125] *Nowakowski*, (Fn. 32), §2 Rn 11.; *Triffterer*, (Fn. 8), 14. Kap Rn 41.; *Hilf*, (Fn. 1) §2 Rn 90. 反対，*Rudolphi*, (Fn. 46), §13 Rn 59.
[126] *Nowakowski*, (Fn. 32), §2 Rz 12.; *Kienapfel/Höpel*, (Fn. 6), Z 30 Rn 23.; *Hilf*, (Fn. 1), §2 Rn 90.
[127] *Kienapfel*, (Fn. 61), 20 f.; *Kienapfel/Höpel*, (Fn. 6), Z 30 Rn 14.; *Steininger*, (Fn. 2), §2 Rn 96.; *Hilf*, (Fn. 1), §2 Rn 91. この点につき，トリフテラーは，ドイツ刑

すると、契約に違反して勤務に就かず、飲み屋に行き、そこからの帰宅の途中、契約上警備されるべき対象が燃えているのに気づく夜警にも保障人の地位は認められないことになる[128]。しかし、ここに問題がある。一旦、警備の任務に就いたが、その履行が不完全な場合には、保障人の地位が生じることになり、まったく任務に就かなかった者が有利な扱いをされることになるからである。実際に義務を引き受けたということは保障人の地位を基礎付けるものではなく、現実にはまだ義務を引き受けていない者も保障人義務を負うべきである。実際に引き受けている義務を実際に放棄することによって、保障人の地位が消滅するものではないことも、このことを支持する。例えば、子守を実際に引き受けている者が、勝手にその場を去っても、保障人義務を免れるわけではない[129]。通説によれば、約束に違反して登山口に現れなかった登山案内人は、この者がいなくとも登山を開始し、事故にあう登山客に対して保障人の地位を有しないし、又、定刻に現れなかった乗馬教師も、この者がいなくとも勝手に乗馬し、落馬した生徒に対して保障人の地位を有しない[130]。しかし、この場合も、登山案内人も乗馬教師も保障人であることに変わりない。但し、登山客や乗馬生徒の任意の自己危殆化があり、したがって、危険連関の欠如のために後に発生した結果を保障人に帰属させることができないのである。これに対して、登山案内人が山中で登山客と落ち合う約束をしていたが、天候悪変のために現れなかったときは、結果の帰属は可能である[131]。

法第13条は、「その者が結果の発生しないことにつき法的に義務を負う場合」と規定しているが、オーストリア刑法第2条は「法秩序によって特に自己に課されている義務」と規定しているため、オーストリア刑法においては、「特別の義務」が第2条から導かれるのではなく、同条の前提とされていると理解されるのであり、したがって、第2条の適用があるのは、既に法的（刑法又は刑法以外の）義務が存在する場合に限定され、信頼関係を事実上引き受けたということだけでは法的保護義務を基礎付けないとの根本的批判を加えている。*Triffeter*, (Fn. 8), 14 Kap Rn 38.
[128] *Hilf*, (Fn. 1), §2 Rn 91.
[129] *Nowakowski*, (Fn. 32), §2 Rn 10.; *Triffterer*, (Fn. 8), 14. Kap Rn 39.; *Steininger*, (Fn. 2), §2 Rn 102.; *Lewisch*, (Fn. 89), 122.; *Weigend*, (Fn. 75), §13 Rn 35.
[130] *Kienapfel*, (Fn. 61), 21.; *Fuchs*, (Fn. 1), 37. Kap Rn 51.; *Donatsch/Tag*, (Fn. 35), 305.

第 2 章　不真正不作為犯の構成要件　61

　保障人義務は，常に法的義務であらねばならない。契約が取り消しうるにすぎないとき，それは合意により又は裁判により取り消されるまで拘束力を有する。契約の無効について争いがある場合ですら，保障人義務が解除されるわけではない。水泳場の監視人の雇用契約が無効であるときでも，この者に保障人の地位が認められるのは，「実際に」義務を引き受けたからではなく，「事実上の労働契約」が存在するからである。有効な入場券なしに水泳場に入場する者に対しても，水泳監視人は保障人義務を負うが，それは監視領域にいるすべての水泳客を保護することが雇用契約上の義務だからである[132]。義務の引き受けが明示か推断的か，有償か無償か，一時的か永続的かによって差異が生ずるものではない[133]。

　保障人義務の範囲は，引き受けられた保護任務ないし監視任務によって定まる。水泳監視人の任務領域は水泳客に対する窃盗などの犯罪行為を防止するところにあるのではない。保障人の地位は付随的義務からも生じうる。輸送契約の付随的義務は乗客の身体的健康を保障するところにある[134]。些細な義務を引き受け（例えば，夏季休暇中に花に水をやる義務の引き受け），それを履行しないことは民事上の責任を生じさせるが，保障人の地位を生じさせるもの

---

[131]　*Triffterer*, (Fn. 8), 14. Kap Rn 39.「事実上の」引き受け必要説も，その例外として，子守を引き受けた者には，実際にまだ子守についていなくとも，依頼者が子守の来ることを信頼して外出するとき，その時点で保障人の地位が生ずるとしている。*Fuchs*, (Fn. 59), 37. Kap Rn 52.; *Kühl*, (Fn. 52), § 18 Rn 70. これに対して，ロクスィーンは，このような例外を認めることは「引き受け原則」の放棄を意味するのであって，この事例では，依頼者に刑事責任を問うべきであると論ずる。*Roxin*, (Fn. 5), § 32 Rn 66. 病人からの電話で治療を引き受けた医師も，両者の信頼関係が成立したという観点から，その時点で保障人の地位に立つのであり，事実上の引き受けを要しないとの説もある。*Kühl*, (Fn. 51), § 18 Rn 70. しかし，これに対して，治療行為の特殊性から，治療を引き受けた医師は常時患者の側にいなければならないということはなく，「事実上の引き受け」は患者の地位が生じた時点で認められ，「事実上の引き受け」の例外ではないとの説もある。*Roxin*, (Fn. 5), § 32 Rn 70.

[132]　*Triffterer*, (Fn. 8), 14. Kap Rn 39, 42. なお，水泳客の契約当事者は当該水泳場の経営者であるということも重要な意味を有しない。水泳場の監視人はその経営者の契約履行補助者であり，水泳客は当該経営者の保護領域内にいるからである。*Lewisch*, (Fn. 89), 121.

[133]　*Kienapfel / Höpfel*, (Fn. 6), Z 30 Rn 15.

[134]　*Nowakowski*, (Fn. 32), § 2 Rn 24.

ではない[135]。

　契約上引き受けた保障人義務を一方的に破棄することは許されない[136]。合意による解約の場合，保護を必要とする者が他の措置を採ることができた時点で初めて保護義務は消滅する[137]。

　契約によって，保障人は，場合によっては時間的，物的な限定つきで，自分の保護義務，監視義務から免れることができる。こういった保障人義務の委譲の適用例として，例えば，保護領域では，親が第三者に子守を頼む場合，監視領域では，道路・建築物・橋などの危険源の維持・管理義務のある者がそれを第三者に委ねる場合がある。選任責任が問われるない限り，保障人義務委譲者は委ねられた者がその責務を履行することを信頼してよい[138]。

　任意の義務引き受けの典型的事例が医療行為である。一般には，個別の治療契約の締結をもって医師の保障人義務が生ずるのである。引き受け前の一般的診療義務（医師法第19条）からは保障人義務を導出することはできないのである。しかし，救急医療業務を引き受けた医師の場合，それを引き受けるというところに，治療を求めるすべての急患の応急処置に当たるという推断的意思表示が見られる。したがって，救急治療医師はいかなる急患との関係でも信頼も基礎付けているといえる[139]。患者が既に他の医師の治療を受けているか否かは重要でない[140]。

　任意の義務引き受けの特殊事例に「危険共同体」の結成がある。危険共同体は，「複数の者が，その結成によって危険な企てを克服する見込みを高める」とき，つまり，個々人では危険に対処できないが，相互支援を信頼する

---

[135]　*Kienapfel/Höpfel*, (Fn. 6), Z 30 Rn 15.
[136]　*Kienapfel/Höpfel*, (Fn. 6), Z 30 Rn 23.
[137]　*Steininger*, (Fn. 2), §2 Rn 101.; *Stree*, (Fn. 9), §13 Rn 29.
[138]　*Steininger*, (Fn. 2), §2 Rn 103.
[139]　*Kühl*, (Fn. 51), §18 Rn 73 f.; *W. Wohler*, Nomos-Kommentar Strafgesetzbuch Bd. 1, 2. Aufl., 2005, §13 Rn 39.; *Weigend*, (Fn. 75), §13 Rn 36. これに対して，シューネマンは明示の引き受けを要求する。*Schünemann*, (Fn. 77), 353.
[140]　ロクスィーン，ルードルフィは，他の医師の治療を受けている患者との関係では保障人義務を肯定し，まだ治療を受けていない患者との関係では実際に引き受けて初めて保障人義務を肯定する。*Roxin*, (Fn. 5), §32 Rn 75.; *Rudolphi*, (Fn. 46), §13 Rn 61.

第2章　不真正不作為犯の構成要件　63

ことで危険に対処できる場合に存在する[141]。例えば，岩壁登山隊，洞窟探検隊，深海探検隊，砂漠探検隊等がその例である。この場合，隊を構成するすべての者が生じうる危険に対処しうる能力を有している必要は無く，一部の者にその対処能力が無くても，なお他の者の救助を信頼し且つ当てにしても良いときは，他の者は保障人の地位にある[142]。これに対して，複数の者が偶然に同一の危険に遭遇した場合，例えば，飛行機墜落，地下鉄における爆轟，鋼索鉄道事故，多重衝突，洪水，大火災等における「偶然（不運）共同体」では十分ではない[143]。

　詐欺罪においても，不作為による欺もうが考えられる。この場合，法的告知義務である作為義務が前提となる。それは契約上の義務から生ずる。契約上の明記がない場合でも，当事者間に特別の信頼関係があれば（例えば，弁護士とその依頼人の関係，有価証券取引における金融機関とその得意先の関係），法的告知義務が生ずる。予約の段階でも同じことが妥当する。これに対して，当事者間に特別の信頼関係がないにもかかわらず，売買契約上の信義誠実を根拠として作為義務を認めることはできない。「信義誠実」は外延の不明確な概念であるから，これが処罰の根拠付けに用いられるならば，法的安定性が侵害されることになろう[144]。つり銭「詐欺」の一類型，すなわち，つり銭を支払おうとするものが過分のつり銭を渡そうとしているとき，それを知りながら受け取って立ち去るような場合，上記の作為義務を発生させる前提要件に欠け，詐欺罪は成立せず，占有離脱物横領罪の成立する余地が残るに過ぎない。つり銭「詐欺」のいまひとつの類型，すなわち，過分のつり銭であることに気づかず，後に気づいたにもかかわらず返還しないときは，占有離脱物横領罪が成立する[145]。

---

[141] *Kienapfel/Höpfel*, (Fn. 6), Z 30 Rn 16.; *Steininger*, (Fn. 2), 106.; *Hilf*, (Fn. 1), §2 Rn 100.
[142] *Donatsch/Tag*, (Fn. 35), 306 f.
[143] *Kienapfel/Höpfel*, (Fn. 6), Z 30 Rn 17.; *Steininger*, (Fn. 2), §2 Rn 107.; *Hilf*, (Fn. 1), §2 Rn 101.; *Weigend*, (Fn. 75), §13 Rn 40.
[144] *V. Krey, U. Hellmann*, Strafrecht BT, Bd. 2., 13. Aufl., 2002, Rn 351-353.; *Roxin*, (Fn. 5), §32 Rn 76.; BGHSt 39, 302, 400 f.
[145] これに対して，大判昭和4年3月7日刑集8巻107頁〔抵当権の設定・登記のある不

法令に基づく保障人の地位と契約に基づく保障人の地位の区別は流動的である。契約といえども，保障人義務の内容と限界を定めるために，法律の規定から補充，解釈されねばならないことがあるからである[146]。契約当事者に，保護義務，監視義務の内容と範囲を自ら決めることができる場合，契約に基づく保障人の地位が生ずる。これに対して，義務の内容及び範囲がおおよそ法令に定められている場合，かかる法令が合意の意思表示があって初めて適用される場合でも，法令に基づく保障人義務が生ずる[147]。

c　危険を基礎付ける先行行為

　危険を基礎付ける先行行為による保障人義務は，19世紀の第一3半期に法律にも契約にも基礎付けられない，しかし，当罰と考えられた不作為を罰するための埋め草として利用されたのであるが，今日一般に承認され，民事法規範の全体的法類推から生ずると理解されている。その基礎にある考えは，結果発生の危険を惹起した者，つまり，新たな危険源を創出した者は，危機に瀕している法益侵害を防止する義務も負うという思想である[148]。先行行為による保障人の地位の成立を否定する見解もあるが[149]，「他人の法益に危険を惹起することを基本的に予防しなければならないとき，なぜ，こういった危険が招来された後，構成要件該当結果への更なる展開を予防しなければならないとするべきではないのか，その理由が分からない。講壇事例で明確にしておこう。歩行者の生命を保護するために，自分の家の屋根瓦が緩んで歩

動産を売却する場合には，売主は取引における信義誠実に基づきその事実を買主に告知する法律上の義務を負い，これを黙秘して買受代金を交付せしめたとき，詐欺罪が成立する〕。
[146]　*Nowakowski*, (Fn. 32), §2 Rn 8, 25.; *Hilf*, (Fn. 1), §2 Rn 103.
[147]　*Triffterer*, (Fn. 8), 14. Kap Rn 35.; *Steininger*, (Fn. 2), §2 Rn 97.; *Hilf*, (Fn. 1), §2 Rn 103.
[148]　*Nowakowski*, (Fn. 32), §2 Rn 26.; *Triffterer*, (Fn. 8), 14. Kap Rn 44.; *Steininger*, (Fn. 2), §2 Rz 76.; *Hilf*, (Fn. 1), §2 Rn 106, 105.; *Stratenwerth*, (Fn. 44), §13 B I 1 a) cc) (3).
[149]　*Schünemann*, (Fn. 77), 313 ff.; *ders*. Zur Kritik der Ingerenz-Garantenstellung, GA 1974, 231 ff. 参照，岩間康夫「先行行為に基づく保障人的義務の成立範囲について－(西) ドイツにおける議論を素材に－」犯罪と刑罰第4号 (1988年)，83頁以下。

行者の頭の上に落下しないように注意しなければならないとき，それにもかかわらずこういった事故が発生した場合，歩行者を病院へ連れて行くとかその他の面倒を見ることによって，その生命を少なくとも保護しなければならない。反対意見は説明のできない評価矛盾を犯している。というのは，最初の危険（事故）が行為者に負責されるとき，事故から発生する危険の展開・増大が見られる場合，ますますもって結果の阻止の責めを負う。構成要件実現に至る因果過程のきっかけにだけ刑法上の責任を負わせ，阻止可能な展開に対しては責任を負わせないというのはわけが分からない[150]」。

しかし，保障人の地位を基礎付ける先行行為の性質を不問にするなら，保障人の地位が不当に拡大することになろう。したがって，先行行為の性質を問題とせざるをえないが，それに関しては義務違反連関説，自己答責説等の諸説が展開されている。もっとも，客観的注意義務違反の認定できる違法な行為であるが，しかし，必ずしも有責とはいえない行為によって他人の法益に近接した危険を招来する者には，結果発生の阻止義務があるという点では大方の意見の一致が見られる[151]。ここでは，主として過失犯論で展開された客観的帰属論の観点から検討しよう。

aa 先行行為が被害者に対して法的に重要な危険を創出したとは云えない場合 この先行行為は保障人義務を基礎付けない。例えば，サッカーを観戦したい友人を翻意させ野球観戦に誘う者は，野球場に行く途中に，その友人が交通事故にあっても，誘った者が保障人義務を負うことにはならない。道路交通の危険の大きさはサッカー観戦に行く場合と野球観戦に行く場合とで異ならず，野球観戦に誘う行為に交通事故という結果発生の危険性が内在している（抽象的経験的危険）とはいえないからである[152]。

bb 社会的相当行為が先行行為の場合（許された危険） 社会的相当の先行行為は基本的には保障人義務を基礎付けない。例えば，包丁の借主が，そ

---

[150] *Roxin*, (Fn. 5), §32 Rn 150.
[151] Vgl. *Kienapfel/Höpfel*, (Fn. 6), Z 30 Rn 18. ドイツ刑法学説・判例を検討した文献として，岩間康夫『製造物責任と不作為犯論』2010年・24頁以下。
[152] *Roxin*, (Fn. 5), §32 Rn 160.

の貸主には思いがけず，第三者を突き刺し，致命傷を負わせるとき，貸主には保障人義務は生じない。包丁を貸与するという行為が危険を伴う行為であっても，それが社会的相当性の範囲を逸脱しない限り，行為帰属は否定されるので，この先行行為が保障人義務を基礎付けることはない。但し，初めから，構成要件実現の危険が認識できるとき，上記の例で云うと，包丁の貸与状況から，その借主がそれを用いて第三者を突き刺すことが認識できる場合は，包丁の貸与に社会的相当性は認められず，貸主には保障人義務が生ずる[153]。

　飲食店で酒を飲んで運転能力が無くなっているが，それでも自動車を運転して帰宅したい客に気づいた飲食店主は，その運転をやめさせる保障人義務を有しているかが問題となる。酒を提供するという先行行為から直ちに飲食店主の保障人義務を導くなら[154]，飲食店主は，ある種の補助警察官になってしまう。飲食店主は，客がその店の近くに自動車を止めていないのかどうかを知りえないのであるから，酒の提供がほぼできなくなってしまうであろう。飲食店主の酒の提供によって，客の運転能力が損なわれるが，しかし，まだ責任能力が損なわれていない場合，飲食店主の酒提供行為は許された危険の範囲内にあるといってよいだろう。したがって，それが保障人義務を基礎付けることはない[155]。但し，飲食店主の酒提供行為によって客が責任無能

---

[153]　Roxin, (Fn. 5), § 32 Rn 161.; Steininger, (Fn. 2), Vorbem zu § 2 Rn 80. この先行行為が客観的義務違反ではないのは，誰でも，他人がそれを用いて故意の犯罪を行わないものと信頼してよいからである。但し，「犯罪を犯すことの認識可能性」がある場合は信頼の原則の適用は無い。自己答責原理から保障人の地位の成立を否定する見解（Kühl, (Fn. 52), § 18 Rn 104.; Stree, (Fn. 9), § 13 Rn 39）もあるが，これによると，犯罪を犯すことの認識可能性がある場合であっても，保障人の地位は生じないことになろう。本文の事例において，連邦通常裁判所は，被告人の包丁貸与行為と被害者の死亡の間に因果関係があることを理由に保障人義務の存在を肯定した。BGHSt 11, 353 ff.

[154]　しかし，かかる事例において，連邦通常裁判所（BGHSt 4, 20）は，飲食店主の保障人義務を肯定し，客が帰宅途中人を轢き殺した場合，「酒の販売により惹起されるであろう有害な結果発生に対する条件が働かないようにできる限りのことを法的に義務付けられている」として，飲食店主の不作為による過失致死罪の成立を認めた。学説はこれに批判的である。Stree, (Fn. 9), § 13 Rn 39.; Steininger, (Fn 2), § 2 Rn 85.; Roxin, (Fn. 5), § 32 Rn 173.

[155]　連邦通常裁判所もその立場を変えた。BGHSt 19, 152〔原則論としては，自己の行為

力になった場合，もはや許された危険の範囲内にあるとはいえず，飲食店主は，必要であれば警察官を呼んででも客の自動車運転を阻止しなければならない[156]。すなわち，保障人義務が生ずる。

先行行為の社会的相当性の有無につき，事後的管理行為が為されるということを考慮に入れなければ判断できない場合がある。例えば，電気コンロの利用，蛇口からの湯水の利用，森の中で焚き火をするとき，この行為に社会的相当性が認められるのは，後に電源を切る，蛇口を閉める，消火をするといった行為をすることによって，先行行為から生ずる危険を排除する場合に限られるのである。行為者が後に構成要件実現の危険を排除する行為をしないとき，当該先行行為に社会的相当性は認められないのである[157]。

cc 先行行為に信頼の原則の適用がある場合 信頼の原則の適用のある行為というのは，許された危険の一事例であり，行為帰属が否定される。例えば，交通規則を遵守して走行している自動車の運転者が，突然その自動車の前に飛び込んできた歩行者を跳ねた場合，行為の帰属は否定される。したがって，死という事実に関しては，いかなる構成要件該当性も否定され，運転者にとっては偶然の事故だったということになる。さらに，こういった場合，被害者側に責任があることが多く，運転者に刑法上の重い負担を負わせるのは適切とは云えない。したがって，道路交通法の救護義務違反には問われうるものの，このような先行行為が保障人義務を生じさせるものではない[158]。

により結果発生の危険を創出した者にはその損害発生をできる限り回避すべき法的義務があるが，飲食店で酒精飲料を販売することは一般に社会的相当と認められる行為に属するのであり，したがって，客がなお自己答責的に行為しうることを合理的に認識しうるかぎり，飲食店主は客の作為，不作為に介入する必要はない]。*Kienapfel/Höpfel*, (Fn. 6), Z 30 Rn 21.; *Roxin*, (Fn. 5), §32 Rn 173. トレクセルは，この場合，保障人義務の発生を否定する根拠を，自由主義の法秩序から相互監視義務を引き出すことはできないところに求めている。*Trechsel*, (Fn. 35), 226.

[156] BGHSt 19, 154.; BGHSt 26, 35. ドイツの判例の詳細については，岩間康夫「先行行為に基づく保障人的義務に関するヤコブスの見解」大阪学院大学法学研究第28巻第1号 (2001年) 1頁以下，8頁以下参照。

[157] *Triffterer*, (Fn. 8), 14. Kap Rn 51 f.; *Lewisch*, (Fn. 89), 124.

[158] *Roxin*, (Fn. 5), §13 Rn 165. かかる事例において，連邦通常裁判所も保障人義務の成

問題となるのは，先行行為に義務違反が認められるが，それが後の結果の発生には影響を及ぼしてはいない場合である。例えば，法定速度違反で走行する運転者が死亡事故を惹き起こしたが，法定速度を遵守していても事故は避けられなかったという場合である。義務違反さえあれば，それと結果発生との関係を問うまでもなく，作為義務を肯定するならば[159]，運転者は作為による死亡を帰属されることはないが，いわば迂回した形で，不作為による死亡を帰属されることになるが，これは理解しがたい。義務違反の先行行為は危機に瀕している法益保護規範と関係がなければならず，そうして初めて結果回避のための作為義務が生ずるのであり，この意味で先行行為と回避されるべき危険との間には義務違反連関が要求されるべきである[160]。

dd　先行行為と近接している結果発生の間に規範的危険連関が否定される場合　先行行為は，規範違反の結果発生との関係で，当該規範の保護目的が回避しようとする危険を創出したといえなければならない。結果の発生が規範の保護目的の範囲外にあるとき，先行行為と結果の発生の間に因果関

立を否定した。BGHSt 25, 218「あらゆる観点で義務に適合した，交通に適切な行為をする運転者は専ら自分に責めのある事故被害者に対して保障人の地位を有しない」，「このように適法に運転する者が，専ら自分の落ち度で交通事故の原因，したがって，自分に対する危険を招いた交通関与者のための番人になりえないのは当然である」。しかし，フックスは，このような自動車事故に許された危険の法理が適用される事例においても，先行行為に基づく保障人の地位の発生を肯定する。その理由は次の通りである。法秩序はあらゆる危険な行為態様を禁止できるというわけではなく，それらを部分的に社会的効用の優越性の故に許容しなければならない。しかし，この特別の効用を有し，危険な行為をすることで自己の行動半径を広げる者は，そこから発生する危険を回避する特別の責めを負う。したがって，適法な先行行為であっても保障人の地位を基礎付けることができると。*Fuchs*, (Fn. 1), 37. Kap Rn 60 f. フロイントも，死の危険を回避しないことについて，許された危険を引き合いに出すことはできないのは，自動車運転という自由の実現形態を認める実質的根拠と不可避的に生じた衝突後の被害者の死に至る放置との間には関係がないと論じている。*G. Freund*, Erfolgsdelikt und Unterlassen, 1992, 182.
[159]　BGHSt 34, 82〔連邦通常裁判所は，法定時速100キロメートルのところ時速約120キロメートルで走行中，同方向を走るミニバイクと衝突し，被害者を道路わきに投げ飛ばし，その直後現場に戻ったものの救助せず走り去った者につき，法定速度を遵守していても事故を回避できなかったという事案で，被告人は「交通規則に違反した行動をとり，この行動が事故と直接の関係にあった」として，保障人の地位を肯定した〕。
[160]　*U. Kindhäuser*, Strafrecht AT, 2. Aufl., 2006, §36 Rn 71.; *Stree*, (Fn. 9), §13 Rn 35a.; *Kühl*, (Fn. 51), §18 Rn 102.; *Roxin*, (Fn. 5), §32 Rn 170.

係があっても，保障人義務は生じない[161]。例えば，超過速度運転のために注意義務に違反して自転車運転者を轢いた自動車運転者が，道路わきに意識喪失状態で倒れている被害者を放置していたところ，第三者が被害者のポケットから財布を盗むのを見たがそれを阻止しなかったとき，当該自動車運転者が不作為による窃盗幇助の廉で処罰されることはない。刑法の傷害罪，道路交通法違反罪の規範は窃盗の防止を目的としていないからである[162]。

ee 先行行為が他人の自己危殆化への関与行為である場合　この場合も規範的危険連関が問題となる。薬物使用者が，他人から譲り渡された薬物を使用することで，自ら生命への危険を冒し，傷害を負ったり，死亡しても，薬物提供者が過失致傷や過失致死の廉で処罰されることはない[163]。被害者の薬物使用は被害者の自由な答責の範囲内にあるからである。そうすると，被害者が薬物使用によって救助を必要とする事態に陥っても，薬物提供者に保障人義務は生じない[164]。但し，薬物提供者に優越的認識に基づく危険判断がある場合，例えば，重篤の依存，抑うつ薬物嗜癖者に，新しい「薬物」を，その強い効果についての情報を与えずに提供し，嗜癖者が普通の量を摂取し

---

[161] *Stree*, (Fn. 9), §13 Rn 35 a.; *Jescheck/Weigend*, (Fn. 16), 625.; *Hilf*, (Fn. 1), §2 Rn 111.
[162] *Roxin*, (Fn. 5), §32 Rn 171 f.
[163] 連邦通常裁判所もこういった事例において過失致傷や過失致死の成立を否定する。BGHSt 32, 262.
[164] 連邦通常裁判所はこういった場合において不作為による過失致死や殺人罪の成立を肯定する。BGH, NStZ 4 (1984) 453〔ヘロイン等の薬物を一緒に服用した者のうちの1人が意識喪失に陥ったが，被告人は救急医を呼ぼうという他の者の提案に反対したため，被害者は薬物服用に基づく急性肺炎で死亡したという事案で，裁判所は，「被告人は当初自分の行動により被害者に対しその承諾を得て自己危殆化を可能にしたに過ぎないにせよ，そのことによって作為義務の発生が妨げられるものではない。危険惹起に関するこの所為の不可罰によって，危険が認識可能な形で実現する時点での保障人義務の根拠付けが排除されるものではない。この事は既に，被害者が自己の死を意欲したのではなく，ヘロインの服用により自らをこの危険に晒すことを了承したにすぎなかったということの帰結である」と論じて保障人の地位の成立を肯定した。〕。
Vgl. *Kienapfel/Höpfel*, (Fn. 6), Z 30 Rn 22.; SSt 54/21 = JBl 1983, 494〔深夜，2人を乗せてヴィーンの森を走行していたところ，このとき強奪の故意を抱いた1人の同乗者が運転者を止めて，他の同乗者から強奪した。強奪者の自己答責的行為は運転者の先行行為を限定するから，犯罪の機会を作ったが，まったく受身的立場にいた運転者には保障人の地位は生じない〕。

て死亡する場合，この結果は薬物提供者に帰属されうるから，このような状態に陥らせたとき，薬物提供者に保障人義務が生ずる。

ff　客観的注意違反の先行行為が正当化事由によって許容されない場合
保障人の地位は客観的注意違反の先行行為から生ずる。例えば，客観的注意違反の運転によって歩行者に瀕死の重傷を負わせ，被害者はそれが原因で死ぬかもしれないことを認容しながら事故現場から逃走する者は，この結果が発生するとき，不作為による殺人罪に問われなければならない[165]。この場合，「高度の要保護性」が生じたときにだけ，例えば，運転者の救助行為がなければ被害者の生命を救うことができない場合にのみ保障人の地位の発生を肯定し，これに対し，交通量の多い道路で発生し，それ故，重傷者が自ら行動を起こさなくとも病院へ搬送される見込みがあるときには，保障人の地位の発生を否定する見解もある[166]。しかし，「個々人は，他人が許された危険の範囲内において行う行為に対しては，今日既に自己保護で対処するとい

---

[165]　*Gropp*, (Fn. 35), §11 Rn 16.; *Roxin*, (Fn. 5), §32 Rn 143, 191.; *Stratenwerth*, (Fn. 44), §13 Rn 32.; *Wessels/Beulke*, (Fn. 36), §16 Rn 725. Vgl. BGHSt 32, 82.; BGH NStZ 1992, 125.
　岐阜地裁大垣支判昭和42年10月3日下刑集9巻10号1303頁〔被告人が，無免許運転中，自転車で走行中の者に誤って追突して，自転車もろとも橋から2・2メートル下の川に転落させ重傷を負わせたが，そのまま現場から逃走したという事案について，殺人の未必の故意が認定できないとして，殺人未遂罪の成立は否定された〕。
　わが国では，日高義博『不真正不作為犯の理論』1979年・157頁以下が「単純な轢き逃げ」について殺人罪の成立を肯定する。なお，藤木英雄『新しい刑法学』1974年・201頁が，「単純な轢き逃げ」の場合，殺人罪の成立を認めるためには，「死の危険を認識しただけでなく，敢えてその状態を利用してその人を死亡せしめようという意思が加わること」が必要だとしているが，このような特殊の主観的不法要素は不要である。
　わが国では，「単純な轢き逃げ」について殺人罪の成立を否定するのが通説であるが，保護責任者遺棄罪（刑218条）の成立を認める説がある。その作為義務根拠としては，条理（先行行為）（大塚仁『刑法概説（各論）』改訂版・1987年・62頁）又は法令（道路交通取締法第24条，同法施行令第67条。現道路交通法第72条。最判昭和34年7月24日刑集13・8・1163）が挙げられる。これに対して，内田文昭『刑法各論』第三版・1999年・88頁，90頁，曽根威彦「交通事犯と不作為犯」現代刑事法第4巻第9号（2002年）14頁以下，17頁は，保護責任者遺棄罪に云う「保護」というのは行為者と被害者の間に排他性のある密接な保護・被保護の生活関係のあることを前提としていることを理由にその成立を否定し，単純遺棄罪に云う「遺棄」は不作為の形態も含むことを前提にその成立を認める。
[166]　*Kienapfel/Höpfel*, (Fn. 6), Z 30 Rz 22.; *Steininger*, (Fn. 2), §2 Rn 81.; *Hilf*, (Fn. 1), §2 Rn 113.

う重荷を負っている。第三者の許されない危険から生ずる損害に対しても，被害者に可能である限り，被害者に自らを守るようにと押し付けるべきではない」のであって，この種の限定は行き過ぎである[167]。

　gg　客観的には注意違反だが，しかし，具体的事例において許容命題によって正当化される先行行為の場合　このような先行行為が保障人義務を基礎付けるかが問題となる。例えば，正当防衛者が違法侵害者に瀕死の重傷を負わせ，引き続いて救助活動をせず，その際その者の死を認容している場合，正当防衛者は保障人とはならない。特別の許容命題によって他人の法益への明白な侵害権を有するとき，他でもなくこの権利を行使することで，侵害の許されるまさにその法益の保障人になるというのは理解しがたいことである[168]。なぜなら，侵害者に発生する法益の危殆化は専ら侵害者の答責領域にあるからである。自分自身に結果の発生を帰属しなければならない侵害者（被害者）は被侵害者から救助されるなどということを期待することはできない。構成要件該当性の段階で問題となる客観的帰属の思想が不法の段階でも

---

[167]　*Nowakowski*, (Fn. 32), §2 Rn 27.; *Triffterer*, (Fn. 8), 14. Kap Rn. 48. vgl. *Otto*, (Fn. 46), §6 Rn 64〔義務違反の作為と結果の発生との間に故意の不作為が挟まり，これにより事象の社会的意味に変化が生ずると，本来の帰属連関が中断され，したがって，過失致死罪と故意殺人罪が成立する〕。

　なお，イエシェックは，当初，先行行為が保障人義務を基礎付けるためには，第1に，先行の作為が損害発生の近接した（相当な）危険を惹起したこと，第2に，先行の作為が客観的注意違反であること，第3に，極微の義務違反を排除するという観点から，先行の作為は，損害を回避しないことの刑法上の責めを行為者に負わせることが，社会全体の法確信に照らし擁護できる程度のものでなければならないのであり，これが認められるのは先行行為者が，法益主体自身又は他の保護の用意のある者を排除することで現存の保護関係を消滅させる場合か，自然の力を惹起するか自分に委ねられた人を監督しないというところに現れる新たな危険源を創出する場合に限定される（*H.-H. Jescheck*, Lehrbuch des Strafrechts AT, 3. Aufl., 1978, IV 4 a.），「先行行為に含まれている義務違反の種類及び重さは」一般の人々の法確信に照らし，結果発生に対する刑法上の負責を可能にするほどの「危険の大きさ，近接性及び意味と適切な関係になければならない」（*H.-H. Jescheck*, Leipziger Kommentar zum Strafgesetzbuch, 11. Aufl., 1993, §13 Rn 34.）として，イエシェックは，危険な先行行為に基づく保障人の地位の成立を些細な客観的注意違反の場合には否定していた。しかし，その後，第3の要件中，「極微の義務違反を排除するという観点から，先行の作為は，損害を回避しないことの刑法上の責めを行為者に負わせることが，社会全体の法確信に照らし擁護できる程度のものでなければならない」という部分が削除されている。*Jescheck/Weigend*, (Fn. 16), IV 4 a. (AT, 4. Aufl., 565)。

[168]　*Lewisch*, (Fn. 89), 125.

意味を有するのである[169]。その上，正当防衛特有の観点も保障人の地位の成立を否定する。すなわち，正当防衛において保障人の地位が肯定されるなら，違法な侵害者が，自己の責めなく不慮の事故にあった者よりも不当に有利な扱いをされることになる。正当防衛権を行使する者は，本人の個人法益を守るだけでなく，法の確証にも資する行為をもするのであるから，正当防衛者に付加的負担を負わせることにでもなれば，正当防衛権の意味に反する。おまけに，正当防衛者に保障人義務を負わせることになるなら，緊急救助の場合，被侵害者を救助する正当防衛者も保障人義務を負うが，被侵害者の自己防衛に委ねていた第三者は保障人義務を負わないということになろうが，これは不当な結論といえよう[170]。

これに対し，緊急避難の場合は別である。例えば，自動車運転者が自己の生命への危険を避けるためやむを得ず歩道に乗り上げ，そこにいた歩行者をはね重傷を負わせたとき，当該運転者には違法性阻却の緊急避難が成立するが，保障人の地位も肯定されるべきである。なぜなら，正当防衛の場合と異なり，この出来事は，事故とはまったく無関係の緊急避難行為によって侵害される者の答責領域にはないからである[171]。過剰防衛も先行行為からの保障人の地位を基礎付ける[172]。

[169] *Kühl*, (Fn. 51), §18 Rn 94.; *Roxin*, (Fn. 5), §32 Rn 182, 186.; *Otto*, (Fn. 46), §9 Rn 81. 連邦通常裁判所（BGHSt 23, 327）も正当防衛権者の保障人の地位を否定する。「違法な侵害によって自己危殆化を招来する者は，このことによって，無理やり被侵害者を自分のための保護保障人にすることはできない」。ここに客観的帰属の思想が現れている。

[170] *Triffterer*, (Fn. 8), 14. Kap Rn 54.; *Nowakowski*, (Fn. 32), §2 Rn 27「他人の法益への危険を伴う（正当化される及び特に社会的相当の）行為は今日ごく普通のことになっている。こういった源からの危険に注意し防護することは，自分の利益を擁護するために克服しなければならない任務の1つである」。フックスも正当防衛において保障人義務の成立を否定する。保障人義務は危険な先行行為が行動半径を拡大したということを前提とする。当然の行動半径を回復するに過ぎない防御行為は保障人の地位を基礎付けない。強盗犯人を殴り，重傷を負わせ，そこから逃走する者は，正当防衛行為をしたのであり，反撃行為によって自分に当然に認められる活動の余地を違法に拡大したのではなく，回復したにすぎない。正当防衛は行動半径を拡大するのではなく，法適合状態を回復したにすぎない。*Fuchs*, (Fn. 1) 37. Kap Rn 62.

[171] *Kindhäuser*, (Fn. 160), §36 Rn 68.; *Roxin*, (Fn. 5), §32 Rn 186 ff.; *Hilf*, (Fn. 1) §2 Rn 106.

hh　正当化された継続犯においてその前提要件が事後的になくなった場合　この場合，保障人義務が生ずる。例えば，乱暴な，公衆に危険な酔漢を一時監禁することが，その者の行動の自由を上回る利益を擁護するために必要であるとき，緊急避難により許されるが，その状態が消失したときは，酔漢は解放されなければならない。解放しない者には不作為による監禁罪が成立する。緊急避難の要件が欠如すると同時に，監禁は違法となるから，それまでの監禁者には許されない危険を除去する責務があるからである[173]。

ii　共犯者の過剰行為　共同正犯の実行後，その１人が単独で同一被害者にもともとの共犯計画には含まれていない過剰の犯罪行為をした場合　例えば，共同正犯者が共同して，強盗あるいは傷害行為をした後で，その１人が自己の決意に基づき同一被害者に強姦あるいは殺害行為に出るとき，他の正犯者がその行為を阻止しない場合，当該強姦行為や殺害行為が強盗行為や傷害行為によって促進され，しかもそれが認識可能だったといえるような場合には，他の正犯者は強姦行為や殺害行為が実行されないことを信頼してはならず，不作為者には保障人の地位が生ずるが，強姦行為や殺害行為が行なわれそうもなく，したがって，その予見もできない場合には，不作為者には保障人の地位は生じない[174]。

---

[172]　*Hilf*, (Fn. 1), §2 Rn 106.; *Lewisch*, (Fn. 89), 125.

[173]　*Rudolphi*, (Fn. 46), §13 Rn 40a.; *Stree*, (Fn. 9), §13 Rn 36.; *Roxin*, (Fn. 5), §32 Rn 189.; *Kühl*, (Fn. 51), §18 Rn 97.

[174]　*Roxin*, (Fn. 5), §32 Rn 163.; *Seelmann*, (Fn. 84. Nomos-Kommentar), Rn 113. ① BGH Beschl. v. 22. 12. 1981, StV 1982, 218〔乙は甲の強盗に関する提案を受けて，一緒に老婦人宅に行き，同人を屋根裏部屋に誘導しそこで暴行に及んだ。被害者は意識を失い倒れこんだ。甲，乙両名に殺意はなかった。甲，乙は，被害者宅から奪った100マルクであちこち居酒屋で酒を飲んだ後被害者宅に戻ったところ，被害者がうめき声を上げながら助けを求めていた。乙は，被害者から見られたので，同人を殺す決意をし，その旨を甲に告げた。甲は乙に「ずらかるぞ」，「ほっとけ」と言った。それから，甲は，戸の隙間から見たところ，乙が本当に被害者を殺そうとしているの気づき，乙に「止めとけ，嫌なことだ」と言いながら，背を向けた。乙は被害者を殺害した。連邦通常裁判所は，「甲は自分の行為により，乙が以前に一緒に行なった犯罪行為を隠蔽するため，無防備の被害者を殺害する行為に出るのに直接的に寄与した。したがって，甲には被害者の死を防止するための介入義務が課されるべきである」と論じて，甲に先行行為から保障人の地位を基礎付けた。不作為による謀殺幇助〕。② BGH Urt. v. 12. 9. 1984, NStZ 1985, 24〔甲は傷害に関与し，次いで，共犯者乙の被害者殺害行為（未遂）を阻止しなかった。連邦通常裁判所

は、「故意の故殺幇助は法的には義務違反の不作為によっても可能である（BGH Beschl. v. 22. 12. 1981）。その際、結果回避義務を基礎付ける幇助者の保障人の地位は、複数の者によって共同して行なわれた違法な傷害行為に関与したことから発生しうる（vgl. BGH Beschl. v. 22. 12. 1981）。被害者の生命の危険が他でもなく先行行為への幇助者の関与の性質及び大きさから生じているか否かは重要でない（……）。さらに、保障人の地位の存否は、被害者に対する生命の危険が傷害行為によって加えられた傷害から**直接的**に生じているか否かとも関係がない。被害者への生命の危険が傷害から間接的に生じているのでも十分足りうる。なぜなら、傷害行為から生ずる被害者の状態が結果として、他の因果系列が致死的に作用しうることに繋がるからである。例えば、負傷者が助けのない状態で車道に横たわっており、自動車にはねられる虞がある場合である。幇助者が回避しなければならない、こういった外から付け加わることのある死因は、それどころか、被害者に対する第三者の**故意**の侵害にもありうる。本件のように、先行した共同の傷害行為の共同正犯者による侵害が－いわば傷害行為の継続において－予期されうる（vgl. BGH Beschl. v. 22. 12. 1981）」と論じて、先行行為から保障人の地位を基礎付けたが、被告人の犯罪不阻止に関する故意の証明がないとして原判決を破棄した〕。③ BGH Urteil vom 25. 9. 1991, StV 1992, 415 f., NStZ 1992, 31〔乙は甲の住まいで被害者丙と丙を通して購入した拳銃が欠陥があったことで口論となった。丙は乙からひどい乱暴を受け、甲も乙に加担した。しばらくして、激高した乙は丙を電線で首を絞めて殺害行為に出たが、甲は丙の死を容認していたので乙の行為に介入しなかった。連邦通常裁判所は、「いずれにせよ暴行行為に関与したことが乙に与えた影響が甲に丙殺害を阻止する義務を基礎付ける。甲が被害者に自らも暴行を働いたということで、甲は乙に残虐な行為を了解したという合図を送ったことになり、暴行に当たって甲の住まいだからといって自制する必要のないことをほのめかした。これで意思を強くされたことで、後の被害者に対する乙の危険性が高まった」と判示して、先行行為から保障人の地位を基礎付けたが、主観説に立って、不作為による正犯ではなく、不作為による幇助犯の成立を認めた〕。④ BGH Urt. v. 23. 9. 1997, NStZ 1998, 83 f.〔甲と乙は夜中に居酒屋で地理不案内な被害者丙に出会い、同人からその自動車の探索を依頼され、見つかったらその中においてある武器をもらえることになった。しかし、その自動車は見つからず、甲と乙は腹を立てた。甲は乙に丙に対して「1発食らわせたい」と言った。乙も「1発食らわせたい」と言って、丙を掴み、揺さぶり、それから、所携のナイフで顔に当てたところ、被害者は倒れた。乙は、病気に起因する攻撃心の高ぶりからこめかみの中央部を2度刺した。その間、甲は犯行現場から1メートルないし2メートルのところにいた。甲は乙に丙を放すように要求し、丙はそれに従った。丙は血を流しながら離れていった。甲と乙は急救医に来てもらうかどうか話し合ったが、警察を恐れて呼ばないことにした。被害者は、失血と酔いとあいまって、霜が降りていたために体温が低下したことで死亡した。連邦通常裁判所は、「当裁判所の判例によれば、先行行為からの保障人の地位の存在は義務違反を前提とする（BGH StV 1992, 415 f.…..）。……義務違反の先行行為は、具体的に調査される構成要件該当結果の近接した危険を惹起する場合にだけ保障人の地位を基礎付ける（……）。本件はこれに当たらない。乙の危険な傷害行為は甲に帰属できない。乙の行為は、重い非社会的特徴を有する行動障害と脳器官の疾病に起因する攻撃心の高まりから生じたものである。このことを甲は認識できなかった。乙がナイフで被害者に傷を負わせたことは乙の過剰行為である。それ故、甲にこの行為の具体的結果を帰属させることができないとき、そこから、後の被害者の死の発生を回避しないこと

に対する保障人の地位を導出することはできない」と判示して，甲の保障人の地位の発生を否定した〕。⑤ BGH Urt. v. 12. 2. 2009, NStZ 2009, 321 f.〔刑事施設に収容されていた甲と乙は共同して同室の丙に暴行を加え傷害を負わせたり，強制猥褻行為を働いたりした。その後，乙が丙に暖房管に取り付けた紐に首を突っ込ませるといった生命に危ない行為をさせたとき，この出来事に関与していなかった甲は「駄目，駄目」と言ったので，乙は途中で行為を止めた。後に，乙はまたもや丙の両腕を後ろ手に縛り上げて，頭にプラステイック製の袋をかぶせたが，甲は黙っていた。連邦通常裁判所は，「2週間の間に，甲は乙と共に3個の犯罪を犯したばかりか，さらに様々なやり方で丙の誇りを傷つけ，止めてほしいという丙の懇願に，乙と同様に脚蹴りをもって更なる『服従』を強いた。このことから，甲は乙に，さらに同種の辱め，乱暴するに当たって自制する必要の無いことをほのめかし，被害者に対する更なる犯罪の危険を－特に居室の状況に鑑み－著しく高めた。それ故，甲には基本的には乙のさらなる犯罪行為を阻止する義務が課せられる」と判示して，甲の先行行為からその保障人の地位を基礎付けたが，主観説の立場から，正犯ではなく，不作為による幇助犯の成立を認めた〕。

⑥ OLG Schleswig, Urt. v. 27. 4. 1981〔甲と乙は窃盗目的である工場に侵入したが，電灯をつけるのを避け，燐寸で照らし，燐寸軸を火のついたまま捨てた。甲か乙のどちらかが捨てた燐寸から火災が発生した。誰の捨てた燐寸から火が出たのかの証明はなかった。シュレースヴィッヒ高等裁判所は，甲の不作為による失火罪の成否につき，次のように判示した。甲に作為による失火罪が成立しないのは，乙が燐寸を捨てたことから火災が発生した可能性が否定できないからである。過失犯には共同正犯は認められない。「**不作為**による失火罪の成立には，甲に保障人義務のあることが前提となる。義務違反の先行行為が他でもなく構成要件該当結果，本件では火災惹起の発生の近接した危険を招来したといえなければならない。先行行為が**特定の**損害を招来するのに一般に適していると云えると，そこから初めて損害を阻止する義務が生ずる（……）。原判決によれば，燐寸軸を使用したのは，『共同の窃盗計画の範囲内で生じたこと，盗品を見つけるために場所を照明するという両者に共同の目的からでたこと，一方の作為が他方の意思と目的にも合致しているという状況で生じたと』いうのであり，この限りでは，そこに後の火災惹起に対する危険な先行行為は見られない。というのは，窃盗計画の範囲内にある作為は場合によっては窃盗を実現する近接した危険を基礎付けるものの，しかし，火災惹起を基礎付けはしない。原判決がこの関連でさらに『燐寸軸を使用した』と論じている点に限定して考察すると，その点にも保障人義務を基礎付ける先行した危険な作為は見られない。というのは，燃えている燐寸軸を不注意にもあちこち捨てたというこの先行行為によって，損害を創出する結果が既に直接的に且つ完全に生じたのである。そうであるなら，惹起は過失の**作為**によって生じたのであるが，－既に指摘したように－惹起者の特定はできなかった。したがって，保障人義務を基礎付ける余地はない（……）」。甲は失火罪につき無罪〕。

オットーは，③判例につき，甲の先行行為からの保障人の地位を否定する。乙の殺害の決意は先行する出来事から直接生じているのではなく，乙の自己答責的判断に基づいているというのがその理由である。*Otto*（Fn. 46），§ 9 Rn 84 Fall 1. vgl. *Kühl*,（Fn. 51），§ 18 Rn 104.

シュトレーは⑥判決の結論を支持する。暗がりを燐寸で照らすことを話し合いで決めたことの中には燃えた状態で燐寸を捨てることは含まれていない。共同正犯行為の義務違反領域には燐寸軸で室内を照明することから直接生ずる危険だけが入る。燃えている燐寸軸

先行行為が有責であることは要しない[175]。
　先行行為が保障人の地位を基礎付ける基本的前提要件は，結果発生の近接したないし相当の危険を生じさせるということである。すなわち，先行行為はこれと典型的に結びついている危険が実現することを蓋然的にしなければならず，そのときにのみ保障人義務が生ずる。すなわち，先行行為はこれと典型的に結びつく危険を蓋然的にしなければならず，そのときにのみ保障人義務が生ずる[176]。判断時点は先行行為の終了直後の時点である[177]。
　化学工場，修理工場，砕石といった事業活動はかかる危険を生じさせているとはいえないので，その活動自体が保障人の地位を基礎付けることはない。近接した危険は客観的注意違反があって初めて認められる。
　製造業者あるいは販売業者が，用途に従った使用をしても消費者の身体，場合によっては生命にすら危険のある製造物（例えば，食料品，薬品）を，そ

を不注意にも捨てる場合，直接行為をする者だけが火災とその結果に刑法上の責めを負う。したがって，損害を回避できるにもかかわらず回避しなかった場合，この者だけが先行した作為から発生する保障人義務に基づき刑法上の責めを負うと。シュトレーは①決定を次ように批判する。甲が乙と共に犯行現場に戻ったという点については，甲が犯行現場に同行したことによって乙の犯行意思が心理的に強められたのでないかぎり，同行が何らかの法的義務に違反したとはいえない。同行には義務違反の契機が欠如しているから，そこから保障人義務を導出することはできない。甲自身が犯行現場に戻ることを提案する場合でも，事は変わらない。乙が犯行現場で新たに犯罪を犯す誘惑に駆られるかもしれないという可能性があっても，そのことから乙に犯行現場に戻るきっかけを作ってはならないという禁止が基礎付けられるものではない。犯行を挑発する状況を創出というだけでは禁止違反とはいえないと。次に，被害者を無防備な状態のままにしておいたという事実から保障人の地位が導出されるかが問題となる。切迫した損害と義務違反連関があるのは，義務違反が，更なる損害が生じないための保護規範に違反している場合に限られる。しかし，他人を助けてくれるもののない状況に陥れる者は，被害者の所有権侵害を保護する規範に違反しているわけではない。惹起者は，助けてくれる者のない状況に特有の危険，したがって，この者にとって直接的に危険な状況に立ち向かわねばならない。この限度までしか義務違反は及ばない。先行行為者とはまったく関係なくその意識を失って倒れている被害者を脚蹴りする第三者の行為は，先行行為の義務違反連関に入らない。同様のことは，甲の了解なしに共同の犯行を超えて被害者に新たに犯罪を犯す乙（共犯者）にも妥当する。W. Stree, Ingerenzprobleme, in: Festschrift für U. Klug, Bd II., 1983, 395 ff.; ders. (Fn. 9), §13 Rn 35a.

[175] Stree, (Fn. 9), §13 Rn 38.; Hilf, (Fn. 1), §2 Rn 110
[176] Hilf, (Fn. 1), §2 Rn 111.
[177] Kienapfel/Höpfel, (Fn. 6), Z 30 Rn 20.; Steininger, (Fn. 2), §2 Rn 78.; Hilf, (Fn. 1), §2 Rn 111.

の危険性が認識できるにもかかわらず，市場に出荷する者は，作為の形態による犯罪に問擬されうるが，現実にその危険性が認識された後には，危険な先行行為に基づき危険回避義務を負うのであり，製造物回収等の措置をとらなければならない。製造又は市場出荷それ自体に客観的注意違反が認められないときは，危険源責任から保障人の地位が基礎付けられる[178]。

先行する（保障人義務違反の）不作為ですら，先行行為からの保障人の地位を基礎付けうる。例えば，家の所有者が義務に違反して固定しないまま放置してある屋根瓦が落下して，その下を歩いていた歩行者が怪我をした場合である[179]。

---

[178] *Kienapfel/Höpfel*, (Fn. 6), Z 30 Rn 20, 22a.; *Steininger*, (Fn. 2), §2 Rn 79.; *Hilf*, (Fn. 1), §2 Rn 117.
　　BGHSt 52, 159; NJW 2008, 1897; NStZ 2008, 391 f.〔コンクリート運送会社の所有する自動車修理工場の工場長（被告人）が不十分な整備のまま運輸会社にトレーラーを返却した。当該車両の運転手はブレーキの完全な故障のため統御を失いスーパーマーケットの建物に激突させ，当該トレーラーの運転手を含む3名が死亡した。本件事故の前，被告人は試験走行を行なったが，その際，ブレーキの問題が飛躍的に増大し，トレーラーは道路交通においてもはや運転できないことを確認していたが，詳しい検査をしていなかった。工場長は運送会社社長に，トレーラーの調整装置を修理しなければ走行できないことを説明し，当該運転手には社長が調整装置を注文済みであることだけを伝えた。被告人は過失致死罪の廉で起訴された。連邦通常裁判所は，「被告人が自動車工場の指示権を有する労働者としての資格において保障人の地位を有し，それ故，被告人には交通事故の被害者に対する結果回避義務も課せられていたことについて疑問はない。交通安全のために，自動車がその都度安全な状態で走行できるようにする管轄が，法律上，1次的には所有者（道路交通許可法第3条第2項）及び自動車運転者（道路交通法第23条第1項，第2項）にあることは，この保障人の地位を認めることの妨げるものではない。そのことはもう，所有者が自分の答責性を専門知識を有し，信頼できることの明らかな補助者を定めることにより制限しうるが故に妥当する（……）。このような所有者，本件では運送会社の社長の答責性と並ぶ被告人の保障人の地位は，労働関係の範囲内における整備任務の引き受けから生じた。すなわち，引き受けは被告人により整備されるべき会社の車両の運行により公衆に対して存する危険を除去することに関係する。それ故，整備義務の労働契約による引き受けは同時に，被告人の監視の下にある会社車両の不十分な整備から生ずる危険領域に入るすべての交通関与者に対する保護機能も基礎付けた」と論じて，被告人の保障人の地位を肯定したが，被告人が社長の説得等の作為義務を果たしていたならば死亡の結果を避けられたといえるかという因果関係に関する認定が不十分として，原判決を破棄した。本決定が「引き受け」によって保障人の地位を基礎付けたとすれば，それは擬制に帰着することになろう〕。
[179] *Hilf*, (Fn. 1), §2 Rn 114.; *Roxin*, (Fn. 5), §32 Rn 190. 否定説として，*Steininger*, (Fn. 2), §2 Rn 77.

d 危険源責任

自己の支配領域にある物的危険源から基礎付けられる保障人の地位は，監視保障人の原型であるが，最近になってようやく，危険な先行行為から分離され，独自の保障人の地位として自立することになった[180]。但し，こういった監視義務は，法律，任意の義務引き受けあるいは契約上の付随義務からも生じうる。

民事法上の社会的往来保全の義務（安全確保義務）からの法類推に基づくと，自己の支配領域にある物的危険源（物，装置，施設等）から第三者の法益に危険が及ぶ（及びうる）場合，この者は一般の人々の法益侵害を防止する義務を有する[181]。この監視義務及び危険防御義務は，一方で，社会生活往来者は，原則として，他人の支配領域にある危険支配に介入することが許されず，そこから生ずる危険に対して効果的対処ができないこと，それ故，日常生活において，この危険支配を信用せざるを得ないし，又，信用しても良いという思想[182]，他方で，物や事業から利益を得る者は，細部においても，そこから生ずる危険を監督し，回避する義務があるという思想[183]に基づくのである。したがって，危険支配を信用しても良いという関係が見られない場合，例えば，他人の庭に生育しているさくらんぼうを無断で摘み取るために，そこにあった梯子を利用したところ，踏み板が壊れて転落した者に対して，その庭の所有者が保障人の地位に立つわけではない[184]。

この保障人の地位は土地・建物の所有者，占有者，事業者（飛行場，鉱山，

---

[180] *Roxin*, (Fn. 5), § 32 Rn 108.; *Kienapfel/Höpfel*, (Fn. 6), Z 30 Rn 22a.; *Steininger*, (Fn. 2), § 2 Rn 90 ff.; *Hilf*, (Fn. 1), § 2 Rn 119. 反対, *Nowakowski*, (Fn. 32), § 2 Rn 20.
[181] *Kienapfel/Höpfel*, (Fn. 6), Z 30 Rn 22a.; *Steininger*, (Fn. 2), § 2 Rn 90.; *Hilf*, (Fn. 1), § 2 Rn 119.
　もとより，自己の身体も危険源となりうる，例えば，感染症に罹患している者には，それが許された危険の範囲内にないとき，自分に近づかないように他人に注意を呼びかける義務がある。*Frister*, (Fn. 94), 22. Kap Rn 24.
[182] *Jescheck/Weigend*, (Fn. 16), § 59 IV 4 b.; *Rudolphi*, (Fn. 46), § 13 Rn 27.; *Kühl*, (Fn. 51), § 18 Rn 106.; *Weigend*, (Fn. 73), § 13 Rn 48.
[183] *Fuchs*, (Fn. 1), 37. Kap Rn 58.
[184] *Donatsch/Tag*, (Fn. 35), 309.

健康倶楽部，スキー場，水泳場，鋼索鉄道等）ばかりでなく，危険な動物の飼い主（民法第718条），自動車の所持者にも当てはまる。例えば，家の所有者は暴風雨で破壊された屋根瓦が落下しないよう措置を採らねばならず，スキー場の経営者は，斜面安全確保義務を遵守し，スキー客に損害が生じないような措置をとらなければならず，又，犬の飼い主はその犬が逃げ出して他人に危害を加えないような措置を採らねばならない[185]。

　危険源責任に基づく保障人の地位は自動車の所持者にも当てはまる[186]。自動車の所持者には，その車が安全な状態で走行できるような状態に保つ義務がある。自動車所持者の監視義務には，運転能力の無い者に利用されることを阻止する義務も含まれる[187]。さらに，自動車の運転のために一時それを利用した者が事故を起こした際，その自動者の所持者が事故現場に居合わせるとき，その所持者はその利用者が走り去るのを阻止しなければならない[188]。これに対して，運転免許のある妻がその運転免許の無い夫に妻の車で運転することを万難を排してまで阻止する義務があるかは疑問である。妻は，その夫の運転を阻止するために，夫の人格を否定するような措置を採らなければならないような状態に追い込まれかねないからである[189]。さらに，アルコール中毒者に酩酊運転をさせないために，自分自身の自動車を処分するという形での自己監視義務があるかも疑問である。というのは，本来的危険は支配されている自動車という物にではなく，それを利用する者自身にあるからである[190]。

　1軒家であれ集合住宅であれ，住居も危険源となりうる。例えば，招待客

---

[185] *Kienapfel/Höpfel*, (Fn. 6), Z 30 Rn 22a.; *Kühl*, (Fn. 51), §18 Rn 107.; *Steininger*, (Fn. 2), §2 Rn 92.; *Hilf*, (Fn. 1), §2 Rn 120.
[186] BGH VRS 17 [1959], 388
[187] *Rudolphi*, (Fn. 46), §13 Rn 30.; *Stree*, (Fn. 9), §13 Rn 43.; *Kühl*, (Fn. 51), §18 Rn 108. Vgl. BGHSt 14, 24; 17, 289; 18, 359, 361.
[188] *Kühl*, (Fn. 51), §18 Rn 108. Vgl. OLG Stuttgart NJW 1981, 2369.
[189] *Rudolphi*, (Fn. 46), §13 Rn 30.; *Kühl*, (Fn. 51), §18 Rn 108. Vgl. OLG Düsseldorf StV 1983, 253.
[190] *Rudolphi*, (Fn. 46), §13 Rn 30.; *Kühl*, (Fn. 51), §18 Rn 108.; *Roxin*, (Fn. 5), §32 Rn 113. 肯定説，*Stree*, (Fn. 9), §13 Rn 43.; *Jakobs*, (Fn. 81), 29. Absch. Rn 31. BayObLG JR 1979, 289.

がその訪問宅の欠陥階段を踏み外して怪我をする場合，招待主には不作為による傷害罪または過失致傷罪が成立する。問題は，住居主（所有者であれ借家人であれ）に，その住居の中で第三者の行なう犯罪行為を阻止する義務が課せられるかである[191]。住居それ自体から危険が生じているわけではないので，住居主という属性から監視保障人義務を導出することはできない[192]。そうかといって，客が招待主に対して依存関係にあるわけではないので，依存関係を根拠に保護保障人の地位を基礎付けることもできない。すなわち，住

---

[191] ドイツ連邦通常裁判所は当初は基本的に肯定していた。参照，岩間康夫「住居所有者の保障人的義務について－（西）ドイツにおける議論を素材に－」愛媛法学会雑誌第16巻第3号（1989年）31頁以下。
　BGH NJW 1966, 1763（飲食店でそこにいた4人の若者がダンスの誘いを断った女性に頭部等の毛髪を切除する傷害を与えたが，飲食店主（女性）がこれに介入しなかったという事案）「いずれにせよ，被告人が飲食店を営業しているということから，処分権能を有している室内の秩序に配慮すること，特に，本件のように，その客を他の客の狼藉行為から守る法義務が生ずる」。Vgl. RGSt 72, 373.; OGHSt 1, 87.; BGH NJW 1953, 591.
　連邦通常裁判所はこの判例を住居所有者にも転用した。BGHSt 27, 10（住居所有者によって招き入れられた年金生活者が，他の客の行なった強盗的恐喝の被害に合い死亡したという事案）〔住居所有者は犯行を阻止できたにも関わらずそうしなかった。住居所有者は，自分の住居に招きいれ，その保護に出たということによって，「信頼の基礎を作出した」。「住居所有者の招きでその他人の家に入る者は，自分に－住居所有者の支配領域において－重大な危険が生じている場合に，住居所有者が味方してくれるものと信頼してよい」〕。但し，本判例は，1966年判例とは異なり，空間領域支配を排他的に強調しているのではなく，信頼関係を強調していると同時に，保障人義務を重い犯罪に限定している。
　引き続き，連邦通常裁判所はこの限定路線を踏襲している。BGHSt 30, 391〔主犯者がかねてから求婚していた若い女性を拉致して自分の同郷人の住居に連れてきて，そこで強姦したが，被告人（その住居の所有者とその妻）は主犯者の脅迫の影響下にあり介入しなかったという事案。無罪。「専ら住居所有者としての属性から保障人の地位を導出することはできない」。「住居がその特別の性質又は状態の故に危険源といえるとき，住居所有者は，それが犯行を容易にする手段とならないような安全策をとるとか監視しなければならない」。「外に向けて遮蔽され，そこの出来事が外部から知覚できない領域」であるというだけでは「特別」の性質とはいえない。〕。本判例は，従前の判例との整合性を維持するために，「住居所有者としての属性」と並んで「特別の事情」を強調している。
　その後の判例も本判例に従っている。BGH NJW 1993, 76〔自分の住居内での禁制薬物の取引放任は保障人の地位を基礎付けない〕。OLG Stuttgart NJW 1981, 182〔客が禁制薬物を摂取して救助を要する状態になっても，住居所有者には保障人の地位は認められない〕。OLG Zweibrücken StV 1986, 483〔共同住居人が土地に大麻草を植えても，その土地所有者には結果阻止義務は無い〕。
　Vgl. *Roxin*, (Fn. 5), §32 Rn 116 ff.; *Weigend*, (Fn. 75), §13 Rn 52.
[192] *Roxin*, (Fn. 5), §32 Rn 120.

居の不可侵が憲法上保障されているということから，住居権者が，市民として享受している国の保護を引き受けなければならないということには繋がらない。「危険が迫っている」場合には，住居権は後退する[193]。さらに，住居，飲食店はたまた地所で犯罪被害にあう被害者は，他の場所で被害にあう者よりも救助を得にくい，したがって，住居権者に保護保障人の地位を認め，この不足を相殺するべきともいえない。住居や飲食店では，人里離れた場所におけるよりも助けを得にくいとはいえないからである[194]。

　住居は，そこで犯行が行なわれるというだけで既に住居主によって監視されるべき危険源となるのではない。住居主には，住居が具体的犯行の推移においてその特徴の故に犯罪促進的役割を果たしているという「特別の事情」が認められる場合においてのみ，監視保障人の地位が認められるべきである[195]。犯罪促進的役割を果たしているといえるのは，例えば，家に（監禁しやすい）地下室があるとか，家が（犯行の気づかれにくい）人里離れた場所にあるとかでは足りず，地下室を防音壁で，外部から入れない地下牢に増築するとか，贋札工場を設けるといった稀な場合が考えられ，この場合，住居主は第三者がこれを犯罪のために利用することを阻止しなければならない[196]。

　インターネット・プロヴァイダの刑事責任については，先ず，プロヴァイダ自身が自己のサーヴィスとして違法な情報（猥褻情報，児童ポルノ情報，名誉毀損情報，著作権侵害情報等）を提供する場合が問題となるが，これは作為という行為形態による構成要件該当性が問題となるに過ぎず，不作為の問題ではない。このような場合は，違法な情報をネットワーク上のサーヴァにアップ

---

[193]　BGHSt 30, 394. *Roxin*, (Fn. 5), §32 Rn 121.
[194]　*Roxin*, (Fn. 5), §32 Rn 121.
[195]　*Rudolphi*, (Fn. 46), §13 Rn 37.; *Kühl*, (Fn. 51), §18 Rn 115.; *Weigend*, (Fn. 75), §13 Rn 52.
[196]　*Weigend*, (Fn. 75), §13 Rn 52. フロイントは，さらに限定して，「住居その他の部屋自体が自己の組織圏に入れられうる直接の危険源として機能する」場合に限って保障人義務を肯定する。例えば，誘拐犯人がその被害者を餓死させるために他人の住居の地下室に監禁したとき，この事実を発見した住居の管理者には，その地下室が被害者の自由，身体及び生命に対する直接の危険を生じさせていることに鑑み，解放義務が生ずる。G. *Freund*, Strafrecht AT., 1998, §6 Rn 78.

ロードし，不特定多数の者に閲覧可能な状態を作出する発信者と同様に，プロヴァイダにわいせつ物公然陳列罪，児童ポルノ公然陳列罪，名誉毀損罪，著作権侵害罪が成立する。次に，プロヴァイダが，自社の会員に対してインターネットへの接続サーヴィスを提供することにより，他社が運用するサーヴァ上に蔵置された違法コンテンツに対して，会員がインターネットを介してアクセスすることへの媒介を行なう場合が問題となるが，違法情報の「情報」を違法「情報」それ自体と同視することはできないので，インターネットへの接続にとどまるアクセス・プロヴァイダに刑事責任を問うことはできない[197]。

　もっとも問題となるのは，プロヴァイダが自ら運用するサーヴァ上に会員等からアップロードされた違法情報を削除することなく放置した場合とか，違法な情報が書き込まれた電子掲示板の運営者がそれを排除しない場合，つまり，不作為の行為形態の場合である。これについては，上記の監視保障人としての住居主の例との比較によって解決の糸口が与えられる。すなわち，住居の場合と同様に，ホームページ自体（が蔵置されたサーヴァ）が危険源というのではなく，違法情報（が蔵置されたサーヴァ）が危険源なのである。このような場合，プロヴァイダや掲示板の運営者が，ホームページや掲示板の

---

[197]　参照，塩見淳「インターネットとわいせつ犯罪」現代刑事法第12巻第8号（1999年）35頁以下，38頁。
　なお，ドイツでは，「テレサーヴィスの利用に関する法律（TDG）」第5条（責任）が次のように定めている。「(1)サーヴィスプロヴァイダは，利用に供している自らのコンテンツについては，一般の法律により責任を負う。(2)サーヴィスプロヴァイダは，利用に供している他人のコンテンツについては，プロヴァイダがこのコンテンツについて知っており，かつその利用を防ぐことが技術的に可能でありかつ期待可能であるときにのみ，責任を負う。(3)サーヴィスプロヴァイダは，他人のコンテンツに対する利用のためのアクセスを仲介するのみの場合における他人のコンテンツについては責任を負わない。ユーザーの要求に基づく，他人のコンテンツの自動的かつ短期間の保持は，アクセス仲介とみなす」。参照，米丸恒治「ドイツ流サイバースペース規制－情報・通信サービス大綱法の検討－」立命館法学255号（1997年）141頁以下。
　一般に，本条第2項は，他人のコンテンツに供するホスト・プロヴァイダの可罰性について構成要件上の限定を加えたもの，本条第3項はインターネットへのアクセスを仲介するにすぎないアクセス・プロヴァイダの可罰性を完全に排除したものと理解されている。Vgl. *Wessels/Beulke*, (Fn. 36), §16 II 5 Rn 723.

特徴の故に違法情報のアップロードを促進するといったような犯罪促進的役割を果たしているという「特別の事情」が認められる場合に限って，監視保障人の地位が認められるべきである[198]。

---

[198]　Kühl, (Fn. 51), §18 Rn 115b.
　参照，山口厚「プロバイダの刑事責任」(情報ネットワーク法学会，社団法人テレコムサービス協会編『インターネット上の誹謗中傷と責任』所収・2005年) 111頁以下，124頁も，保障人の地位を，違法コンテンツをプロヴァイダが自ら積極的に利用するために，例えば，アップロードを事実上奨励するような状況の下で，蔵置された違法コンテンツをあえて放置したといったような極めて例外的場合に限定して肯定する。但し，本説は，排他的支配が保障人の地位を基礎付ける必要条件であるから (山口厚「プロバイダーの刑事責任」法曹時報第52巻第4号 (2000年) 1頁以下，16頁)，管理者がプロヴァイダのホスティングサーヴィスを受けて電子掲示板を運用している場合には，遠隔地からのサーヴァに対してアクセス権限を有する電子掲示板の管理者と，サーヴァを管理するインターネットサーヴィスプロヴァイダの両方が違法コンテンツを削除する等の措置をとるべきところ，両者ともに削除措置をとらなかったというような場合，排他的支配は否定されるので，保障人の地位も否定されることになろう。参照，鎮目征樹「プロバイダ等の刑事責任」現代刑事法第6巻第1号 (2004年) 17頁以下，20頁。
　なお，次の点に注意を要する。「風俗営業等の規制及び業務の適正化等に関する法律」の一部改定 (平成10年4月) により，「映像送信型性風俗特殊営業」を営む者に自己の自動公衆送信装置を提供している設置者 (いわゆるプロヴァイダ) は，その記録媒体に「わいせつな画像を記録したことを知ったときは，当該映像の送信を防止するため必要な措置を講ずる」努力義務を負い (第31条の8第5項)，これが遵守されない場合，公安委員会は，郵政大臣との協議の後，設置者に対して，「遵守されることを確保するため必要な措置をとるべきことを勧告することができる」(第31条の9第2項，第3項) こととされたので，この勧告に至った場合には刑法上の作為義務が生ずる。参照，塩見 (注195) 38頁以下。
　次に，名誉毀損罪については真実性の証明の規定との関連で特有の問題が生ずる。刑法第230条の2第1項は，名誉毀損的表現が①公共の利害に関して，②専ら公益を図る目的で行なわれた場合，③摘示事実が真実であることを証明すれば，罰せられないとし，③に関しては，判例上，「たとい刑法二三〇条ノ二第一項にいう事実が真実であることの証明がない場合でも，行為者がその事実を真実であると誤信し，その誤信したことについて，確実な資料，根拠に照らし相当の理由があるときは，犯罪の故意がなく，名誉毀損の罪は成立しない」とされている (最大判昭和44年6月25日刑集23巻7号975頁[夕刊和歌山時事事件])。しかし，プロヴァイダ等に事前に判断材料が与えられているというような事情は稀であり，したがって，常に「誤信したことについて，確実な資料，根拠に照らし相当の理由」があるとはいえないことになり，プロヴァイダは処罰を免れるためには常に当該コンテンツを削除しなければならないということになろう。しかし，これでは，表現の自由が民主的社会にとって必要不可欠であるという公益の観点から人権の保護範囲を限定するという本条の趣旨にそぐわない結果となろう。したがって，本条の趣旨からすると，プロヴァイダ等には，例えば，「被害者」等からの削除要求があった等の名誉毀損的表現の真実性についての判断材料が与えられている場合に限って，その刑事責任が問われると

もっとも，プロヴァイダ等に違法情報がサーヴァ上に蔵置されていないかどうかを常時探索する作為義務を課することは適切ではないので，作為義務は違法情報が蔵置された後のその遮断ないし削除義務に限定される[199]。

すべきであろう。参照，鎮目（注198）23頁以下。
　これらの説に対して，一般的にプロヴァイダ等の不真正不作為犯の成立を否定する説も有力に主張されている。堀内捷三「インターネットとポルノグラフィ」研修588号（1997年）9頁以下。山中敬一「インターネットとわいせつ罪」（高橋和之，松井茂記編『インターネットと法』〔第二版〕所収・2001年）71頁以下。後者は否定説を次のように理由付ける。プロヴァイダによるサーヴァの提供やインターネットへのアクセス可能性の提供は，プロヴァイダに先行行為に基づく管理義務も危険源の管理義務も認められず，保障人的地位も存在しないため，不作為犯として処罰されない，プロヴァイダには，サーヴァに蓄積された他人のデータに対する介入・コントロールの可能性がなく，不作為犯に必要な「危険回避可能性」（作為可能性）も存在しないからである，「検閲の禁止」，「通信の秘密」（憲法第21条第2項）も，プロヴァイダに他人のデータの内容をコントロールする権限を認めないし，このことは電気通信事業法の定める「電気通信事業者の取扱いに係る通信」の検閲禁止（第3条），通信の秘密の保護（第4条）からも裏付けられると。しかし，本説は妥当でない。事後的介入は検閲に当たらないし，電気通信事業法のいう「通信」とは秘密性を有する通信を意味するのであり，ホームページや電子掲示板は，電子メールとは異なり，表現に当たり，その性質上通信の秘密の対象にはならないからである。参照，高橋和之「インターネットと表現の自由」ジュリスト1117号（1997年），20頁以下，32頁。只木誠「インターネットと名誉毀損」現代刑事法第12巻第8号（1999年）43頁以下，45頁以下。
[199]　プロヴァイダ等の削除義務違反行為は共犯（幇助）であるとの主張もあるが，その根拠がつまびらかでない。小向太郎「インターネット・プロバイダーの責任」ジュリスト・1117号（1997年）19頁以下，20頁。只木（注196）49頁。プロヴァイダ等の削除義務違反行為は正犯である。先行の蔵置行為が終了，つまり，正犯行為が終了しているのであるから，削除義務違反行為が共犯（幇助）とはなりえない。山口（注196）117頁。鎮目（注196）19頁。永井善之『サイバー・ポルノの刑事規制』（2003年）306頁は，プロヴァイダのわいせつ画像データの放置行為について，すでに記憶・蔵置されたされたデータを再生・閲覧させることを可能にし継続させる行為であるから，（作為）正犯者による陳列行為を容易にしたとは認められず，幇助とはなりえないが，しかし，当該データを削除し，あるいは，その記憶・蔵置者に対し警告を行なうなどの措置を講じないことで，当該サイトの開設・運営者が新たにわいせつ画像データを記憶・蔵置していくことを物理的にも精神的にも促進されているという状況の場合，不作為による幇助の可能性を認める。
　最三決平成13年7月16日刑集5巻5号317頁〔［アルファネット事件］。被告人は，パソコンネットを開設運営し，その不特定多数の顧客に猥褻画像を送信し再生閲覧させようと企て，自己の管理するホストコンピュータのハードデイスク内に，猥褻画像データ合計4182画像分を記憶・蔵置させるなどしたという事案で，最高裁はわいせつ物公然陳列罪の成立を認めた原判決を維持した］。一審（京都地判平成9年9月24日判時1638・160）は，被告人がハードデイスクにアップロードしたのは700画像分から800画像分であり，その余は，会員がアップロードしたものであり，これについては，被告人は刑事責任を負わない

危険な先行行為の場合とは異なり，危険源に対する監視保障人は，法的に許されないし社会的相当の活動に伴う危険（源）に対しても責任を負う。例えば，安全規則を厳格に遵守している化学工場であっても，一旦事故が生じ，従業員や第三者に危害が及ぶ場合，社会的往来保全の義務から保障人義務が生ずる[200]。

製造業者が，用途に従った使用をしても消費者の生命，身体に危険のある製造物を出荷する場合，製造又は市場出荷それ自体に客観的注意違反が認められないときでも，危険源支配からの保障人の地位が基礎付けられる。かかる者には，出荷前，自己の支配領域内で製造工程や品質管理において第三者を排除しているのであるから，その段階で生じうる結果の発生を回避する義務が課せられるのであり，出荷後においても，その危険性が認識又は認識可能となった場合，再度，品質検査・確認の上，大衆媒体を通じた及び／又は顧客個人への直接の欠陥の公表，警告，欠陥製品を回収する等の積極的な行動を起こす義務が課せられる。例えば，医薬品とか防腐剤といった製品は，

との弁護人の主張に対し，「1 被告人は，パソコンネットである甲野ネットを開設運営し，ホストコンピューターを所有管理していた。2 右のような地位にあった被告人は，わいせつ画像を見せて，会員を増やせば金儲けになるとの考えから，会員がわいせつ画像のデータをハードディスクにアップロードするのを単に黙認していたというのではなく，自ら電子掲示板で会員に対し，わいせつ画像をアップロードするよう奨励するとともに，わいせつ画像のデータを30画像分アップロードした会員には2ケ月分の会費を免除し，多数あるわいせつ画像データを会員がアクセスしやすいように分類するなどしていた。3 被告人は，会員がアップロードした画像データの内容のすべてを確認した訳ではないとしても，画像データのおよその数を把握していたばかりでなく，その内容がわいせつ画像のデータであろうとの認識を有していた。右のような事実によると，会員がアップロードした画像データの分についても，被告人が正犯として刑責を負うのは明らかである」と判示して，不作為による正犯の成立を認めた。これに対して，控訴審（大阪高判平成11年8月26日判時1692・148）は，「被告人は，単に会員が勝手にアップロードしてきたわいせつ画像データをそのまま放置していたものではなく，それらを自己の用途に資する目的で収集した上，分類，整理し，その宣伝を行って，会員を募集するなどしつつ積極的に管理していたのであるから，会員らがアップロードしてきたわいせつ画像データをハードディスクから削除しなかった被告人の不作為のみを問題とする所論は，本件において被告人が果たした役割を適切に評価しておらず，前提事実を異にしている」と判示して，作為による正犯を認めた。

[200] *Kienapfel/Höpfel*, (Fn. 6), Z 30 Rn 22a.; *Steininger*, (Fn. 2), §2 Rn 94.; *Hilf*, (Fn. 1), §2 Rn 94.

無数の化学物質を含むため，製造・販売時点では未知であったものの，その後の時点でその潜在的危険性が認識できるようになるといった事態が生じうるのであり，このような場合，製造業者には法益侵害の危険を阻止する義務が課せられる[201]。その際，重要なことは，危険な製品を現実に支配している

---

[201] *Weigend*, (Fn. 75), §13 Rn 53.; *E. Hilgendorf*, Strafrechtliche Produzentenhaftung in der „Risikogesellschaft", 1993, 140 f.; *L. Kuhlen*, Strafhaftung bei unterlassenem Rückruf gesundheitsgefährdender Produkte, NStZ 1990, 566 ff., 569.; *Hilf*, (Fn. 1), §2 Rn 117.; *J. Bramsen*, Strafrechtliche Rückpflichten bei fehlerhaften Produkten? GA 1993, 97 ff., 110 ff. なお，ブラムゼン説の批判的検討について，参照，岩間康夫「欠陥製造物を回収すべき刑法的義務の発生根拠」愛媛法学会雑誌第20巻第3・4合併号（1994年）201頁以下。危険な先行行為から基礎付けるが，実質的の同旨なのが，*H. Otto*, Die strafrechtliche Haftung für die Auslieferung gefährlicher Produkte, in: Festschrift für H. J. Hirsch, 1999, 291 ff., 310.「意識的且つ意欲的に他人の法益を侵害する行為者と並んで，自己に法的に認められた行為余地を，他人の法益に対する危険を創出し，この危険が法益の侵害となって直接現実化するという形で拡大する者も，先行した危険な作為を理由とする保障人として負責される」．vgl. *Kühl*, (Fn. 51), §18 Rn 103.; *Meier*, (Fn. 55), 3196.; *Beulke/Bachmann*, (Fn. 55), 740.
　日本の判例は，作為なのか不作為なのかといった行為の構造の問題には触れることなく，業務上過失致死罪の成否を論じている。大阪高裁平成14年8月21日（薬害エイズ事件ミドリ十字ルート控訴審判決・判例時報1804号146頁）〔ミドリ十字の代表取締役社長であったM，同社代表取締役副社長兼研究本部長であったSは，加熱濃縮血液凝固第IX因子製剤であるクリスマシンHTの販売を開始した後は，直ちに非加熱の同因子製剤であるクリスマシンの販売を中止するとともに，加熱クリスマシンを回収する措置を採るべき業務上の注意義務があるのにこれを怠り，その結果，大阪医大付属病院に非加熱クリスマシンを販売し，同病院において，医師をして肝疾患に伴う食道静脈瘤の硬化手術を受けた患者1名に対して非加熱クリスマシン3本を投与させ，その患者をHIVに感染させてエイズを発症させ，投薬から約9年8ヵ月後にエイズの症状である抗酸菌感染症等により死亡させたとして業務上過失致死罪により起訴された。第一審各被告人有罪〕「被告人Mは，血液製剤等の医薬品の製造販売等を業とするミドリ十字の代表取締役社長として，同社の業務全般にわたる重要な案件について協議し決定する機関である常務会と経営会議を主宰し，営業方針等について報告を受けるなど同社の業務全般を統括していたもの，被告人Sは，同社の代表取締役副社長兼研究本部長として，常務会等を構成して同社の意思決定に参画し，被告人Mを補佐して同社の業務全般に関与すると共に，エイズと血液製剤との関わりについての情報収集等の調査を含む医薬品の研究に関する業務を統括していたものであり，いずれも同社の医薬品の製造販売に伴う危険の発生を未然に防止すべき地位にあった。被告人らは，加熱クリスマシンHTの販売開始時点において，濃縮血液凝固第IX因子製剤の加熱化がこれによって状況を決定的に変化させた極めて重要な意義を有するエイズ対策であって，非加熱クリスマシンの販売を継続し，また，医療機関等に販売済みの非加熱クリスマシンを放置すれば，その投与により患者らをエイズウイルスに感染させ，エイズ発症により死亡させる危険性があることを予見することができ，かつ，血友病等の治療のため非加熱クリスマシンを販売することも販売済みの非加熱クリスマシンを留め置く

こともその必要がなかったのであるから，直ちに非加熱クリスマシンの販売を中止するとともに，販売済みの非加熱クリスマシンの回収措置を取るべき業務上の注意義務があった。すなわち，被告人Mは，代表取締役社長として，常務会等に諮るなどして，販売中止，回収の措置を実行すべき義務があり，被告人Sは，代表取締役副社長兼研究本部長として，常務会等において，販売中止等の措置を採ることを提言するとともに，被告人Mにその旨を進言すべき義務があった。ところが，被告人両名は，いずれもこの義務を怠り，加熱クリスマシンHTの販売後も引き続き非加熱クリスマシンを販売するとの営業方針を常務会等で了承し，その後も，非加熱クリスマシンの販売を継続するとともに，販売済みの非加熱クリスマシンを回収する措置を採らないという過失を犯したものである」。控訴審判決は，一審判決を量刑不当により破棄した上で，Mを禁錮1年6月（実刑），Sを禁錮1年2月（実刑）に処した。その後，両名の上告は棄却され，確定した。

　公務員にも，法令に基づき許認可権限を有するその所掌事務内において，一旦許認可を与えた後，当該許認可の前提要件が消失し，したがって，その持続効果を解消すべきこととなった時点において，当該許認可を取消す等の当該危険源を監視する保障人義務が生ずる。下記の「薬害エイズ厚生省事件」においても，法令に基づき承認権限を実質的に所掌する公務員には，一旦国によって承認が与えられていた非加熱製剤の危険性が事後的に得られた情報により認識ないし認識可能となった場合には，当該承認の取消し，承認薬剤の回収指示等の必要な危険回避措置（薬事法第69条の3〔緊急命令〕，同法第74条の2第1項〔承認取消し等〕，同法第70条〔廃棄・回収等の命令〕，医師法第24条の2〔医師に対する医療等に関する指示〕）を採り，もって結果発生を阻止する危険源監視保障人義務が生ずる。危険源に直接携わる者と並んで公務員にも監視保障人義務が課せられることにより，当該危険源から生じうる結果の発生を効果的に防止できるのである。なお，林幹人「国家公務員の作為義務」現代刑事法第4巻第9号（2002年）20頁以下，同「国家公務員の刑法上の作為義務」法曹時報第60巻第7号（2008年）57頁以下は，不真正不作為犯の作為義務を一般的に「排他的支配」の観点から基礎付け，「薬害エイズ厚生省事件」については，「危険源」の「排他的支配」から作為義務を基礎付けることができると論ずる。しかし，論者自身も「排他性」も「支配性」も弱かったと認めるように，本事案を「排他的支配」で説明しようとすると，「排他的支配」概念がどうしても希薄化せざるを得なくなる。参照，岡部雅人「公務員の過失不作為について―薬害エイズ事件厚生省ルート最高裁決定をめぐって―」姫路法学第49号（2009年）281頁以下。

　判例は，国家公務員の作為義務が問題となった次の判例でも，行為の構造論には触れていない。最高裁二小決平成20年3月3日（薬害エイズ厚生省事件上告審判決・判時2004号158頁）〔被告人は，昭和59年7月から昭和61年6月まで厚生省薬務局生物製剤課長の地位にあったが，HIVが混入しているおそれがある非加熱血液製剤について，行政上適切な措置を採らなかったため，医師からその投与を受けた患者をHIVに感染させた上，エイズを発症させて死亡させたとして業務上過失致死罪に問われた。一審判決（東京地裁）は，被害者Xに対する非加熱製剤の投与当時（昭和60年5月ないし6月）は，エイズの感染・発症等の機序に関して未解明の部分が多かった上，血友病患者の治療に適する血液製剤としては，HIV感染の危険性のある非加熱製剤しかなく，これに代替する加熱製剤はいまだ承認されていないという時期であったのに対し，被害者Yに対する非加熱製剤の投与当時（昭和61年4月）は，エイズの感染・発症等の機序に関する知見が相当深まっていた上，ミドリ十字社等の製薬会社による加熱製剤の販売が順次開始されていたという時期

か否かということではなく，何らかの方法で支配を回復して結果の発生を阻止する義務が問題となっているということである[202]。したがって，製造物がまだ工場，販売網の中にあるのか，あるいは，既に市場に出回っているのか，消費者の手中に到達しているのかに関わらず，当該状況に応じて，警告，製造物回収等の義務が生ずる[203]。

であったことから，被告人を，X関係は無罪，Y関係は有罪とした。被告人，検察官の控訴は棄却された。被告人のみ上告。Y関係のみが上告審に係属〕「本件非加熱製剤は，当時広範に使用されていたところ，同製剤中にはHIVに汚染されていたものが相当量含まれており，医学的には未解明の部分があったとしても，これを使用した場合，HIVに感染してエイズを発症する者が現に出現し，かつ，いったんエイズを発症すると，有効な治療の方法がなく，多数の者が高度のがい然性をもって死に至ること自体はほぼ必然的なものとして予測されたこと，当時は同製剤の危険性についての認識が関係者に必ずしも共有されていたとはいえず，かつ，医師及び患者が同製剤を使用する場合，これがHIVに汚染されたものかどうか見分けることも不可能であって，医師や患者においてHIV感染の結果を回避することは期待できなかったこと，同製剤は，国によって承認が与えられていたものであるところ，その危険性にかんがみれば，ほんらいその販売，使用が中止され，又は，少なくとも，医療上やむを得ない場合以外は，使用が控えられるべきものであるにもかかわらず，国が明確な方針を示さなければ，引き続き，安易な，あるいはこれに乗じた販売や使用が行なわれるおそれがあり，それまでの経緯に照らしても，その取扱いを製薬会社等にゆだねれば，そのおそれが現実化する具体的な危険が存在していたことなどが認められる。このような状況の下では，薬品による危害発生を防止するため，薬事法69条の2の緊急命令など，厚生大臣が薬事法上付与された各種の強制的な監督権限を行使することが許容される前提となるべき重大な危険の存在が認められ，薬務行政上，その防止のために必要かつ十分な措置を採るべき具体的義務が生じたといえるのみならず，刑事法上も，本件非加熱製剤の製造，使用や安全確保に係る薬務行政を担当する者には，社会生活上，薬品による危害発生の防止の業務に従事する者としての注意義務が生じたものというべきである。そして，防止措置の中には，必ずしも法律上の強制監督措置だけでなく，任意の措置を促すことで防止の目的を達成することが合理的に期待できるときは，これを行政指導というかどうかはともかく，そのような措置も含まれるというべきであり，本件においては，厚生大臣が監督権限を有する製薬会社等に対する措置であることからすれば，そのような措置も防止措置として合理性を有するものと認められる」。上告棄却。

[202] *Bramsen*, (Fn. 201), 113, 119.; *Hilgendorf*, (Fn. 201), 140 f. 参照，神例康弘「欠陥製造物の回収とその限界に関する覚書－いわゆる薬害エイズ・ミドリ十字事件刑事判決を契機として－」(『板倉宏博士古稀祝賀・現代社会型犯罪の諸問題』所収・2004年) 183頁以下。

[203] ここでドイツの判例・学説の状況を一瞥しておこう。参照，神例康博「ドイツにおける刑事製造物責任」松山大学論集第15巻第5号 (2003年) 141頁以下。岩間康夫「刑法上の製造物責任と先行行為に基づく保障人的義務－近時のドイツにおける判例及び学説から－」愛媛法学会雑誌第18巻第4号 (1992年) 41頁以下。
　ドイツ連邦裁判所は，出荷時にはその危険性の認識できなかった皮革用噴霧器を，消費

者にその使用によって肺水腫の被害が生じているにもかかわらず，回収しなかったという„Lederspray-Fall" Urteil（[皮革用噴霧器事件] 判決）において，保障人の地位を「先行した義務違反の危殆化行為」から基礎付けた。「先行行為の客観的義務違反は，行為者が既に注意義務に違反した，つまり，過失行為があったということを前提としない……そのかぎりでは，危殆化結果の法的非是認で十分である。これを招来する者の行為が個人責任の意味で非難可能か否かは重要でない」と。BGHSt 37, 106 ff., 110, 118. Vgl. *H. Frister*, (Fn. 94), 22. Kap Rn 31.

しかし，この根拠付けは一般に受け入れられなかった。行為の義務違反は事前の判断なのであって，「危殆化結果」からの事後的判断ではない。「注意義務違反」のない「客観的義務違反」なるものは認められない。本件では，行為者の作為は「許された危険」を創出したに過ぎないと。*Roxin*, (Fn. 5), §32 Rn 199.; *Rudolphi*, (Fn. 46), §13 Rn 40c.

これに対して，学説では，保障人の地位を，判例と同じく先行行為によって基礎付けるが，しかし，「義務違反」ではなく，「高度に危険な先行行為」に求める見解が有力である。*G. Freund*, (Fn. 196), §6 Rn 69「事後に具体化する損害の発生の可能性を妨げるという多かれ少なかれ明白な又は暗黙裡の－自明の理であるから－留保の付いている高度に危険を伴う行なう者は，－この活動をしたいのなら－それに相応する特別の責任に基づき行なわねばならない。代償として適切な『反対給付』をせずに，相応の利益を望むことはできない」と。わが国では，平山幹子「不真正不作為犯について（3・完）」立命館法学265号（1999年）654頁以下。しかし，この説には，構成要件該当の帰属が問題となる限り，先行行為には事前の判断において危険源創出に義務違反が認められなければならないという先行行為の基本思想に反すること，「普通の」許された危険と「高度の」許された危険の区別は実際にはできないこと，及び，製品の製造・販売といった先行行為に当初から関与しなかった者の保障人義務を基礎付けることができないという批判が加えられる。*Roxin*, (Fn 5), §32 Rn 202 ff. 参照，北川佳代子「欠陥製品回収義務と刑事責任－市販後の製品回収義務の根拠をめぐるわが国の議論－」（『神山敏雄先生古稀祝賀論文集』第1巻所収・2006年）181頁以下，193頁以下。

さらに，消費者に対する「保護機能の引き受け」という観点から，「メーカー品」の場合には高価であり且つ代価には保護機能を引き受けた代金も含まれていることを理由に「メーカー品」に限って製造物者の保障人の地位を導出する説もあるが（*B. Schünemann*, Unternehmenskriminalität, in: *Roxin/Widmaier* (Hrsg.), 50 Jahre Bundesgerichtshof. Festgabe aus der Wissenschaft, 2000, 621 ff.），この区別の合理的根拠を見出しがたいとして一般的に製造物者の保障人の地位を導出する説もある（*Roxin*, (Fn. 5), §32 Rn 210 ff）。しかし，これらの説に対しては，「擬制」に帰着するとの批判が可能である。*Weigend*, (Fn. 75), §13 Rn 53.

なお，北川佳代子・前掲論文，同「製造物責任をめぐる刑法上の問題点－ドイツ連邦通常裁判所の皮革用スプレー判決をめぐる議論を手掛かりに－」早稲田法学第71巻第2号（1996年）171頁以下，同「欠陥製品による事故と製造者の刑事責任－製品回収義務の発生根拠をめぐるオットーの分析」（『宮澤浩一先生古稀祝賀』所収・2000年）41頁以下，同「薬害エイズ三判決における刑事過失論」法学教室258号（2002年）44頁以下は，作為義務の根拠については，結果に至る因果関係を具体的・現実的に支配していたことを要求する排他的支配説に立ち，社会の期待を理由として製造者の法的地位や影響力のみを手掛かりに支配概念を拡張すべきでないとした上で，回収義務も既に流通している製品（危険源）

危険源に対する保障人義務の内容と範囲は具体的危険源から生じうる実害の予防に限定される。さらに，危険な先行行為と同じく，監視保障人の義務は自己答責原理によって限定される。例えば，安全確保措置の採られている場所を離れて，意図的に無謀な滑降をするスキー客に対しては，スキー場経営者は保障人の地位にはない[204]。

経営者，したがって，「物的支配者」が法人であるとき，経営関係的保障人義務の担い手ないし第一次的受託者は法人ではなく，その機関構成員である（ちなみに，機関構成員は法人の財産利益の保護保障人でもある[205]）。この点で，保障人義務の個別化が生ずる[206]。機関構成員でない者の保障人義務は限定され

を現実に支配したかという観点から基礎付けられるべきであるが，その際，製品が物理的には製造者の手元を離れた後も，それだけでは必ずしも事実上の支配関係が否定されるわけではなく，例えば，ドイツの「皮革用噴霧器事件」では，消費者の手に渡った製品についてはもはや製造者の支配は及ばないが，日本の「薬害エイズミドリ十字ルート事件」では，製造業者によって管理可能な流通ルートに置かれたといえ（「製販一体性」），市販後も引き続き製品に対する安全監視が行なわれている場合には，なお事実上の支配が認められるし，「薬害エイズ厚生省ルート事件」では，生物製剤課長は，国内に出回る生物製剤の安全管理を最終的に引き受けており，それは製薬会社に対する監督指導を通じても行なわれていたのであるから事実上の支配が及ぶと論ずる。しかし，本説には，危険源の現実的支配の有無の問題がいつの間にかそれ自体としては危険でない流通経路の支配の有無に変質しているので，複雑な流通経路を介在させると，保障人義務の成立が否定されるということになるとの批判が加えられていた。参照，岩間康夫「製造物責任と不作為犯論」現代刑事法第4巻第9号（2002年）26頁以下，28頁。鎮目（注196），363頁。このような批判を受けて，その後，北川佳代子「欠陥製品回収義務と刑事責任」（『神山敏雄先生古稀祝賀論文集第1巻』所収（2006年）181頁以下，201頁以下は，「薬害エイズ事件で問題になった，安全性がとくに重視される医薬品のような場合には，(旧)厚生省や製造業者らによる重複した製品に対する市販後の安全監視がなされている事情をも考慮する必要がある。また，自動車のように製造業者が市販後も販売店を通じて製品等の安全保証のためにユーザー管理を行なっている場合にも同様のことがいえる。このような場合には，製造業者らには販売後の製品に対する影響力しか認められないのではなく，製品の安全管理についての自己の意思に基づく引受けがあり，製品の使用者がそれに依存している事実関係，すなわち，とくに安全管理面での事実上の支配・依存関係が認められるために，製品回収義務を肯定できる」と論じることになった。しかし，そうなると，上記のドイツで主張されている「保護機能の引き受け説」に対する批判がそのまま当てはまる。参照，岩間康夫（注149）119頁。

[204] *Kienapfel/Höpfel*, (Fn. 6); Z 30 Rn 22a.; *Steininger*, (Fn. 2), §2 Rn 93.; *Hilf*, (Fn. 1), §2 Rn 122.
[205] *Hilf*, (Fn. 1), §2 Rn 89.; *Kienapfel/Höpfel*, (Fn. 6), Z 30 Rn 5.
[206] *M. Böse*, Die gesellschaftlichen Regeln über die Geschäftsführung als Grenze

たものになる[207]。

　保障人義務は委譲することができる（垂直的権限分与）。他でもなく企業においては，監視義務のそして又保護義務の委譲もかなり重要な役割を果たす。義務を引き受ける従業員（中間管理職，その下位の従業員）は，完全なないし協定した範囲内において委任者の保障人の地位を引き受け，その結果，保障人として他者の義務を引き受けなければならない。但し，自己の保障人義務を果たすために，従業員にその義務を委譲する者は，依然として，選任責任，監督責任ないし管理責任の範囲内で，被委譲者と並んで自らも刑法上の責任を負う[208]。ここに，物的支配を根拠とする負責から他者の行為に対する負責への変遷がみられるのである[209]。もっとも，この場合，中間管理職の側の過失が認められることが多いであろう。従業員への信頼がおおきくなるほ

---

von Garantenpflichten am Beispiel der strafrechtlichen Produktverantwortung, wistra 24. Jg., H. 2 (2005), 41 ff, 42.; *Kühl*, (Fn. 51), § 18 Rn 103a.

[207] *Hilf*, (Fn. 1), § 2 Rn 123.

[208] *Steininger*, (Fn. 2), § 2 Rn 103.; *Hilf*, (Fn. 1), § 2 Rn 124.
　参照，福岡地裁小倉支部判決昭和53年3月24日（カネミ刑事事件・判例時報885号17頁）〔カネミ倉庫株式会社が製造した米ぬか油の中に，熱媒体カネクロール（PCB）が混入していたため，これを経口摂取した約890名の者が，有機塩素中毒，いわゆる油症に罹患した事案。当時，右カネミにおける米ぬか油製精の責任者たる工場長Mと米ぬか油製造部門を担当していた代表取締役社長Kが業務上過失致傷罪に問われた。第一審は工場長には有罪判決を言い渡したが，社長には無罪を言い渡した。その無罪理由として判示されたことは，カネミ本社工場における製油業務の技術的側面，すなわち，製油工程，その装置の管理，製品検査等一切は，被告人Mに全面的に委ねられており，被告人Kは，ほとんど関与せず，また，その能力も持ち合わせていなかった，本件カネクロールの管理についても被告人Kには具体的職責が無かった，加えて，被告人Kには，本件脱臭装置につき，それに用いられているカネクロールが過熱分解を起こすことのない適切な装置の配置や運転操作の方法，あるいは，右装置の増設，改造，修理及びその点検等による運転上の各管理等に関する技術的，具体的業務につきその職責になく，また，これらの直接責任者である被告人Mに対し，右の諸点に関して具体的，個別的な指示監督を行い，あるいは，その遂行を監視督励すべき立場にも実質的にはなく，その能力も有していなかった，被告人Kとしては，結局，会社全体の，あるいは製油部の統括責任者として，その業務全般にわたり，一般的，抽象的にこれを掌握統括するという広範な職責から，右の諸点についての一般的，抽象的な監督責任すなわち統括責任を有するものの，本社工場の一部門における多数の装置中の1つに過ぎない脱臭装置に生じた本件結果につき，その回避措置をとり得べき立場にはなかったというものである〕。

[209] *E. Schlüchter*, Der Kaufmann als Garant im Rahmen der unerlaubten Gewässerverunreinigung, in: Festschrift für H. Salger, 1995, 139 ff., 151.

ど，本来の監視義務者である義務委譲者への要求はそれだけ減少する[210]。

　水平的管轄分配も可能である。企業は，株式会社の取締役会のように，集団管理形態をとる場合が多い。したがって，営業担当とか技術担当といった業務分担が個々の管轄部門責任者の刑事責任に与える影響如何という問題が生ずる。会社法上の準則に応じて，内部的管轄分与の場合であっても，基本的には，機関構成員全員が規範名宛人として，したがって，刑法上の責任を負う。しかし，可能性，期待可能性といった規準から出立すると，管轄を有していない機関構成員に「連帯責任」の意味での責任を肯定するためには，その機関構成員が義務違反を知っていたか，少なくとも危険な状況を知っていたか，又は，これを思いつかねばならなかった場合に限られるべきである[211]。第一次的責任は管轄部門長にある[212]。信頼の原則が働くから，その他の管轄を有しない機関構成員は限定的責任を負うに過ぎない。他の管轄部門による継続的監視は，異常であるとか，不十分であるとかが明らかにならない限り，要求されない。管轄機関構成員の業務執行を信頼することが明らかにもはや適当ではない場合に初めて共同責任が生ずる[213]。

e　その他

緊密な自然的結びつき　緊密な自然的結びつきも保障人義務を基礎付けるとの見解が見られる。兄弟姉妹，生活伴侶，婚約者関係においては，お互いに生命，身体に対する重大な危険を回避する義務を負うというのである。もっとも，こういう関係にあることが直ちに保障人義務を基礎付けるものではなく，法的（少なくとも保護者機能を実際に引き受けたことで具体化された）基礎があること，単に倫理的・道徳的基礎があるに過ぎないのではないことが前提とされる。縁戚関係，姻戚関係は緊密な自然的つながりの範囲外にある。例えば，3歳の女児が水泳場で溺れているとき，一緒に来ていた18歳の姉には

---

[210]　*Steininger*, (Fn. 2), §2 Rn 103.; *Hilf*, (Fn. 1), §2 Rn 124.
[211]　*Schlüchter*, (Fn. 209), 152 ff., 161 ff.
[212]　*J. Schmidt-Salzer*, Strafrechtliche Produktverantwortung, NJW 1990, 2966 ff., 2970.
[213]　*Hilf*, (Fn. 1), §2 Rn 129.

殺人罪の救助義務がある[214]。

しかし，緊密な自然的結びつきがあるというだけで直ちに保障人義務を認めるのは妥当ではない。緊密な自然的結びつきがあるということから独自の保障人義務を導くには，予期に反した法律の欠缺があることを要するが，この場合，そのような事情は認めがたく，法類推に基づく保障人の地位は否定される[215]。緊密な自然的つながりがあるということは，任意の義務引き受け又は危険を基礎付ける先行行為の範囲内において付加的役割を果たすにすぎず，独立した機能を有するものではない[216]。

(3) わが国の最近の諸学説

わが国でも，従前，保障人の地位の発生根拠を法令，契約・事務管理，慣習・条理といった法源によって形式的に分類するのが一般であったところ[217]，ドイツ語圏刑法学では，保護義務，監視義務という実質的観点から，作為義務の内容，限界を根拠付ける考えが支配的となってきた。これに対応して，わが国でも，作為義務を形式的に根拠付けるのではなく，実質的に根拠付ける方向にあるが，その際，一元的に，しかも規範的にではなく，事実的に保障人の地位を基礎付ける傾向が強いようである[218]。以下では，近時の学説の動向を概観し，その問題点を簡潔に指摘しておこう。

a 先行行為説

この説は，作為は因果の契機を与え，不作為は単に因果の契機を放置して

---

[214] *Kienapfel/Höpfel*, (Fn. 6), Z 30 Rn 12 f.; *D. Kienapfel*, Die Garantenpflichten (§ 2 StGB): System, Voraussetzungen und Grenzen, JBl Jg. 97, Heft 3/4, 1975, 80 ff., 85.
[215] *Triffterer*, (Fn. 8), 14. Kap Rn 34, 56.; *Fuchs*, (Fn. 1), Kap 37 Rn 48.; *Steininger*, (Fn. 2), § 2 Rn 34, 44.; *Lewisch*, (Fn. 89), 117.
[216] *Hilf*, (Fn. 1), § 2 Rn 73.
[217] 團藤（注60）149頁以下。大塚（注58）142頁以下。
[218] 参照，内田文昭「保障人的地位の根拠」（阿部純二他編『刑法基本講座第2巻』所収）1994年・93頁以下，99頁。中森喜彦「保障人説－その推移と意義－」現代刑事法第4巻第9号（2002年）4頁以下，6頁。

いるにすぎないから，本来，両者は構成要件的に同価値ではないというところから出立する。両者の同価値性を認めるためには，不作為者が，自己の過失の先行行為によって因果を設定することが必要であると[219]。

本説には，先ず，先行行為がないときには作為義務が常に否定されるところに問題がある。本説は，不真正不作為犯をそれ自体として原因力を有する作為犯に引き付けて構成しようとするのであるが，しかし，作為と不作為の同価値性はこの両者の関係で不作為について問題となるのであって，過去の先行行為によって作為と不作為の存在構造上の溝を埋めることはできない[220]。本説は，先行行為が過失に基づくことを要求しているが，そうすると，例えば，保冷庫に人を閉じ込めてしまった者に，そのことに過失が無かった場合，閉じ込められた人を解放する作為義務が否定されることになるが，それは妥当ではなかろう[221]。

b 事実上の引き受け説（具体的依存性説）

この説は，作為義務は単に自然的な因果力の問題でも，因果経過の支配の問題でもなく，不作為者と被害者との社会的諸関係により生ずる義務があるということから出立する。作為義務は，不作為者と結果との依存関係，不作為者の法益に対する密着性という事実関係，すなわち，当該法益の保護（結果の不発生）が不作為者に依存するという関係に基づくことを意味する。このような依存関係は，不作為者が法益の保護を事実上引き受けている場合に肯定される。かかる事実上の引き受行為の存否は，①法益の維持・存続を図る行為（結果条件行為）の開始，②そのような行為の反復・継続性，③法益に対する排他性の確保という重畳的基準に基づいて具体的に判断されると[222]。

---

[219] 日高義博（注165）152頁以下。
[220] 曽根（注165）16頁。佐伯仁志「不作為犯論」法学教室・288号（2004年）54頁以下，57頁以下。中森（注218）6頁。
[221] 佐伯（注220）60頁。
[222] 堀内捷三『刑法総論』（第二版）2004年・60頁以下。同『不作為犯論』1978年・253頁以下。この説によると，「皮革用噴霧器事件」のような「製造業者，販売業者の手元を離れて流通している製造物については製品に対する排他性が確保されているとも，危険物が自己の支配領域内にあるともいえない。従って，製造会社にも市場に出回っている製品を

本説によると，子供を餓死させた母親が作為義務を有するのは，母親と子供という関係によるのではなく，子供の生命という法益が母親の行為に依存する関係が生じているからだということになる。しかし，事実上の引き受けが無くとも，不作為者に依存する状態は発生しうるのであり，法益の依存を事実上の引き受けに限定する理由が明らかでない。本説規準①によれば，例えば，母親の不在中に家にいるが一度も乳児の世話をしたことのない父親とか，仮死状態で生まれた赤ん坊を放置する母親には作為義務は否定されることになりそうである[223]。もっとも，本説の論者は作為義務を肯定する。しかし，子供が溺れている川の側をたまたま通ったその親には，作為義務が否定されることになろう。さらに，規準②によると，最初から保護を引き受けなければ作為義務は発生せず，一時的にでも保護を引き受ければ作為義務が生ずるということになるが，これは均衡を失するといえよう。例えば，一人暮らしの老人が健康を害して餓死しそうになっている場合に，それを見て見ぬふりをする隣人には作為義務が発生せず，何度か食事を運んであげると作為義務が生ずるということになる[224]。規準③については，他にも救助可能な者

リコールすべき作為義務は生」じないことになる。同「製造物の欠陥と刑事責任－その序論的考察－」研修546号（1993年）8頁以下。これに対して，本来，本説は被害者の保護に関する排他性を問題としていたのに，ここでは製造物に対する排他性を問題としていて，問題のありどころの認識に欠けるとの批判が可能である。参照，鎮目征樹「刑事製造物責任における不作為犯論の意義と展開」『本郷法政紀要』8号（1999年）343頁以下，363頁。

浅田和茂『刑法総論』2005年・159頁も，事実上の引き受け説を支持するが，問題は，いかなる場合に結果不発生の事実上の引き受けが認められるかであり，個人的法益の場合は，被害者が現に置かれている状態を顧慮しつつ，その被害者の法益について配慮すべき地位にあること，公共的・国家的法益の場合は，結果発生の有無が行為者の支配内にあることが，主要な判断基準になると論ずる。

[223] 参照，中森（注218）6頁。東京高判昭和35・2・17下刑集2巻2号133頁〔仮死状態で出生した嬰児が放置され，死亡した事案。「被告人は……嬰児が生きて生まれたことを認識していたのであるから，母親として，直ちに嬰児の生存のため必要，適切な保護をなすべき義務があった筈であり，故意にこの義務を履行せず，よって嬰児の死亡の結果を招来したときは，その責任を負わなければならぬことは当然である」。殺人罪成立〕。

これに対して，前田雅英『刑法総論講義』第四版・2006年・131頁は，事実上の引き受け説と同様に，親の子に対する義務は民法上の扶養義務から形式的に発生するのではなく，従来から継続的に食物を与え続けてきたこと等の事実から作為義務が発生すると主張する。

がおり,「他を排して」はいなくても,なお密接なことはありうるから,密接性から「排他性」を直ちに導くことはできない[225]。

c 法益存立の依存関係説

この説によると,乳児の生命・健康の保全が親に依存している場合のような顕在的依存関係の場合,被依存者の不保護は直ちに生命・身体・財産その他の法益の侵害をもたらすので,当該不作為は作為によってこれらの法益侵害の危険をもたらす場合と同視するにふさわしく,そこに保障人義務の発生根拠がある。これに対して,健康な生活を送っている夫婦の一方が病気その他の事由で身動きできなくなったとき,他方が面倒を見る場合のように,潜在的依存関係にある場合には,第1に,夫婦生活共同体関係,家族生活共同体関係,危険共同体関係,監督者・被監督者関係,危険物の管理関係及び一定の法益の保全引き受け関係等のように当該不作為者と被害者,被監督者,危険物との間に特別の事実関係が出来上がっていること,第2に不作為者には法令上の義務,契約上の義務,事務管理上の義務,危険管理義務等の何らかの法的義務があること,第3に,当該不作為者が当該法益の存否について事実上支配している地位にあることの3つの条件の下で,保障人義務が生ずる[226]。

本説は,一方で,事実上の引き受けだけですべての保障人義務を導出することは狭すぎると指摘し,他方で,過去からの特別な事実関係があるということが法益存立の前提であるから,先行行為による保障人義務は根拠づけられないと主張する[227]。「皮革用噴霧器事件」のように,製品が消費者の間に出回った後,その製品が有毒物を含有し,生命・身体に害を及ぼすことが判明したとき,関係者の手を離れた当該製品につき,事実上の管理ないし支配関係がないので,保障人義務は生じない[228]。本説は,先行行為に基づく保障

---

224) 佐伯(注220)58頁。
225) 島田聡一郎「不作為犯」法学教室・263号(2002年)113頁以下,114頁。
226) 神山(注69)214頁以下。
227) 神山(注69)206頁,216頁。
228) 神山(注115)24頁。

人義務を否定する等，保障人義務の範囲を狭めすぎると云えよう。

d　物理的危険創出行為，法益・危険源の意識的引き受け説

この説は，排他的支配は不作為犯の正犯を基礎付けるための規準であるが，保障人の地位を基礎付けるための規準ではないこと，作為義務が人の行動の自由への強度の制約を意味するから，それを正当化する事情が必要であるというところから出立する。したがって，先ず，行為者が法益が失われる危険性を故意，過失または無過失を問わず何らかの形で高めた場合に保障人の地位が発生する。危険創出行為は，それ自体が処罰の対象ではなく，そこには責任主義は妥当しないというのがその理由である。次に，現代の社会的分業の時代においては，脆弱な被害者や危険物の管理をある一定の社会的役割についている者に委ねざるを得ず，このような場合，当該地位に自らの意思でついたとき（法益あるいは危険源に対する意識的引受け）保障人の地位が肯定される[229]。

本説は先行行為説と事実上の引受け説を継承・発展させたものといえよう。本説の問題点は，物理的危険創出行為につき過失，無過失を問わないということは，作為義務を広げすぎることに繋がるところにある。

e　排他的支配（因果経過支配）説

この説は，事実上の引き受け説の規準③を発展させたものである。本説は，作為が結果へと至る因果の設定であるのに対し，不作為は因果経過の放置であることから出立する。それ故，不作為が作為と構成要件的に同価値であるためには，不作為者が，すでに発生している因果の流れを自己の掌中に収めることが必要である。このことは自己の意思に基づく排他的支配の獲得を要求する。これと区別されるのが，自己の意思に基づかない排他的支配（例えば，朝起きたら玄関に赤ん坊が置き去りにされていたという場合）であり，「支配領域性」と名付けられる。この場合，作為義務を基礎付けるためには，親子

---

[229]　島田（注225）116頁以下。

関係や建物の管理者・警備員であるなどの「社会継続的な保護関係」という規範的要素が必要である。これに対して，支配領域性があっても，先行行為は作為義務を根拠づけない[230]。

　本説は，基本的には，事実上の引き受け説に立脚しながら，作為義務を規範的観点から多少拡張したところに特徴がある。この説の問題点は，先行行為に基づく保障人義務を一切認めないところにある。次に，親子関係などの「社会継続的」な保護関係がある場合にも作為義務を肯定するが，不明確な規準のために，恣意的適用が免れがたいということも指摘できる。例えば，建物の所有者がその中に浮浪者が泊まり，餓死しそうになっているのを発見しながら，放置するとき，殺人罪の意味での因果経過の支配があるとはいえないように思われるが，それでも作為義務を肯定するのか不明である[231]。さらに，規範的支配がある場合，例えば，子供が溺れているのを親が発見したが，近くに救助可能者が多数いるような場合，排他的支配を前提とする支配領域性が欠如することを理由に，作為義務を否定するが，そこにも疑問がある。

---

[230]　西田典之「不作為犯論」（芝原邦爾等編『刑法理論の現代的展開　総論』所収・1990年）189頁以下。同（注44）116頁以下。
　山口（注35）88頁以下は，排他的支配（因果経過支配）説を基本的に支持しながらも，作為犯においても因果経過を最後に至るまで支配する必要はないという観点から，「因果経過の支配」ではなく，「結果原因の支配」の有無を問題とするべきだとして，それが肯定される場合として，①法益の脆弱性の支配（例えば，親が子を養育している場合）と②危険源の支配（例えば，危険な装置や事業を運用する場合）を指摘する。本説も先行行為に基づく保障人の地位を一切認めない。
　林（注44）162頁以下も，排他的支配という概念を用いて保障人の地位を基礎付けるが，しかし，その概念本来の事実的・物理的概念としてではなく，社会倫理的・規範的概念として用いている。それは，「作為義務の根拠は，自ら法益に排他的な支配を設定したということにある」とし，続いて，「自ら他人が救助しえないような状況に被害者を追い込みながら，放置することは，許されない」とするところから明らかである。例えば，夜の山道で誰も通らないような所で，自動車でそこを通りががかったというだけで作為義務を認めることはできないが，自ら人を轢いたような場合には，排他的支配を自ら設定したとしてよいと。「排他的支配」というのは論者によってその意味内容を異にする玉虫色の概念であるといえよう。参照，岩間康夫「わが国における保障人的義務発生根拠の一元的説明に関する諸問題－特に『排他的支配』基準について－」大阪学院大学法学研究29巻2号（2003年）99頁以下，111頁以下。
[231]　山中敬一『刑法総論』（第二版）2008年・234頁。佐伯（注220）59頁。

f 排他的支配，危険創出（増加）説

　この説は，（排他的）支配領域性説と同じく，保障人の地位を基礎付けるためには，不作為者が作為の場合と同様に結果の発生を支配していることが必要であり，したがって，排他的支配が要件となることから出立する。但し，これだけで保障人の地位を認めると，偶然に排他的支配を有した場合にまで含められることになり，広がりすぎる。そこで，その限定要件として，積極的に法益に危険を与える行為をしなければ処罰されないという自由主義の観点からすると，行為者が危険を創出又は増加させたことを付加する必要がある。先行行為説も危険創出を根拠としているが，それだけでは保障人の地位が広がりすぎるので，これを限定する要素が排他的支配である。結局，本説は先行行為説と事実上の引き受け説を統合・再構成した説である。刑事上の製造物責任の問題，つまり，製品を製造販売した時点では，その製品の危険性を知ることができなかったが，販売後に危険性が分かったにもかかわらず，これを回収しなかったため，これを使用した消費者が製品の欠陥が原因で死亡した場合，危険創出も排他的支配も認められると[232]。

　本説によれば，危険創出行為は危険なものであれば足りる。したがって，正当防衛を行った者に対する保障人の地位が認められることもありうる[233]。排他的支配は場所の管理支配とは関係がない。例えば，人里離れた山中で被害者に命に関わる怪我を負わせた者には，被害者を救助する保障人の地位が肯定される。特別の知識に基づく排他的支配も認められる。例えば，保冷庫に人が閉じ込められたことを知った者には，保冷会社の従業員ではなくても，排他的支配が基礎付けられると[234]。

　危険創出を要件とすることに対しては，先ず，原理的視点から，他人のための作為は自由主義の例外として要求されるのであるから，不真正不作為犯の制約原理として危険創出行為の存在を要求することは適切でないとの批判

---

[232] 佐伯仁志「保障人的地位の発生根拠について」（『香川達夫博士古稀祝賀・刑事法学の課題と展望』1996年所収）95頁以下。佐伯（注220）59頁以下。
[233] 佐伯（注220）60頁注25。
[234] 佐伯（注220）60頁。

が可能である[235]。次に，実際問題として，本説によると，母親が子供を産んだ後そのまま放置して死亡させた場合，危険創出が認められず，不作為の殺人罪は成立しないことになるが，親子関係がある場合に作為義務を否定するのは妥当ではない[236]。もっとも，これに対しては，本説の主唱者は，病院で出産することが通常である現在の状況では，他の者の援助の得られない自宅でこっそり出産することが，生まれてきた赤ん坊に対する危険創出と考えられると反論している[237]。しかし，病気に罹った子供を放置して死なせてしまった親には，危険創出行為がないので，不作為による殺人罪の成立が否定されることになろうが，果たしてそれでよいのであろうか。

排他的支配の要件についても批判が可能である。本説によれば，子供が池で溺れている場合に，池の近くにいる者が父親だけであれば父親に保障人の地位が認められるのに，他に救助できる人がいれば保障人の地位が認められなくなりそうである[238]。これにつき，排他的支配を肯定する見解も散見されるが[239]，本説の主唱者は，周りの人間が父親が助けると考えて救助を控えた場合のように，現実の信頼が存在している場合には，排他的支配が認められるが，そのような事情がない場合には，排他的支配は認められないと反論している[240]。しかし，排他性の有無を，偶然に周りにいた人々の主観的状況判断に依存させることは適切ではない[241]。

g 効率性説

この説は，不真正不作為犯の処罰根拠は，結果回避が可能であったにもかかわらず，それを為さなかったという意味での因果関係で十分であるということから出立する。そうなると，救助能力のある者は皆不真正不作為犯の行

---

[235] 中森（注218）6頁。
[236] 林（注44）162頁。
[237] 佐伯（注220）61頁。
[238] 林（注44）162頁。
[239] 井田（注58）42頁。
[240] 佐伯（注220）62頁。
[241] 岩間（注230）111頁。

為者になりそうであるが，本説は，保障人の地位によって不真正不作為犯の主体が限定されなければならないとする。その理由は，結果回避可能性を有する複数の者がおり，それらすべてを処罰することは国民の自由の過剰な制約となるので，主体を選択する必要があるというところにある（刑法の謙抑性）。そこで，先ず，法の下の平等という観点から，「結果回避措置を最も効率的に為しうる主体のみが保障人的地位に該当する」。主体として選別される者は，「法益が危殆化された状況下で，結果回避命令を遵守することによって負担しなければならないコストが，最も小さい行為者である。それは，最も効率的に（低コストで）結果回避措置（期待される作為）をなしうる主体である」。次に，不真正不作為犯は命令規範によって行為者から行為選択の自由を剥奪するものであるから，事前にそのような地位に就くことについて行為者に選択の機会が保障されるべきであるという観点から，「行為者が自らの意思に基づいて，結果に実現した危険と行為者との間に，他者が介入する可能性を減少させる関係が成立することを受け入れたという事情が存在しなければならない」。例えば，貰い受けて養育した嬰児に食物を与えずに死亡させた場合には，事前の選択が肯定されるが，陣痛を催した者が便秘による腹痛と思い便所に入っているうちに，嬰児を便層内に産み落とし，咄嗟に殺害を決意して放置して，死亡させた場合には，事前の選択が否定される[242]。

　不真正不作為犯の成立範囲をかなり限定する本説には次のような批判が可能である。第1に，結果回避可能性を有する複数の者から犯罪行為主体を選択するということは，不作為犯固有の問題ではなく，作為犯にも当てはまる。第2に，故意作為犯への不作為による加功の場合，結果回避措置を最も効率的にとれる者は作為者であるから，不作為者は不可罰となろう。これは支持し難い帰結である。この帰結を避けようとすれば，最適効率性の観点からの結果回避措置を事案ごとに個別に判断すべしということになりそうであるが，そうすると，誰が最も効率的に結果を回避できるかの判断規準を明確にしなければなるまい。第3に，最適効率性という経済学的・経営学的概念

---

[242]　鎮目（注222）353頁以下。

で保障人の地位を決定することの妥当性についても疑問がある。結果回避の効率性において劣っている者であっても保障人たりうるのである。刑法は，社会倫理に基礎をおく「責任刑法」であり，社会倫理から遊離した「安全管理法」ではないのである[243]。

h 機能的二分説

この説は，作為義務の発生根拠を，当該法益を保護すべき関係に立つ「法益保護型」と，危険源を管理・監督すべき「危険源管理監督型」にわけて論ずる。法益保護型の保護義務の発生根拠として，規範的保護関係（例えば，親子関係），制度的・任意的保護関係（例えば，子守契約）及び機能的保護関係（捨て子を拾って世話をする）がある。危険源管理監督型の管理・監督義務の発生根拠として，危険な物・設備に関する管理義務（例えば，猛獣が檻から出ようとしているのを傍観する飼育者），人の危険行為に関する行為義務（例えば，幼児の違法行為を止めない親）及び不可罰の先行危険創出行為（例えば，過失で他人を監禁し，その後その事実に気づきながらも放置する者）がある[244]。

本説は，近時のドイツ刑法学説の傾向を踏まえた上で，保障人の地位の根

---

[243] 島田（注225）116頁。佐伯（注218）62頁。
　効率性説は，ドイツの「皮革製品用噴霧器－判決」（参照，本書第2章Ⅰ5，6(2)d）に見られる刑事製造物責任が問題となる場合について，次のように論ずる。「効率性」の判断に当たっては，製品の危険性についての情報を掌握しているだけでは足りず（企業外部の者も製品の危険性を認識している場合がありうる），回収措置を為すこと等の結果回避措置を為すことについて，企業の意思決定権限を有していることが必要（代表取締役が製品回収についての決定権を下位の者に委譲していることもある）である。次に，「事前の選択」の判断に当たっては，①当該製品を製造・販売をするという企業の意思決定を行なったと認めるに足る行為，②回収等について，事実上の決定権を有する地位に就いたという行為が対象となり，①については，企業は一般に製品の安全性に関する情報等を集中的に管理し，この情報に消費者がアクセスすることは困難であり，このような状況下で「危険な製造物」を製造する企業の意思決定が為されることによって，他者が危険な結果の実現を阻止できなくなる，②については，安全性についての情報が集中する地位に自らの意思で就いた，それ故，将来的に自分自身が効率的地位に就くことを選択したことになる。鎮目（注222）369頁。そうすると，本説によれば，製造物の「危険情報」を掌握していない企業の意思決定権限者は常に保障人の地位を免れることになろう。参照，岩間康夫『製造物責任と不作為犯論』2010年・123頁（注37）。
[244] 山中（注231）234頁以下。

拠付けと保障人義務の機能を分けて論じている。しかし，犯罪理論体系的には，保障人の地位が先に論じられ，しかる後，保障人義務の機能が論じられるべきだと思われるところ，本説には，機能論が前面に出されているため，不真正不作為犯の範囲の拡大に繋がりかねないのではないかという問題がある。

i 準作為犯説

この説は，一定の範囲で類推を許容することも，また作為犯規定に不作為を読み込むことも許されないということから出立し，不真正不作為犯を「偽装された作為」とみなし，不作為の中に作為に準ずる性質のものを探し出す，つまり，不真正不作為犯を「準作為犯」と見る。すなわち，作為に付随する不作為や結果への因果を起動する「先行行為」のある場合に，結果に向かう因果経過を，行為者の「延長された腕」による作為と「みなして」，そこから，それが他者を危険にさらされないように配慮する「義務」を引き出す。例えば，自動操縦中に線路上のまだ停止できる距離に人間を認めた列車運転手は，手動ブレーキをかけなかった場合，列車運行を組織した者として，殺人・傷害などの作為犯規定で処罰されるが，ひとたび衝突事故が起きた後の，被害者を救助しなかったという不作為については，もはや事象は「延長された腕」をも離れており，純粋な不作為犯規定（せいぜい保護者遺棄規定）でしか処罰されない[245]。

本説は，「不作為」を作為とみなす「延長された腕」という構想そのものに問題があること，及び，それがどこまで及ぶのかという点で不明確なところに問題があるのみならず，「不真正不作為犯」の成立を大幅に制限する点で，その帰結においても支持できない。

(4) わが国の判例

わが国の判例は，保障人の地位の成立根拠についての一般的原理を示すこ

---

[245] 松宮孝明『刑法総論講義』（第三版）2004年・86頁。

となく，具体的事案に即した判断を下している。ここでは，本章Ⅰ6(2)において詳説された保障人の地位の成立根拠に関する立場に立脚して，判例を一応次のように整理して，概観することとする。

a　法令・任意の義務引き受け（契約）

①大判大正 4・2・10刑録21・90［嬰児餓死事件］。被告人は，契約により，6ヶ月未満の嬰児を預かったが，食事を与えず死亡させたという事案。大審院は，「法律ニ因ルト将契約ニ因ルトヲ問ワス養育ノ義務ヲ負ウ者カ殺害意思ヲ以テ故ラニ被養育者ノ生存ニ必要ナル食物ヲ給与セスシテ之ヲ死ニ致シタルトキハ殺人犯ニシテ刑法第百九十九条ニ該当シ単ニ其義務に違背シテ食物ヲ給与セス依テ之ヲ死ニ致シタルトキハ生存ニ必要ナル保護を為ササルモニシテ刑法第二百十八条第二百十九条ニ該当ス要ハ殺意ノ有無ニ依リ之ヲ区別スヘキモノトス」と判示して，不作為による殺人罪の成立を認めた[246]。

b　先行行為

先行行為に関わる判例としては，先ず，**放火罪**についてのものが重要である。

②大判大正13・3・11刑集17・237［神棚蝋燭引火事件］。被告人が点火した神棚の蝋燭が倒れかけているのを認めながら，火災になれば保険金を取れるだろうと思って，そのまま外出したところ火災になったという事案。大審

---

[246]　その他の下級審判決として，名古屋地岡崎支判昭和43・5・30下刑集10巻5号580頁〔被告人は，家出した妻が知人に預けた生後8ヶ月の子を受け取り，一旦は食事を与えたものの，妻が帰宅しないため自暴自棄になり，何等飲食物を与えず放置したため，その子は餓死したという事案。不作為による殺人罪が成立〕。福岡地久留米支判昭和46・3・8判夕264号403頁〔被告人は，陣痛を催していたが，便秘による腹痛と思い何度も便所に入っているうちに，嬰児を便層内に産み落としたことに気づいたものの，咄嗟に殺害を決意し，当該嬰児を便層内に放置し死亡させたという事案。不作為による殺人罪が成立〕。東京八王子支判昭和57・12・22判夕494号142頁〔被告人は，自宅に住まわせていた従業員に暴行を加え，骨折等の傷害を負わせが，重篤な症状を呈するに至ったにもかかわらず，犯行の発覚をおそれて医師による治療を受けさせず，化膿止めの薬品を投与する等の措置を採るにとどまったため，同人を死亡させたという事案。不作為による殺人罪成立〕。

院は，「自己ノ故意ニ帰スヘカラサル原因ニ依リ火カ自己ノ家屋ニ燃焼スルコトアルヘキ危険アル場合其ノ危険ノ発生を防止スルコト可能ナルニ拘ラス其ノ危険ヲ利用スル意思ヲ以テ消火ニ必要ナル措置を執ラス因テ家屋ニ延焼セシメタルトキモ亦法律ニ所謂火ヲ放ツノ行為ヲ為シタルモノニ該当スル」と判示して，不作為による放火罪の成立を認めた。この判決は，自己の過失という先行行為を重要視している。本判決は，後掲大正 7 年大審院判決と同じく，不作為による放火罪の成立要件として「利用する意思」という主観的要件を要求している[247]。

③最大判昭和33・9・9刑集12・13・2882［股火鉢引火事件］。被告人は，工務室でうたたねをしてから事務室に戻ってきたところ，同室で残業していたときに，机の下において暖をとっていた火鉢から出火していたにもかかわらず，自己の失策の発覚を恐れるあまり，そのまま営業所を立ち去ったために火災となったという事件である。最高裁は，「被告人は自己の過失により右原符，木机等の物件が焼燬されつつあるのを現場において目撃しながら，その既発の火力により右建物が焼燬せられるべきことを認容する意思をもってあえて被告人の義務である必要且つ容易な消火措置をとらない不作為により建物についての放火行為をなし，よってこれを焼燬したもの」と判示して，自己の過失行為としての先行行為を保障人義務の発生根拠としている[248]。本判決は前掲大正13年大審院判決，後掲大正 7 年判決とは異なり，不作為による放火罪の成立要件として「利用する意思」を要求していない[249]。

---

[247]　團藤（注60）151頁は，「神棚蝋燭引火事件」について，不作為による放火が違法であり，且つ「焼燬」の結果に対する原因になったことはたしかだが，それだけでは足りず，「既発の危険を利用する意思」が認められたからこそ，放火罪の定型に当たると論ずる。

[248]　参照，岩間康夫「不作為による放火」（別冊ジュリスト『刑法判例百選Ⅰ　総論』（第六版）所収）2008年・12頁以下。
　下級審判決として，広島高岡山支判昭和48・9・6判時743号112頁〔被告人は，夜間事務室に侵入し，机の引き出しから現金を摂取する際，硬貨を床に落としたため，紙たいまつに点火してそれを拾い集めたが，その際，紙たいまつの火が机上の紙類に燃え移ったところ，犯行の発覚を恐れて消火せずにその場を立ち去ったという事案〕。

[249]　藤木英雄『刑法講義総論』1975年・135頁以下は，不真正不作為犯の成立には，重大な作為義務違反が認められるばかりでなく，「既発の状態を利用するか，すくなくとも意

次に，**殺人罪**に関わる判例が重要である。

④前橋地高崎支判昭和46・9・17判時646・105 ［身体障害者山中置き去り事件］。被告人は，小児麻痺のために歩行困難な被害者をだまして所持金を奪おうと企て，厳寒期の深夜，同人を自動車に乗せて人気のない山中に連行し，所持金を奪った上，置き去りにして立ち去ったが，被害者は一晩中付近を這いずり回り，山小屋にたどり着いて救助されたという事案。裁判所は，「被告人は，……まさに自らの先行行為によって被害者の生命に危険を生じさせたものであって，当然同被告人には，その場所において被害者の生命の危険を除去しまたは被害者を安全な場所まで連れ帰るべき法的義務（作為義務）がある。したがって，同被告人の前記不作為は右作為義務に違反する不作為である」と判示して，不作為による殺人未遂罪の成立を認めた。

⑤最決平成17・7・4刑集59・6・403 ［シャクティ治療殺人事件］。点滴等の医療措置が必要な入院中の患者を退院させてその生命に具体的な危険を生じさせ上，その親族（共犯者）から患者に対する手当てを全面的に委ねられた被告人が，患者の生命維持のために必要な医療措置を受けさせずに患者を死亡させた事案。最高裁は，「被告人は，自己の責めに帰すべき事由により患者の生命に具体的な危険を生じさせ上，患者が運び込まれたホテルにおいて，被告人を信奉する患者の親族から，重篤な患者に対する手当てを全面的にゆだねられた立場にあったものと認められる。その際，被告人は，患者の重篤な状態を認識し，これを自らが救命できるとする根拠はなかったのであるから，直ちに患者の生命を維持するために必要な医療措置を受けさせる義務を負っていたものというべきである。それにもかかわらず，未必的な殺意をもって，上記医療措置を受けさせないまま患者を死亡させた被告人には，不作為による殺人罪が成立」するとの決定を下した。本決定は，保障人義務の根拠として，被害者を無理やり退院させるという先行行為と並んで，被害者の被告人への依存関係を強調している[250]。

図的に放置」するという主観的態度が必要であると主張するが，本判決に関しては，「積極的な利用の意思はないにしても，自己の失策を隠す意図で放置したことの認められる事案」であるという理由から，本判決を結論的に是認している。

最後に，**ひき逃げ**の事案を挙げておこう。わが国では，「単純な轢き逃げ」の事案で殺人罪の成立を認めた判例は見られないが，「移転を伴う轢き逃げ」の事案では，これを不作為の形態と捉えて[251]，保護責任者遺棄（致死）罪の成立を認めた判例⑥と殺人罪の成立を認めた判例⑦がある。

⑥最判昭和34・7・24刑集13・8・1176［雪中被害者遺棄事件］。自動車事故による負傷者を車内に収容して事故現場を離れ，折から降雪中の薄暗い車道上に被害者を捨てて逃走したという事案。最高裁は，「刑法二一八条にいう遺棄には単なる置去りをも包含すると解すべく，本件の如く，自動車の操縦者が過失に因り通行人に前示のような歩行不能の重傷を負わしめながら道路交通取締法，同法施行令に定むる救護その他必要な措置を講ずることなく，被害者を自動車に乗せて事故現場を離れ，折柄降雪中の薄暗い車道上まで運び，医者を呼んで来てやる旨申欺いて被害者を自動車から下ろし，同人を同所に放置したまま自動車の操縦を継続して同所を立去ったときは，正に『病者ヲ遺棄シタルトキ』に該当する」と判示して，保護義務の発生根拠として道路交通取締法（当時）に救護義務が規定されていることを保護義務の発生根拠とし，保護責任者遺棄罪の成立を認めた[252]。

---

[250] 参照，山中敬一「不作為による殺人」（別冊ジュリスト『刑法判例百選Ⅰ　総論』（第六版）所収）2008年・14頁以下。

[251] 被害者を降ろして放置することによりその死の発生の具体的危険が発生した場合には作為による殺人行為が認められ，したがって，行為者に殺人の故意が認められるなら，殺人罪が成立する。かかる危険がまだ発生していないとか，発生しても殺人の故意がないとき，作為による保護責任者遺棄罪が成立する。これに対して，被害者を既に自動車に乗せた時点で瀕死の重傷を負っていた場合，故意があれば，不作為による殺人罪が発生する。第1章注37参照。

[252] 本最高裁判決の前後にも，下級審は同種の事案について保護責任者遺棄（致死）罪の成立を認めている。大阪高判昭和30・11・1高刑裁特2巻22号1152頁〔被告人が，夜間タクシーを運転中，過失によって，泥酔して道路を横断中の被害者に接触して転倒させ治療日数約10日を要する傷害を負わせたが，被害者を自車に乗せて，付近に人家もないし通行の人車も稀な共同墓地下の池の端まで運び，そこに放置して立ち去ったという事案。道路交通取締法第24条第1項を根拠に被告人は保護責任者に当たるとして，保護責任者遺棄罪の成立が認められた〕。東京高判昭和37・6・21高刑集15巻6号422頁〔被告人が，深夜，自動車を運転中，過失によって通行人を車道上に跳ね飛ばして重傷を負わせ，意識を失っている被害者を抱きかかえて歩道上まで運び，そのまま放置して立ち去ったところ，被害者が苦悶反転しているうちに側溝に転落して溺死したという事案。道路交通法第72条第1項を根拠に被告人は保護責任者に当たるとして保護責任者遺棄致死罪の成立が認められ

⑦東京地判昭和40・9・30下刑集7・9・1828［車中被害者死亡事件］。被告人は，自動車運転中の過失により被害者を轢いて重傷を負わせ，救護するためもよりの病院に意識不明に陥っている被害者を搬送しようとして，助手席に乗せたが，途中，同人を搬送することによって，自己の犯行であることが発覚し刑事責任を問われることを恐れ，病院に搬送する意図を放棄し，被害者を適当な場所に遺棄するなどして逃走しようと企て，被害者が死ぬかもしれないということを予見しながら，それも止むを得ないと決意し，車を走らせているうちに，被害者が走行中の車内で死亡したという事案。東京地裁は保障人義務の根拠を特に論ずることなく殺人罪の成立を認めた[253]。

「移転を伴う轢き逃げ」事案について，殺人（未遂）罪の成立を認めた下級審判例は，作為義務の根拠について触れていないが，仮に，先行行為や法令（道路交通取締法，現道路交通法）の定める救護義務を根拠にしているとするなら，同じことは「単純な轢き逃げ」についても妥当することになろう。しかし，「単純な轢き逃げ」については殺人罪の成立を認めてる判例は無いことから，判例は「引き受け」，「排他的支配」を作為義務の根拠としているもののようである。殺人罪と保護責任者遺棄致死罪の区別については[254]，判例は

―――――――――

た〕。
[253] 本東京地裁判決の前後にも，殺人（未遂）罪の成立を認めた下級審判例がある。横浜地判昭和37・5・30下刑集4巻5＝6号499頁〔自動車運転者が，走行中に過失によって重傷を負わせた被害者を救助すべく助手席に乗せて走行したものの，途中で事故の発覚を恐れて被害者を路上に引き摺り下ろして逃走したという事案。「傷害により顔面から出血し，意識も明確でない状態で一見してかなり重傷を負っていて，しかも当時は夜明け前で未だ暗い上に寒気厳しく降霜しているので，長時間人に発覚され難がたい場所に遺棄した場合には同人の死に至るかもしれないことを認識しながら，敢えて同人を遺棄して死に至ることもやむなしと決意」した点に未必の故意があり，殺人未遂罪が成立する〕。
東京高判昭和46・3・4高刑集24巻1号168頁〔被告人は，自動車を運転中，過失により道路を横断中の歩行者を跳ね飛ばして重傷を負わせたが，被害者を知り合いの病院に運ぼうと助手席に乗せて走行中，自己の発覚を恐れて人通りのない場所に置き去りにしようと決意し，事故現場から約2900メートル離れた道路沿いの陸田を掘り起こした窪みに放置して逃走したという事案。未必の故意が認定され，殺人未遂罪の成立が認められた〕。
[254] 学説には，「殺人の故意があっても殺人とするにたりるほどの作為義務のない者の場合は，保護責任者遺棄致死として軽く処罰される」として，作為義務の程度によって区別する見解がある（平野龍一『刑法　総論Ⅰ』1972年・158頁以下）。これに対して，作為義務の内容は被害者の死の結果阻止という点で異ならないので，この区別は適切でないと批判するのが，大沼邦弘「ひき逃げと遺棄罪・殺人罪」（阿部純二他編『刑法基本講座第6

殺意の有無にかからせているといえよう[255]。

c　危険源責任

⑧大判大正7・12・18刑録24・1558［燃木尻引火事件］。被告人は，養父を殺害後，格闘中に養父の投げた燃木尻の火が内庭の藁に燃え移ったのを認めながら，罪跡を湮滅しようと思い，そのまま放置して消火せず，家屋を全焼させたという事案。大審院は，「放火罪ハ故意ニ積極的手段ヲ用ヒテ刑法第百八条以下ニ記載スル物件ニ火ヲ放チ焼燬スルニ因リ成立スルコト普通ノ事例ナリト雖モ自己ノ故意行為ニ帰スヘカラサル原因ニ因リ既ニ叙上物件ニ発火シタル場合ニ於テ之ヲ消止ムヘキ法律上ノ義務ヲ有シ且容易ニ之ヲ消止メ得ル地位ニ在ル者カ其ノ既発ノ火力ヲ利用スル意思ヲ以テ鎮火ニ必要ナル手段ヲ執ラサルトキハ此不作為モ亦法律ニ所謂火ヲ放ツノ行為ニ該当スル……叙上物件ノ占有者又ハ所有者カ自己ノ故意行為ニ帰スヘカラサル原因ニ由リ其ノ物件ニ発火シ為ニ公共ニ対シ危害ノ発生スル虞アルニ際シ之ヲ防止シ得ルニ拘ワラス故意ニ之ヲ放任シテ顧ミサルカ如キハ実ニ公ノ秩序を無視スルモノニシテ秩序ノ維持ヲ以テ任務トスル法律ノ精神ニ抵触スルヤ明ナルカ故ニ斯ノ如キ場合ニ於テ此等ノ者カ其発火ヲ消止メ以テ公共ノ危険ノ発生ヲ防止スルハ其法律上ノ義務ニ属スルモノト認ムルヲ正当ナリトス蓋シ此法理ハ民法第七百十七条等ノ規定ノ精神ヨリ推究スルモ其一端ヲ窺ウニ難カラサルナリ」と判示して，被告人が「物件の占有者又は所有者」たる地位にあったことを保障人（消火）義務の根拠としている。本判決はさらに不作為による放火罪の成立要件として「既発の火力を利用する意思」という主観的要素を要求している。

巻　各論の諸問題』1993年）95頁以下，107頁。
[255]　参照，大沼（注253）100頁以下。

II 主観的構成要件要素

1 故意の内容と対象

　不真正不作為犯においても，作為犯と同様に，過失犯処罰の規定がない限り，故意の不作為だけが可罰的である。故意の対象は客観的構成要件要素である。特別の故意形態を要求する構成要件がない限り，未必の故意でも十分である[256]。但し，不作為犯にあっては，作為による結果招来に向けられる実現意欲に代わって，客観的構成要件要素の全部及び近接している結果発生を回避することが可能であるという事実を認識しながら，不作為にとどまることの意思が必要である[257]。「構成要件の不法結果発生に向けた決意をする」というところに不作為故意と作為故意の共通点がある[258]。

　行為者が自分の行為能力を知っていながら，不作為の決意を下す場合においても，作為犯におけるのと同様に，認識と意欲を各別に認定することができる[259]。

　「逆転原理」によれば，不作為犯においては，結果を招来する故意というものに代わり，結果を回避する故意というものが欠如しているところに特徴がある。不作為犯には作為犯とは異なり因果経過の目的的操縦というものが存在しない。「不作為故意」には意思要素が欠如する。不作為故意というのは，事の推移のたんなる認識（予見）から成り立ちうるべきもので，行為者はこの事の推移に阻止的介入をしないのだと[260]。しかし，かかる故意という

---

[256] *Steininger*, (Fn. 2), 2001, §2 Rn 108.; *Hilf*, (Fn. 1), §2 Rn 132. わが国では，不真正不作為犯の主観的要件として，故意のほかに，「利用する意思」という特殊の主観的要件を要求する学説もあるが（團藤（注60）151頁。藤木（注249）134頁），これは不要である。
[257] *Wessels/Beulke*, (Fn. 36), §16 Rn 732.; *Steininger*, (Fn. 2), 2 Rn 108.; *Hilf*, (Fn. 1), §2 Rn 133.
[258] *Kühl*, (Fn. 51), §18 Rn 125.; *Wessels/Beulke*, (Fn. 36), §16 Rn 732.; *Roxin*, (Fn. 5), §31 Rn 184ff.
[259] *Steininger*, (Fn. 2) §2 Rn 108.

のはせいぜい認識のある過失を意味するに過ぎない。不作為犯においても，結果「意欲」は不可欠である。内心まったく思いもかけ無いために，自ら介入する可能性をまったく考えなかった者に，故意の不作為犯を認めることはできない。例えば，離婚したい夫が，その妻が水中に転落したことを喜び，妻の死を予期したが，しかし，救助の可能性についてまったく考えが及ばなかった場合とか，寝たばこをしながら眠り込んでしまった泥酔者が，それによって火災が発生し，自分も火傷をして初めてそれに気がつき，あわてて家を逃げ出しが，その際，自ら消火をするとか，第三者や消防に連絡しなかったという場合，故意に命令された作為をしなかったとは云えないのである[261]。

不真正不作為犯においても，三形体の故意がある。目的的故意は，不作為者にとり，不作為構成要件該当事実を実現することこそが狙いであるとき，つまり，不作為の目的が構成要件的結果を発生させることにあるときに認められる。確定的故意は，不作為者が客観的構成要件要素の存在が確実だと考える，つまり，不作為による結果の発生を確実だと考えるときに認められる。未必の故意は，不作為者が客観的構成要件該当事実の実現，つまり，構成要件該当の結果の発生を真剣に可能だと考え，それを認容する場合である。この場合に，不活動の中に発生しうる法益侵害への決意が顕在化するのである。行為者が結果発生の可能性を認識したが，介入しなくとも結果は発生しないだろうと信頼するとき，認識のある過失が認められるに過ぎない[262]。例えば，不注意運転でモーターバイクと正面衝突した自動車運転者は，その跳ね飛ばされた被害者が傷害に因り致死に至る可能性のあることを認識しながら走り去るとき，殺人の未必の故意が認められる[263]。

故意の対象は客観的構成要件要素のすべてを含む。「不作為」も故意の対象である。すなわち，行為者は，作為義務を基礎付ける状況が存在するこ

---

[260] *Kaufmann*, (Fn. 26), 60 ff, 110 ff., 148 ff., 309 ff.; *ders*. Unterlassung und Vorsatz, von Weber-FS, 1963, 207 ff.; *Welzel*, (Fn. 26), 1969, 204 f.
[261] *Nowakowski*, (Fn. 32), 1982, §2 Rn 31.; *Hilf*, (Fn. 1), §2 Rn 137.
[262] *Roxin*, (Fn. 5), §31 Rn 185.; *Hilf*, (Fn. 1), §2 Rn 14.
[263] *Kühl*, (Fn. 51), §18 Rn 130. vgl. BGH NStZ 1992, 125.

と，行動を起こさなければならないことの認識がありながら，それにもかかわらず，要求された作為に出ないことを決意しなければならない。この認識とこの不作為の決意が欠如する限り，不作為の故意は存在しない。不作為行為者には，一定の短い「認知・熟慮時間」が認められ，これが経過するまでは不作為は故意が欠如するため不可罰である。例えば，轢き逃げした者は直ちに救護義務違反罪に該当するが，その時点では不真正不作為犯の決意はまだ無く，数分後に状況を完全に把握しながら，それにも関わらず直ちに引き返さず，救護しない場合に初めて殺人の故意が認められる[264]。

「保障人の地位」は，客観的構成要件要素であるから，故意の対象に含まれる。保障人の地位はその構造からして規範的構成要件要素である。そうすると，故意の存在が肯定されるためには，保障人の地位の由来する事情を正しく知見し，これの社会的意味を認識するということで十分である（いわゆる「素人圏の平行評価」）。これに対して，保障人の義務は，違法性と同様に一般的犯罪要素であって，故意の対象ではない。行為者が，その直面している事情が作為の法的義務を発生させるという認識をもつに及ばない[265]。

構成要件該当の「結果の発生」も故意の対象である。それ故，一方で，救護行為をすれば結果の発生を避けられる可能性があると考えながら，他方で，少なくと，危険に瀕している者が救護なしには助からないであろうとの未必の故意があって初めて保障人は可罰的になる[266]。

「(具体的)因果過程」は作為犯においては故意の対象ではない。それと同様に，不真正不作為犯においても，仮定的因果過程の詳細は故意の対象ではなく，全体的表象で足りる。仮定的因果過程は全体評価の問題に関わる予測判断だからである。故意の認定のためには，因果関係があることの「存否判断」だけで十分である，すなわち，要求されている作為を行うならば結果の発生を回避できることの認識及びその結果の発生を意欲しているということ

---

[264] H. Fuchs, Österreichisches Strafrecht AT, 7. Aufl., 2008, 37. Kap Rn 68.; Steininger, (Fn. 2), §2 Rn 24.; Hilf, (Fn. 1), §2 Rn 138.
[265] Triffterer, (Fn. 8), 14. Kap Rn 28.; Kühl, (Fn. 51), §18 Rn 129.
[266] Fuchs, (Fn. 264), 37. Kap Rn 69.

第2章 不真正不作為犯の構成要件 113

で十分である[267]。結果発生の回避が可能であることの認識は必要であるが，少なくとも，いわゆる「付随共意識（Mitbewußtsein am Rande）」があれば足りる。すなわち，行為者は行為の可能性を漠然とでも認識していなければならない。救助の可能性があることにつきたんに認識可能であったということでは足りない。行為の可能性を現実に認識していない者には，当然ながら，構成要件的結果発生の意欲が認められないのである[268]。作為の結果犯の場合に，行為者の結果発生の見込み判断が故意の存否に影響を与えないように，不作為の結果犯においても，行為者の結果不発生の見込み判断は重要でない[269]。

「命令されている作為」も詳細にわたって具体的に認識している必要はない。不作為犯者は，結果回避活動ができることを知っているだけでよい，つまり，結果回避可能性自体のいわゆる「一般的認識」があれば足りる。行為者は，特定の具体的救助行為を認識しなくとも，救助が一般的に可能であると考えるとき，既に作為命令規範に直面しているからである。その上で，行為者は，作為に出ない決意をしなければならない[270]。

---

[267] *Steininger*, (Fn. 2), §2 Rn 110. 不作為者が，要求される救助行為をしても結果の発生を回避できないかもしれないと認識するとき，不作為の因果関係に関して故意が欠如し，未遂の可罰性が排除されるとの見解がある。例えば，がけから転落して重傷を負った妻を救助しない夫が，救助行為に出ても助かる見込みがないだろうと考えているとき，不作為の因果関係の故意が認められず，未遂犯も成立しないと（*Fuchs*, (Fn. 264), 37. Kap Rn 31）。しかし，これは支持できない。不作為者が結果回避の見込みが50％あると考えるとき，不作為者はまさにこの可能性で結果の発生を認容しているのであり，未必の故意ある未遂犯を認めるに十分である。*Roxin*, (Fn. 5), §31 Rn 48.; *Hilf*, (Fn. 1), §2 Rn 136.; *Stree*, (Fn. 9), Vorbem §§13 ff Rn 149.
[268] *Kühl*, (Fn. 51), §18 Rn 126.
[269] *P. Cramer, D. Sternberg-Lieben, Schönke/Schröder*, Strafgesetzbuch Kommentar, 27. Aufl., 2006, §15 Rn 98.
[270] *Stratenwerth*, (Fn. 44), §13 Rn 71.; *Rudolphi*, (Fn. 46), Vor §13 Rn 24.; *Kühl*, (Fn. 51), §18 Rn 126.; *Steininger*, (Fn. 2), §2 Rn 110.; *Roxin*, (Fn. 5), §31 Rn 188.
　これに対して，カオフマンとヴェルツェルは，不作為犯には作為犯の故意概念に相応する故意というものは存在せず，不作為者には命令された作為の実現方法が認識可能であったということで足りると主張する。その理由は，命令された作為をすることに初めから考えが及ばない冷淡，無関心な行為者を優遇する必要はないというところにある *Kaufmann*, (Fn. 26), 110 ff., 309 ff.; *Welzel*, (Fn. 26), 204 f. この学説は支持できない。行為の可能性を現実に認識していない者には，構成要件該当行為の決意が見られないからである。そ

2 構成要件的錯誤

　行為者にその義務を基礎付ける状況の存在を認識していないとき，構成要件的錯誤がある。例えば，人を轢いたことに気づかずそのまま走行し，帰路，その事故現場を通ったときそこに倒れている被害者に気づいたが，そのまま走り去った場合でも，不真正不作為犯の故意は認められない[271]。

　行為者に実際に存在する客観的救助可能性の認識が無いときにも構成要件的錯誤が認められる。例えば，川で溺れている者に向けて浮き輪を投げ込めば助かるところ，驚愕していて浮き輪のありかを思い浮かべなかった者には故意はない[272]。

　故意は行為の事情にのみ関係しなければならないのであるから，保障人の地位という構成要件要素においても，行為者の保障人の地位を基礎付ける実際の事情だけが認識の対象である。例えば，父親が川で溺れている者を自分の子だと認識しないとき，父親には，自分と救助を必要とする被害者の間の密接な家族的繋がりという保障人を基礎付ける事情の認識が欠如する。これは構成要件的錯誤であり，過失犯の可罰性だけが残る[273]。

　これに対して，行為者が法秩序とは異なった評価をし，保障人の地位を基礎付ける事情を認識しながら，誤って，自分の都合の良いように保障人として介入する義務はないと考えるとき，これは禁止の錯誤である。結果回避義

れどころか，構成要件の認識から来る警告，つまり，命令された作為を実現せよとの警告が行為者には届いていないのである。他方，具体的な救助行為の認識が必要だとする学説もある。*H. Gössel, H. Zipf*, Strafrecht AT II, 7. Aufl., 1989, §46 Rn 113. これは過剰な要求であって支持できない。作為に出よとの警告は，行為者が，特定の具体的救助行為の認識がないときでも，救助が一般的に可能であると考えるときにすでに，行為者に届いているからである。*Rudolphi*, (Fn. 46), Vor §13 Rn 23 f.; *Roxin*, (Fn. 5), §31 Rn 187 f.

[271]　*Fuchs*, (Fn. 264), 37. Kap §2 Rn 71.
[272]　*Fuchs*, (Fn. 264), 37. Kap Rn 72.
[273]　*Kühl*, (Fn. 51), §18 Rn 128.; *Hilf*, (Fn. 1), §2 Rn 140. 川で溺れかかっている自分の子について，その子が自分の子であると気づかないかぎり保障人の地位は生じないとして，過失の不真正不作為犯の成立をも否定する見解もあるが（大谷（注44）78頁），これは適切ではない。

務は規範的構成要件要素ではなく，所為の全体評価，つまり，違法性にかかわるものだからである。これは不作為の命令違反に関する錯誤であるので，命令の錯誤とも呼ばれるが，この錯誤は回避できないときに限って責任を阻却する。例えば，父親が，自分の子どもが溺れているのを認識しているが，その子に水泳講習を受けように何度も言っていたのに受けなかったのだから，救助するには及ばないと考えているとき，(避けることのできる) 命令の錯誤がある[274]。

不真正不作為犯においては，作為犯におけるのと同じく，期待可能性は責任の問題に位置づけられるのであるが，これと異なり，救助行為の期待可能性も構成要件要素と捉える見解によれば，故意はこれも対象とするになる。したがって，行為者がそのおかれている状況からして自分には適切な救助行為の着手が期待できないとの間違った判断をした場合，構成要件的錯誤が認められることになる[275]。

III 客観的帰属

客観的帰属においては，形式的に見て，客観的，主観的に構成要件に該当する行為が，実質的に見ても，刑法規範の否認する危険領域の内にあるのか否かが問題となるのである。すなわち，刑法規範の適用範囲をその本来の適用範囲に限定するという意味において，客観的帰属は形式的に充足された構成要件の目的論的縮減，つまり，社会的に重要な危険領域あるいは規範の保

---

[274] *Roxin*, (Fn. 5), §31 Rn 191.; *Kühl*, (Fn. 51), §18 Rn 129.; *Hilf*, (Fn. 1), §2 Rn 140.; BGHSt 16, 155 (Großer Senat). これに対して，構成要件の錯誤と見る学説もある。フックス (*Fuchs*, (Fn. 264), 37. Kap Rn 76) によると，保障人義務それ自体は規範の構成要件要素であって，これなしには保障人－不作為犯の犯罪類型的不法が生ずることがが無く，故意を認めるためには，行為者がその社会的意味内容を認識しなければならない。それ故，故意を排除する規範的構成要件要素の社会的意味内容に関する錯誤というものがある。但し，行為者が，危機に瀕している法益を救護する義務が特別に自分に科せられていることを「素人的」すら認識していない場合に限られる。行為者が社会的意味内容を少なくとも素人的に認識しておれば，処罰されることはないと考えても，それは無視されるべき包摂の錯誤であると。

[275] *Stree*, (Fn. 9), Vorbem §§13 ff Rn 155.

護目的へ縮減することを意味するのである[276]。

(1) 行為帰属

　客観的帰属は伝統的には結果負責と関連付けられ，客観的構成要件における因果関係の検証を補遺するもの，つまり，等価説の無限定性を抑制しようとするものだったのである。等価説が結果負責を自然主義的基準によって基礎付け，客観的帰属がこの負責を規範的基準によって限定したのである。しかし，その間に，客観的帰属論は，この結果関係性から解放され，すでに行為の段階において「社会違反行為」，すなわち，行為の抽象的経験的危険と社会的相当性（許された危険）を問題とするようになったのである。すなわち，行為は，その一般的社会倫理的容認の故に，結果が実際に発生した否かに関わらず，不法内容を有しない場合がある。したがって，その場合，未遂すら認められない。行為帰属が肯定されてはじめて結果帰属の存否が議論の対象となるのである[277]。

a　等価値性修正

　客観的帰属は不作為犯においても問題となる。不作為は作為による構成要件該当行為と等価値である場合にのみ，その不法が肯定される。このいわゆる「等価値性修正」によって等価値性が肯定されてはじめて保障人の不作為が可罰的となる。不作為の作為との等価値性では，行為の経験的危険が肯定された後，さらに行為の規範的危険の側面からの検証，つまり，不作為の「社会的意味内容」の検証が問題となる。不真正不作為犯における客観的帰属は，行為者の特殊保障人の地位と関係しており，それに見合った形で，規範の保護目的によって定められる。結果回避のために命令された作為に出なかったことの不法内容が，作為の行為と比較すると，不作為者に法義務を帰

---

[276]　*R. Moos*, Wiener Kommentar zum Strafgesetzbuch, 2. Aufl, 2002, §75 Rn 15. *Steininger*, (Fn. 2), Vorbem zu §2 Rn 57 f.
[277]　*R. Moos*, Sozialadäquanz und objektive Zurechnung bei Tatbeiträgen im Finanzstrafrecht, in: *R. Leitner* (Hrsg.), Aktuelles zum Finanzstrafrecht, 1996, 87, 89 ff.; *ders*., (Fn. 276), §75 Rn 15.; *Steininger*, (Fn. 2), Vorbem zu §2 Rn 60.

属し得ないほど微弱な場合があり，その場合，当該不作為はなお社会的相当性の範囲内にあるからである[278]。等価値性修正は，保障人の地位がそもそも存在しないときに，これを穴埋めするためのものではなく[279]，保障人の義務を限定する役割を有する[280]。

等価値性修正は，詐欺罪のように「欺もう」といった一定の行為態様による構成要件実現を要求するいわゆる「行為態様被拘束犯（Verhaltensgebundene Delikte)」ばかりでなく，殺人罪のように行為と結果の間に因果関係があれば足りる構成要件，つまり，「純粋結果犯」にも適用されるのかが問題となる。否定説は，非行為態様被拘束犯罪では，結果を招来する特別の行為態様は要求されておらず，保障人の義務違反の不作為と結果の発生の間に因果関係の存在が認められれば，それで構成要件該当性の判断には十分だとす

---

[278] *Moos*, (Fn. 277), §75 Rn 21.; *Steininger*, (Fn. 2), §2 Rn 123.
[279] *F. Nowakowski*, (Fn. 32), §2 Rn 13.; *Steininger*, (Fn. 2), §2 Rn 117.
[280] これに対して，トリフテラーは，次のような理由から，等価値性は，客観的構成要件における保障人の地位の直後に位置付けられるべきであって，客観的帰属の規準とされるべきではないと論ずる。「たしかに，等価値性では，行為が一定の構成要件実現と関連して評価される。しかし，ここで問題となっているのは，行為者が法的に是認されない危険を創出したか否か，まさにこの危険が実際に実現したのか否か，したがって，行為者に結果の帰属ができるという，あらゆる犯罪類型に一般的に提起される問題ではない。一定の不作為が作為と『社会的に意味が等しい』か否かの調査が必要なのはむしろ作為と不作為の特殊な社会的差異から生ずる。したがって，等価値性は不作為の概念から切り離されるべきではなく，結果発生前の不作為の属性として調査されるべきである」と。*Triffterer*, (Fn. 8), 14. Kap Rn 67. この見解は，客観的帰属を専ら結果の帰属とのみ関連付け，行為の帰属というものを認めないことの帰結である。
　さらに，ドイツ語圏刑法学では，等価値性は不作為の故意にも影響を及ぼすのではないかが問題となった。キーナッペルによれば，作為犯では，行為に先立ち積極的決意があるが，作為義務者にはこの種の決意の見られずに行動に出ないことが多く，「必要とされるようにすばやく決心することがまったくできないとか，状況のせいで葛藤状態に陥り，ここから抜け出る決心がどうにもつかないとか，決意を迫る状況にあるとはまったく感じず，そのため行為刺激を感じないのであれ」そういえるのであって，したがって，不作為犯の一般的規準として「どうにも決心がつかないことから行動に出ないというのは……『現実の』不作為故意『同視される』べきだ」ということが必要とされるのではないかと。*D. Kienapfel*, Zur Gleichwertigkeit von Tun und Unterlassen, ÖJZ 1976, 197 ff., 201. しかし，故意には未必の故意があり，これは不作為犯でも等しく認められるのである，つまり，作為義務を基礎付ける事情を認識しながら，消極的態度から抜け出る動機を生じさせず，且つ，行為に出ないことで構成要件該当事実が生ずることを少なくとも認容する者には未必の故意が認められる。*Triffterer*, (Fn. 8), 14. Kap Rn 69.

るものである[281]。しかし、この学説は支持できない。保障人のうっかりした作為義務違反が、純粋結果犯にあって、きわめて軽く、したがって、不作為が作為の不法内容に達していないということがありうるからである[282]。

　客観的帰属では、実際に生じた結果とは無関係に、先ず、行為無価値が問題となる。したがって、等価値性が否定された場合、未遂犯すら成立しない。等価値性は責任とは無関係である。責任では、動機の一身専属的、主観的帰属が問題となるからである[283]。

---

[281]　*Kienapfel/Höpfel*, (Fn. 6), Z 29 Rn 20.; *H. Gössel, H. Zipf, Strafrecht* AT II, 7. Aufl., 1989, §46 Rn 54.; *Stree*, (Fn. 9), §13 Rn 4.; *Jescheck/Weigend*, (Fn. 16), §59 V 1.

[282]　*Moos*, (Fn. 277), §75 Rn 21.; *Nowakowski*, (Fn. 32), §2 Rn 14.; *Triffterer*, (Fn. 8), 14. Kap Rn 66「行為態様被拘束犯でも純粋惹起犯でも性急に客観的構成要件において『等価値性条項という安全弁』を放棄してはならない」。
　ドイツ刑法第13条の等価値性条項について、特別予防、一般予防の観点から捉える見解もある。「社会的に完全に適応している不作為犯に対して刑法上の制裁を科する特別予防の理由の無いことが多い。場合によって一般予防の必要性がある場合であっても、不作為犯の多くの場合、作為犯ほどではないように思われる」と、*Seelmann*, (Fn. 84. Nomos), §13 Rn 70. しかし、論者自身も認めるように、この当罰性検証はその輪郭が不明確にすぎ問題解決には役立たないといえよう。
　ドイツ刑法第13条の定める等価値要件について、特に、純粋結果犯においては不要であるというのが多数説であることについては、岩間康夫「不真正不作為犯の成立要件としての構成要件同価値性について(1)、(2)」愛媛法学第18巻第1号（1991年）29頁以下、第18巻第2号（1991年）91頁以下が詳しい。
　我が国では、同価値性の要件は、たんなる不作為による作為犯の構成要件の解釈原理と解すべきであり、それ自体として作為義務の限定原理でも、不作為犯の成立を限定する独立の原理でもないとする説もあるが（山中（注231）229頁）、作為との同価値性を要求することによって罪刑法定主義違反の疑問が解消できると論ずる説もある（川端博『刑法総論講義（第二版）』(2006年) 219頁）。
　我が国の同価値性をめぐる特殊な議論状況については、参照、岩間康夫「我が国における構成要件同価値性論」愛媛法学第18巻第3号（1991年）77頁以下。

[283]　*Moos*, (Rn. 276), §75 Rn 22.
　キーナッペルは、次のような理由から、等価値性が責任要素である故意にも影響を及ぼすのではないだろうかと論ずる。作為犯では、行為に先立って常に行為に出る積極的判断がある。ところが、不作為犯では、「必要とされる迅速な決意がそもそもできないとか、出来事のために葛藤状況に陥り、そこから抜け出て『思い切った決意をする』ことがまったくできないとか、状況が緊迫しているとはまったく感じず、まったく行為に出る刺激を感じないとか、いずれにせよこの種の決意を下すことがない」ために、作為義務者が作為に出ないことがよくある。そこで、不決意だけからの不作為も「現実の」不作為故意と「同視」されるべきではないかと。*D. Kienapfel*, Zur Gleichwertigkeit von Tun und

b　消極的安楽死

　生命維持措置を採らないいわゆる消極的安楽死，例えば，人が生命維持の医療措置を受けることなく死ぬだろうが，しかし，医師又は他の自ら救命義務のある第三者（例えば，親族）が介入せず，したがって，不作為の故に死が生ずる場合が不処罰とされるのは行為の客観的帰属が否定される場合である[284]。生命維持措置がまったく開始されないか又は継続されない場合があるし，その際，殺害を直接の目的とする場合もあるだろうし，間接的に生命を止めることになる苦痛除去のためである場合もあろう。親族や医師といった関係者に生命維持義務があるとき，それ自体殺害に関する構成要件を充足する。しかし，いずれにしても，いわゆる積極的安楽死の場合と異なり，その可罰性は大幅に後退する。死病患者の治療されたくないという意思が消極的安楽死を不処罰とする中核的要素である。苦痛が非可逆的に死に至る，ないし最終段階にあり，死が切迫している必要はない。患者が治療を受ければ生命を維持できる場合であってもよいのである。治療に関して，個人主義の自律性原理を家父長的原理よりも高く評価する自由な社会においては，患者の個人道徳的決定，自己決定権は尊重されるべきなのである。死病者が望まない形で，その者の運命的に免れない死，内因的死因（自然死因）を妨げるこ

Unterlassen, ÖJZ 1976, 197 ff., 201. しかし，この説には疑問がある。故意概念は，作為犯，不作為犯に共通であり，客観的構成要件を実現する意思，少なくとも認容する意思を必要とする。作為義務を基礎付ける事情を知りながら，消極性から抜け出る動機をもたず，客観的構成要件が不作為によって実現することを少なくとも認容する者には未必の故意がある。これに対して，無思慮にあるいは結果の不発生を信頼している者には故意は認められない。*Triffterer*, (Fn. 8), 14. Kap Rn 69.

[284]　我が国では，内藤謙（『刑法講義総論（上）』（1983年）537頁）が，患者が注射などの措置を採らないことの意味を理解して措置を拒否しているときは，患者の拒否に反して，健康の回復にまったく役立つことなく死苦を長引かせるにすぎない措置を採るべき刑法上の作為義務（不真正不作為犯における作為義務）は医師にないとしながらも，違法性阻却事由と捉えるようである。甲斐克則（「治療行為中止および安楽死の許容要件」法学教室178号（1995年）37頁以下，40頁）も，「違法論のレベルで，治療行為という場を設定したうえで，そこに生命維持利益のほかに治療に直接関係する対抗利益（主として苦痛除去利益ないし必要以上に干渉を受けたくない利益）が生ずる場合が治療拒絶の範疇であり，発生している作為義務（治療義務）が患者の延命拒否により解除され（緊急状況下で生命維持利益より対抗利益が優越），正当化が導かれる」（緊急避難，又は少なくともその準用）と論じて，作為義務を否定しながら，構成要件不該当ではなく，違法性阻却と捉える。

とはその親族や医師の任務ではない。他人から見て，その判断が無分別，それどころか無責任[285]と思われようと，患者の治療拒否権は尊重される[286]。このことは，患者の自己決定権が保障人義務を限定する，つまり，結果回避のための保障人の義務がなくなることを意味する（「保障人義務遮断」）。治療に当たっている医師には患者の「自然死」への権利に応え，これを尊重する不作為の義務が生ずるのである[287]。もとより，逆に，治療を望む患者にあって

---

[285] *C. Roxin*, Zur strafrechtlichen Beurteilung der Sterbehilfe, in: *C. Roxin, U. Schroth* (Hrsg.), Medizinstrafrecht, 2. Aufl., 2001, 93 ff., 100.; BVerfGE 32, 98 ff.〔4人の子供のいる母親が宗教上の理由から救命に必要な輸血を拒否した〕。

[286] 患者の中には，まだ完全な意識があるときに，書面で治療を拒否することがある。これは，「患者遺言」とか「患者指図」と呼ばれる。それが，完全に具体的な，現在の又は切迫している状況に関係しているときには拘束力を有する。しかし，そうでない場合には問題が生ずる。それが一般的に書かれていればいるほど，非常に長期にわたっていればいるほど，患者が他でもなく具体的症例のことを念頭においていたのか否かがますます不確かになるからである。しかし，いずれにしても，患者指図は，医師に，尊重されるべき推定的意思の根拠を与える。外国における患者指図に関する法制度についての紹介論文の1つとして，参照，吉田敏雄「オーストリアの患者指図に関する連邦法(1)(2)」北海学園大学『法学研究』第42巻第4号（2007年）831頁以下，第43巻第1号（2007年）285頁以下。

[287] *R, Moos*, Sterbehilfe, Selbstmord und die ärztliche Behandlungspflicht von Suizidpatienten, in: *A. Birkbauer* (Hrsg.), Recht zu sterben oder Pflicht zu leben?, 2002, 15 ff.; *Moos*, (Fn. 276), Vorbem zu §75-79, Rn 31-32.; *ders.*, Die vorsätzlichen Tötungsdelikte im neuen Strafrecht, LJZ 1 (1991), 9 ff., 13.

後掲（注287）横浜地裁「東海大学安楽死事件判決」は，傍論ではあるが，消極的安楽死は治療行為の中止としてその許容性を考えれば足りるとして，次のように論ずる。「一般論として末期患者に対する治療行為の中止の許容性について考えると，治療不可能な病気におかされた患者が回復の見込みがなく，治療を続けても迫っている死を避けられないとき，なお延命のための治療を続けなければならないか，あるいは意味のない延命治療を中止することが許されるか，というのが治療行為の中止の問題であり，無駄な延命治療を打ち切って自然な死を迎えることを望むいわゆる尊厳死の問題でもある。……そこで，治療行為の中止が許容されるための要件を考えてみる。一　患者が治癒不可能な病気に冒され，回復の見込みがなく死が避けられない末期状態にあることが，まず必要である。……治療の中止が患者の自己決定権に由来するとはいえ，その権利は，死そのものを選ぶ権利，死ぬ権利を認めたものではなく，死の迎え方ないし死に至る過程についての選択権を認めたにすぎないと考えられ，また，治癒不可能な病気とはいえ治療義務の限界を安易に容認することはできず，早すぎる治療の中止を認めることは，生命軽視の一般的風潮をもたらす危険があるので，生命を救助することが不可能で死が避けられず，単に延命を図るだけの措置しかできない状態になったときはじめて，そうした延命のための措置が，中止することが許されるか否かの検討の対象となる……二　治療行為の中止を求める患者の意思表示が存在し，それは治療行為の中止を行なう時点で存在することが必要である。……中止を検討する段階で患者の明確な意思表示が存在しないときには，患者の推定的意思に

よることを是認してよい……患者の事前の意思表示が何等存在しない場合……家族の意思表示から患者の意思を推定することが許される……家族の意思表示から患者の意思を推定するには，家族の意思表示がそうした推定をさせるに足るだけのものでなければならないが，そのためには，意思表示をする家族が，患者の性格，価値観，人生観等について十分に知り，その意思を的確に推定しうる立場にあることが必要であり，さらに患者自身が意思表示をする場合と同様，患者の病状，治療内容，予後等について，十分な情報と正確な認識を持っていることが必要である。そして，患者の立場に立った上での真摯な考慮に基づいた意思表示でなければならない。また，家族の意思表示を判断する医師側においても，患者及び家族との接触や意思疎通に努めることによって，患者自身の病気や治療方針に関する考えや態度，及び患者と家族の関係の程度や密接さなどについて必要な情報を収集し，患者及び家族をよく認識し理解する的確な立場にあることが必要である。……三治療行為の中止の対象となる措置は，薬物投与，化学療法，人工透析，人工呼吸器，輸血，栄養・水分補給など，疾病を治療するための治療措置，さらには生命維持のための治療措置など，すべてが対象となってよいと考えられる。しかし，どのような措置を何時どの時点で中止するかは，死期の切迫の程度，当該措置の中止による死期への影響の程度等を考慮して，医学的にもはや無意味であるとの適正さを判断し，自然の死を迎えさせるという目的に沿って決定されるべきである。」。本判決は，佐伯仁志「末期医療と患者の意思」（樋口範雄（編著）『ケース・スタデイ　生命倫理と法』（ジュリスト増刊・2004年所収86頁以下）の影響受けたと見られ，患者の自己決定論と治療義務限界論を基礎にして正当化要件を導出しているが，両者の相互関係を未決にしている。

横浜地判平成17・3・25・判タ1185号114頁〔川崎協同病院事件。被害者の主治医であった被告人が，気管支喘息発作に伴う低酸素性脳損傷となり昏睡状態が続いていた被害者に対し，延命を続けることでその肉体が細菌に冒されるなどして汚れていく前に，できる限り自然なかたちで息を引き取らせて看取りたいとの気持ちを抱き，器官確保のために挿入されていた器官内のチューブを抜き取り（治療行為の中止），死亡するのを待ったが，予期に反して，被害者が身体を海老のように反り返らせるなどして苦しそうに見える呼吸を繰り返し，鎮静剤を大量に投与してもその呼吸を鎮めることができなかったことから，そのような状態を家族らに見せるのは好ましくないと考え，筋弛緩剤で窒息させようと決意し，筋弛緩剤を注射して死亡させた（積極的安楽死）という事案〕も，横浜地裁「東海大安楽死事件判決」で示された一般的要件にしたがって判決を下した。「末期医療において患者の死に直結しうる治療中止の許容性について検討してみると，このような治療中止は，患者の自己決定権の尊重と医学的判断に基づく治療義務の限界を根拠として認められる……末期，とりわけその終末期における患者の自己決定権の尊重は，自殺や死ぬ権利を認めるというものではなく，あくまでも人間の尊厳，幸福追求権の発露として，各人が人間存在として自己の生き方，生き様を自分で決め，それを実行していくことを貫徹し，全うする結果，最後の行き方，すなわち死の迎え方を自分で決めることができるということのいわば反射的なものとして位置づけられるべきである。そうすると，その自己決定には，回復の見込みがなく死が目前に迫っていること，それを患者が正確に理解し判断能力を保持しているということが，その不可欠の前提となるというべきである。……もっとも……患者本人の任意な自己決定及びその意思の表明や真意の確認ができない場合も少なくないと思われる。このような場合には，前記自己決定の趣旨にできるだけ沿い，これを尊重できるように，患者の真意を探求していくほかない。……その探求にもかかわらず真意

が不明であれば，『疑わしきは生命の利益に』医師は患者の生命保護を優先させ，医学的に最も適応した諸措置を継続すべきである。治療義務の限界については，……医師が可能な限りの適切な治療を尽くし医学的に有効な治療が限界に達している状況に至れば，患者が望んでいる場合であっても，それが医学的にみて有害あるいは意味がないと判断される治療については，医師においてその治療を続ける義務，あるいは，それを行なう義務は法的にはないというべきであり，この場合にもその限度での治療の中止が許容されることになる（実際には，医師が，患者や家族の納得などのためにそのような治療を続ける場合もあり得るがそれは法的義務ではないというべきである。）」。本件においては，「回復不可能で死期が切迫している場合」に当たるとは云えず，又，「患者本人に治療中止の意思があったことを窺わせるような事情」はない。殺人罪が成立。懲役3年，執行猶予5年。本判決は，患者の自己決定権論と治療義務限界論をそれぞれ独立の正当化理由と捉えているようである。

　これに対し，控訴審（東京高判平成19・2・28判タ1237号153頁）は，治療を中止すべく患者の意思を推定するに足りる家族からの強い要請があったと認定した上で（原審判決は家族の承諾はなかったと認定していた），終末期の患者の生命を短縮させる治療中止行為の適法要件に関して，患者の自己決定権と医師の治療義務の限界からの捉え方があるが，いずれの方法にも限界があるところ，本件では，患者の意思は不明であるし，又，患者の死期が切迫していたともいえないと判示して，職権により量刑不当として原判決を破棄し，殺人罪で懲役1年6月，執行猶予3年を言い渡した。最三決平成21・12・7・判時2066号159頁は，延命治療中止が許される一般的要件を論ずることなく，被告人の上告を棄却した。「被害者が気管支ぜん息の重積発作を起こして入院した後，本件抜管時までに，同人の余命等を判断するために必要とされる脳波等の検査は実施されておらず，発症からいまだ二週間の時点でもあり，その回復可能性や余命について的確な判断を下せる状況にはなかったものと認められる。そして，被害者は，本件時，こん睡状態にあったものであるところ，本件気管内チューブの抜管は，被害者の回復をあきらめた家族からの要請に基づき行なわれたものであるが，その要請は上記の状況から認められるとおり被害者の病状等についての適切な情報が伝えられた上でなされたものでなく，上記抜管行為は，法律上許容される治療中止には当たらないというべきである。そうすると，本件における気管内チューブの抜管行為をミオブロックに投与行為と併せ殺人行為を構成するとした原判断は，正当である」。

　ここで，その他の形態の「安楽死」について触れることにする。先ず，間接的積極的安楽死についてであるが，これは，苦痛緩和のための薬剤（例えば，モルヒネ）を投与するが，その副作用として患者の生命力を弱め，そのことによって死の発生を早めた場合であって，薬剤の投与と死の発生の間に等価的因果関係が認められる（いわゆる「死における介助（Hilfe im Sterben）」）。この副作用を認識し，しかも認容している医師には殺す確定的故意又は未必の故意がある。医師が患者に強い薬剤を処方するほど，患者の死はますます早まる。それにもかかわらず，医師がなお自己決定能力のある患者の苦痛緩和を望む意思を考慮するとき，医師の行為は客観的に社会的相当であると見られ，したがって，故意行為自体の客観的帰属が否定される。したがって，医師がいかなる種類の故意で生命短縮行為をしているかは問題とならないのである。注意しなければならないのは，こういった場合，鎮痛剤を望む患者の意思が間接的積極的安楽死を正当化するものではないということである。それは直接的積極的安楽死の場合と同様である。但し，苦痛緩和措置をして

もらうことなく死にたい，つまり，治療を拒否する患者の意思は尊重されねばならず，この場合間接的積極的安楽死の適用はない。間接的積極的安楽死で問題となっているのは，苦痛を伴う生命を終結させることではなく，死病患者に鎮痛剤によって身体に影響を及ぼし，その生命を耐えるものにするという「治療行為」である。もしもこのような医療処置が許されないなら，残される選択肢は，患者を苦痛から解放しないか，そのことは思いやりの欠如を意味するが，又は患者を即座に殺すことである。いずれの選択肢も耐え難いことである。間接的積極的安楽死が許されることによって，無痛医学の更なる発展も期待できよう。なお，間接的積極的安楽死は，苦痛緩和のために医学的適応の投薬量のみを許容するのであるが，苦痛が激しいほど，投薬量はそれだけ多くなる。明白な過剰投薬量は直接的積極的安楽死に移行するのであり，可罰的である。

ドイツの判例（BGHSt 42, 301）も，「患者の明示または推定的意思に応じて行なわれる医療上必要な苦痛緩和のための投薬は，意図されないが，しかし甘受される死の発生という避けがたい副次効果を早めるかもしれないということがあっても，許されないわけではない」として，間接的積極的安楽死は不可罰としているが，その法的根拠を未決にしている。学説では，承諾又は推定的承諾を根拠にする説が多数説のようである。ロクスィーンによれば，間接的積極的安楽死においては，患者自身の比較考量の結果，できるだけ長く生命を維持する義務が苦痛を緩和する義務に劣後することになる。激痛を伴わない幾分短かくなる生命の方が耐えがたい苦痛を伴う，それほど長いとはいえない生命よりも価値があるということもありうると。*Roxin*, (Fn. 285), 97. しかし，ヘルツベルク（*R. D. Herzberg*, Sterbehilfe als gerechtfertigte Tötung im Notstand?, NJW 1996, 3043 ff., 3048）は，間接的積極的安楽死においては緊急避難の法理の適用は考えられない，なぜなら，一方で，生命延長には患者自身の（推定的）承諾があることから「当事者の生命利益」が欠如し，他方で，「自然消滅」の形で死が発生するという性格は失われていないのであるから「他者の禁忌尊重利益」も充足されている，したがって，利益衝突が存在しないからであり，むしろ，社会的相当行為を理由とする結果の客観的帰属が否定されるべきだと論ずる。

我が国では，内藤謙（注284）536頁が，医学的適応性（患者の激しい苦痛を除去・緩和するためにどうしても必要である），医術的正当性（現代の医術の基準に合致した方法でなされる），死期を早める危険性のある方法によって苦痛を緩和することについての患者の同意（現実の同意でなければならず，推定的同意ではたりない）の要件がそろえば違法性阻却を認める。

最後に，直接的積極的安楽死，すなわち，患者の救済のために「死の注射」を打ち，死の予定時期よりも早め，生命を「力ずくで」断絶させる場合，いわゆる「死に向けての介助（Hilfe zum Sterben）」の場合は可罰的である。患者はどの道死ぬであろうという仮定的因果関係は，積極的介入によって断絶されるのであり，重要な意味を有しない。患者に死の希望があるということ，そして，それがいかに説得的であろうと，それがこの積極的介入形態の安楽死を正当化することはない。他人の作為によって死ぬか否かといったことが当の死ぬ意思のある本人にとってどうでもよいことであるといった事情があっても，それは重要ではない。死病者に許されないことは，瀕死ではないが，しかし，耐え難い苦しみの患者においても許されないし，ましてや，生活に飽きた健常者においても許されない。

直接的積極的安楽死が違法である法律体系的理由は自殺関与罪，同意殺人罪の存在にあ

る。すなわち，死の意思のある患者への治療の差し控え，停止といった例外はあるものの，本人の死ぬ意思というものは，生命に対する他者からのいかなる侵害にあっても，無視されるということである。生命の不可侵性は他者からの侵害から守られねばならない。

これに社会倫理的根拠が付け加わる。直接的積極的安楽死は，患者に「自然死」への権利が認められる直接的消極的安楽死とはまったく異なった社会倫理的性質を有する。医師は「自然死因」に自己の運命を委ねる患者の意思を尊重するのではなく，その生命を力ずくで断絶するのである。この「不自然な死因」に基づく死は，病気ないし傷害の結果ではなく，直接的に他者の「仕業」である。

さらに，積極的作為の形態における殺人行為の内的抑制閾（規範的障壁）は消極的形態における殺人行為よりもはるかに高いといえるのであり，したがって，作為の殺人行為はより多くのエネルギーを要することも指摘でき，この点でも，両者を同値することはできない。

直接的積極的安楽死を不法とすることによって，生命が一般的により効果的に保護されるばかりか，相続人，看護職その他経済的条件から，医師が自然死に先手を打つべきとの圧力に晒される危険も無くなる。

個人主義的功利主義的観点から，緊急避難の法理を用いて，激痛からの救済という利益と長短はあれ生存期間の維持という利益を衡量することで，生命を犠牲にすること，これによって苦しみを「最終的に」除去することを正当化する考え（R. Merkel, Ärztliche Entscheidungen über Leben und Tod in der Neonatalmedizin, JZ 1996, pp. 1145 ff., 1151.; ders., Früheuthanasie 552, 578, 639; R. D. Herzberg, Der Fall Hackethal: Strafbare Tötung auf Verlangen?, NJW 1986, 1635ff., 1639.），同じく緊急避難の法理を用いるが，利益衡量を主観化させる考え，すなわち，安楽死の場合，利益主体は患者一人しかいなく，そうすると，「苦痛のある生命」と「苦痛のない生命」の優越性判断は患者自身の自己決定によるとする考え（町野朔「安楽死－１つの視点(2)」ジュリスト631号（1977年）114頁以下，121頁。後に，患者が短い生命より死苦の除去を望み，さらに客観的な優越利益が付け加わることにより，生命の後見的保護の必要性が脱落し，違法性が阻却されると修正。「被害者の承諾」（西原春夫他編『判例刑法研究』（1981年）所収165頁以下，193頁以下。同旨，堀内（注222．刑法）191頁），さらに，「最も基本的な権利である生命権の具体的内容の１つであるとして生命・身体に関する自己決定権を承認する」人権論の立場から，「自律的生存（自己決定をなし得る主体）の可罰性がなくなったときには，死の意思の真実性を担保する客観的な条件を考慮して本人の自己の生命に対する処分権」が許容され，「死期が切迫している状況下で，苦痛と催眠状態を繰り返し，あるいは催眠状態に置かれ放しになるような場合には，本人の意思を実現する行為としての積極的安楽死は正当行為」であるとの考え（福田雅章「安楽死」（莇立明，中井美雄編『医療過誤法入門』1979年所収）237頁以下，251頁以下。同「安楽死をめぐる二つの論点」－安楽死はタブーか」自由と正義第34巻第７号（1983年）48頁以下）は支持できない。社会的にあるいは生物的に低価値の，あるいは，それどころか「生存に値しない生命」というものは存在しないのである。苦痛のある生命であっても苦痛からの解放よりも比較にならないほど高い価値を有する。生命の価値はその見込まれる期間に依存するものではないからである。積極的安楽死を正当化する方向に向けて「生命利益の欠如」を持ち出してはならない。但し，極限的事例においては，慈悲殺の超法規的責任阻却緊急避難が認められるべきである。Moos, (Fn. 287. Sterbehilfe), 15 ff.（邦訳，吉田敏雄「臨死介助，自殺及び自殺

患者に対する医師の治療義務（上）」北海学園大学『法学研究』第43巻第2号・2007年・469頁以下）。Moos, (Fn. 276), Vorbem zu §§ 75-79 Rn 20-30. 甲斐克則「治療行為中止および安楽死の許容要件」法学教室178号（1995年）37頁以下，44頁。

以下に，我が国の積極的安楽死関連判決を列挙する。①東京地判昭和25・4・14裁判所時報58号4頁〔脳溢血で半身不随となり，しかも帰鮮の望みを絶たれて失望落胆した母から「早く殺してくれ」と頼まれ，青酸カリを服用させて殺害したという事案。嘱託殺人罪。懲役1年，執行猶予2年。本判決は，被害者の苦悩は精神的なものであり，それがいかに激烈であっても，疾病による肉体的苦痛がない以上，違法阻却を認めることはできないと判示した〕。②名古屋高判昭和37・12・22高刑集15巻9号674頁〔脳溢血で倒れ，衰弱して激痛を訴え，「早く死にたい」，「殺してくれ」などと叫ぶ父に有機燐殺虫剤入りの牛乳を飲ませて殺害したという事案。嘱託殺人。懲役1年，執行猶予2年。本判決は，安楽死の違法性阻却要件として，(1)病者が現代医学の知識と技術から見て不治の病に冒され，しかもその死が目前に迫っていること，(2)病者の苦痛が甚だしく，何人も真にこれを見るに忍びない程度のものなること，(3)もっぱら病者の死苦の緩和の目的でなされたこと，(4)病者の意識がなお明瞭であって意思を表明できる場合には，本人の真摯な嘱託又は承諾のあること，(5)医師の手によることを本則とし，これにより得ない場合には医師によりえないと首肯するに足る特別な事情があること，(6)その方法が倫理的にも妥当なものとして認容しうるものなることの6点を挙げ，本事案については(5)，(6)の要件に欠け，違法と判示した。本判決は，小野清一郎「安楽死の問題」（1950年。同『刑罰の本質について・その他』（1955年）所収）が同情心・慈悲心・惻隠の情を基礎に展開した安楽死の適法要件を受け継いでいる。本判決の示す安楽死の要件をおおむね妥当と評価するのが，大塚仁『刑法論集(1)』（1976年）151頁以下〕。③鹿児島地判昭和50・10・1判時808号112頁〔肺結核等で療養中の妻の苦悶する姿を見かねて，同女の数回にわたる哀願を容れ，絞殺したという事案。嘱託殺人罪。懲役1年，執行猶予2年。本判決は，(1)妻の病は現代医学上必ずしも不治の病というわけのものでもなく，(2)その程度も死期が目前に迫っているというような状況にあったわけではなく，また，(3)殺害の方法としても，医学的処置によることなく絞頚の方法によったのであるから，被告人の行為は社会的相当性を欠く行為として，違法性を阻却されないと判示した〕。④神戸地判昭和50・10・29判時808号113頁〔激しい痙攣発作を起こす病弱老齢の母の病気が治癒しないものと悲観し，同女が就寝中またもや痙攣発作を起こしたところを絞殺したという事案。殺人罪。懲役3年，執行猶予4年。本判決は，(1)被害者が現代医学の水準からみて不治の病に冒されていたことは認められるものの，その死が目前に切迫していることが明白な状態にあったとは認め難く，(2)その苦痛の程度も何人も見るに忍びないような死にまさるものであったとはいえず，また，(3)被害者自身が被告人に殺してくれるよう嘱託しあるいは積極的に死を希望したものとは認められないので，その他の要件を論ずるまでもなく，違法性を阻却しないと判示した〕。⑤大阪地判昭52・11・30判時879号158頁〔末期胃癌による激痛に悩み，2回にわたって自殺を図っていた妻の泣訴哀願を入れて刺身包丁でこれを刺殺したという事案。嘱託殺人罪。懲役1年，執行猶予2年。本判決は，前記名古屋高裁判決の挙げる6要件を前提として，(1)被害者は病院に入院中で，医師の医療行為を受けていたものであるから，医師の手によることのできない特別の事情はなかったといえること，(2)刺身包丁で胸部を二回突刺しているが，刃物を用いた殺害方法が果たして倫理的に妥当なものといえるか甚だ疑問であるとして，正当行為に当たらないと判示した〕。⑥高知地判平成2・9・17判時1363号160頁

〔軟骨肉腫の末期症状で激痛に悩む妻が剃刀自殺を図ったが失敗したので夫に剃刀で首を切ってくれと頼み，夫が実行したもののうまく行かず，ついに頸部を締めて殺害したという事案。嘱託殺人罪。懲役3年，執行猶予1年。本判決は，前記名古屋高裁判決の(5)を「医師の手によって行なわれるべきもの」に，(6)を「安楽死の方法がそれ自体社会通念上，相当な方法であること」へと修正している〕。

　このように，いずれの事例も近親者が行為者であり，前記②名古屋高裁判決がその後の実務に大きな影響与えていたところ，次の東海大安楽死事件判決では医師の処置の刑事責任が問われ，その間に学界で喧伝されるようになった患者の「自己決定権」を機軸とした新たな安楽死論が展開されたのである。横浜地判平成7年3月28日判時1530号28頁〔東海大安楽死事件。被告人は，東海大学付属病院に多発性骨髄腫で入院していた患者（当時58歳）に対し，患者が既に末期状態にあり死が迫っていたものの，苦しそうな呼吸をしている様子を見た長男から，その苦しそうな状態から解放してやるためすぐに息を引き取らせるようにしてほしいと強く要請されて，患者に息を引き取らせることを決意し，殺意をもって，徐脈，一過性心停止等の副作用のある不整脈治療剤である塩酸ベラパミル製剤（商品名「ワソラン」注射液）の通常の2倍の使用量に当たる2アンプル4ミリリットルを患者に静脈注射した。しかし，患者の脈拍等に変化が見られなかったことから，被告人は，続いて，心臓伝道障害の副作用があり，希釈しないで使用すれば心停止を惹き起こす作用のある塩化カリウム製剤（商品名「KCL」注射液）を，希釈することなく静脈注射した。途中患者の心電図モニターに異常を発見した看護士が，心電図モニターを病室に運んできて，「心室細動が出ています」と声をかけたが，被告人はそのまま注射を続けて打ち終え，間も無く心電図モニターで心停止するのを確認し，心音や脈拍，瞳孔等を調べて「ご臨終です」と告げ，よって，患者を急性高カリウム血症に基づく心停止により死亡させたという事案〕「回復の見込みがなく死が避けられない状態にある末期患者が，なおも激しい苦痛に苦しむとき，その苦痛を除去・緩和するため死期に影響するような措置をし，さらにはその苦痛から免れさせるため積極的に死を迎えさせる措置を施すことが許されるかということであるが……ここでは，安楽死が許容されるための要件を考察する……一　まず，患者に耐えがたい激しい肉体的苦痛が存在することが必要である。……この苦痛の存在ということは，現に存在するか，または生じることが確実に予想される場合も含まれる……二　次に，患者について死が避けられず，かつ死期が迫っていることが必要である。……ただ，……積極的安楽死については，死期の切迫性は高度のものが要求されるが，間接的安楽死については，それよりも低いもので足りる……三　さらに，患者の意思表示が必要である。末期状態にある患者が耐えがたい苦痛にさいなまれるとき，その苦痛に耐えながら生命の存続を望むか，生命の短縮があっても苦痛からの解放を望むか，その選択を患者自身に委ねるべきであるという患者の自己決定権の理論が，安楽死を許容する一つの根拠であるから，安楽死のためには患者の意思表示が必要である。……四　そこで，安楽死の方法としては，どのような方法が許されるかである。……消極的安楽死といわれる方法は，……治療行為の中止としての許容性を考えれば足りる。間接的安楽死といわれる方法は，死期の迫った患者がなお激しい肉体的苦痛に苦しむとき，その苦痛の除去・緩和を目的とした行為を，副次的効果として生命を短縮する可能性があるにもかかわらず行なうという場合であるが，こうした行為は，主目的が苦痛の除去・緩和にある医学的適正性をもった治療行為の範囲内の行為とみなし得ることと，たとえ生命の短縮の危険があったとしても苦痛の除去を選択するという患者の自己決定権を根拠に，許容されるものと考えられ

は，結果回避義務のある医師は，患者を助けたり，延命するために，自分に可能なことはすべてしなければならない。患者はどの道死ぬであろうという仮定的因果関係は無視されなければならない。

　命に関わらない病人の場合，不作為が死に繋がるわけではない。医師が，こういった患者の嘱託に応じて死なせること，例えば，餓死させることは「治療行為」の不作為とはいえず，消極的安楽死とは関係がない。不作為による嘱託殺人が成立する[288]。

　消極的安楽死は，死病患者の苦痛が非可逆的に死に至る，あるいは，最終段階にあり，死が直接迫っていることを要しない。患者が治療を受ければ生命を維持できる場合であっても，消極的安楽死として不処罰である[289]。逆に，患者が引き続き医師の治療行為を望むならば，消極的安楽死は許されない[290]。患者の明示の意思表示もなく，又，その推定的意思も認定できないと

る。間接的安楽死の場合，前記要件としての患者の意思表示は，明示のものはもとより，この間接的安楽死が客観的に医学的適正性をもった治療行為の範囲内の行為として行われると考えられることから，……患者の推定的意思（家族の意思表示から推定される意思も含む。）でも足りる……積極的安楽死といわれる方法は，苦痛から解放してやるためとはいえ，直接生命を絶つことを目的とするので，その許容性についてはなお慎重に検討を加える。……それは，苦痛から免れるため他に代替手段がなく生命を犠牲にすることの選択も許されてよいという緊急避難の法理と，その選択を患者の自己決定に委ねるという自己決定権の理論を根拠に，認められる……この積極的安楽死が許されるための患者の自己決定権の行使としての意思表示は，生命の短縮に直結する選択であるだけに，それを行なう時点での明示の意思表示が要求され，間接的安楽死の場合と異なり，前記の推定的意思では足りない……本件で起訴の対象となっているような末期患者に対する致死行為が，積極的安楽死として許容されるための要件をまとめてみると，①患者が耐えがたい肉体的苦痛に苦しんでいること，②患者は死が避けられず，その死期が迫っていること，③患者の肉体的苦痛を除去・緩和するために方法を尽くし他に代替手段がないこと，④生命の短縮を承諾する患者の明示の意思表示があること，ということになる。」。本判決は，本事案起訴事実に関しては，そもそも安楽死の前提となる①を充足せず，さらに，③，④も充足していないとして，被告人に懲役2年，執行猶予2年の刑を言い渡した。本判決の犯罪理論上の問題点は，安楽死の不処罰根拠を違法性阻却に見て，間接的安楽死の正当化の根拠として患者の自己決定権を挙げているところ，積極的安楽死の正当化の根拠として緊急避難の法理と自己決定権を挙げているところにある。

[288]　*Moos*, (Fn. 276), Vorbem zu §75-79 Rn 32.
[289]　BGHSt 40, 260〔患者が非可逆的に判断能力を失っている場合，人工呼吸，輸血あるいは人工栄養補給といった生命延長措置を採らないことも許される〕。
[290]　*Moos*, (Fn. 276), Vorbem zu §§75-79 Rn 32.

き，医師は通常の治療義務を負い，消極的安楽死は可罰的である[291]。

一方的治療中止も客観的帰属が否定される場合がある。非可逆的意識喪失者にあっては，多くの場合，治療中止を求める明示の意思表示もないし，その推定的意思を確定することもできないであろう。患者が，なお意識があるときに口頭でまたは書面の指図によって，生命維持を要求していることもあろう。もしも，患者の意思だけが治療の不作為を正当化するとするなら，患者の意思が不明である，あるいは，患者が治療の継続を望んでいるとき，非可逆的意識喪失者にあってはその生命の終わりまで，医療技術的に可能な限り，人工的に生命が維持されるべきだということになろう。しかし，医学的に見て意識を取り戻すことはもはや無いと確実にいえる者，つまり，非可逆的意識喪失者はその生命をもはや精神的に「体験」できないのだという事実（生物学的生命は存在するが，主体的又は社会的死と云える状態）に鑑みると，一方的治療中止を厳格に禁止することには問題があろう。まだ死期は迫っていないが，しかし，永久に意識がないか，ほぼ意思疎通能力のない大脳のきわめて重い障害者（例えば，皮質欠損を伴う大脳損傷によって意思疎通の可能性がなくなったといえる一定形態の失外套症候群）という極端な事例それである[292]。患者が非可逆的意識喪失状態にあるとはいえない場合であっても，改善の見込みが無く極度に苦しんでいて，医的集中治療でしか生命が維持できないか，もう直に

---

[291] Moos, (Fn. 276), Vorbem zu §§ 75-79 Rn 37.
[292] 甲斐克則（「集末期医療・尊厳死と医師の刑事責任－川崎協同病院第一審判決に寄せて」ジュリスト1293号（2005年）98頁以下，103頁）は，遷延性植物状態の患者について，「人間の尊厳」の観点から，延命治療の打ち切りを肯定する。井田良（「生命維持治療の限界と刑法」法曹時報第51巻第2号（1999年）1頁以下，19頁）は，治癒不可能な疾病のために死期が迫り，しかも意識を失っており回復が不可能又は困難というとき，本人や近親者の意思にかかわらず治療義務が否定される場合があると論ずる。町野朔「法律問題としての『尊厳死』」（加藤一郎，森島昭夫編『医療と人権』（1984年）所収）209頁以下，238頁以下は，医師の生命維持義務を阻却する患者の回復不能性というのは，その人間としての生命の回復不可能性であり，意識の回復不可能性ではないという観点から，「意識回復の可能性がないことをもって，尊厳死を行なうことは許されない。そのような患者の生命を維持することは医師の義務である。ただ，そのような患者が末期状態に入り，生命回復の可能性がなくなった場合にのみ，延命措置中断が許される」と論ずる。諸学説の検討は，内藤555頁以下が詳しい。参照，ハンス・ヨアヒム・ヒルシュ（福田平，宮澤浩一監訳）『ドイツ刑法学の現代的展開』（1987年）160頁。

死ぬといえる瀕死者においても，患者の明示の意思表示又は推定的意思が無くとも，それどころか，患者の意思に反しても治療中止は許されよう。人間の生と死の尊厳という観点からは，純粋に生物的生命となった患者を一種の「生きている医学の缶詰」としてその露命をつなげることを命令し，一方的治療中止を禁止することは，人間の尊厳に反するといえよう。このような極端な事情の下にあっては，生命維持措置を継続することの客観的「規範的期待不可能性（normative Unzumutbarkeit）」ということもいえるのであり[293]，社会倫理的寛容の見地から，この不作為は作為と同値できないのであり，結果回避の法的命令はできず，したがって，作為への法義務，つまり，保障人義務は否定され，結局，客観的帰属が否定される。もっとも，医師は患者の生命を集中医療処置によって延長する義務を負わないにしても，基礎看護は確保されなければならない。人工栄養補給の中止が許されるか否かの判断に当たっては，その不作為が死に繋がる処置であるか否かが問題とされるべきである。他の処置をしないことが既に死へと影響を与えるとき，人工栄養補給を中止するべきではない[294]。

---

[293] A. Eser, Schönke/Schröder, Strafgesetzbuch Kommentar, 27. Aufl., 2006, Vorbem §§ 211 ff., Rn 29.
[294] Moos, (Fn. 276), Vorbem zu §§ 75-79 Rn 39-42.; ders., (Fn. 287. Sterbehilfe), 13.; BGHSt 32, 367, 379 f「消えつつある生命をなんとしてでも維持するという法的義務は存在しない。生命延長の処置は，それが技術的に可能であるからといってそれだけで不可欠というわけではない。従来の限界を超える医学技術の進歩に鑑み，装置の効率ではなく，生命及び人間の尊厳の尊重を基準とする個別事例判断が医師の治療義務の限界を決する」。心肺装置ないし人工呼吸器の遮断も価値的には一方的治療中止と同じ扱いをされるべきである。脳機能が無傷であるにもかかわらず心肺装置ないし人工呼吸器を遮断することは，自然主義的に見ると作為であるが，見込みのない医学状況においては，生命維持処置をとらないという不作為よりも当罰的とはいえない。社会的意味によると，医学的－治療的処置をしないということが問題となっている。医師が偶然に機器を遮断するか，それどころかそれを始動させないか，病室の空気へ切り替えるかは，規範的には重要でない。この点で，自然主義的作為の規範的客観的帰属は不作為の規範的客観的帰属に帰着するのであって，当該作為が許容される不作為と異なった評価を受けるべきでない。Moos, (Fn. 276), Vorbem zu §§ 75-79 Rn 45.; Moos, (Fn. 287. Sterbehilfe), 21.; Roxin, (Fn. 285), 101 f. もっとも，作為と見ても，薬剤治療をしないことがゆるされるならば，機械を使用する治療をしないということも許されざるを得ないので，作為か不作為かという問題は可罰性の問題の結論を左右するものではない。又，医師以外の者，例えば，看護師，親族が心肺装置などの取り外しをした場合も同様である。Eser, (Fn. 293), Vorbem §§211 ff. Rn 32.;

自殺未遂における消極的安楽死は客観的帰属が否定されることはなく，可罰的である。自殺未遂によって，つまり，故意に且つ自己答責的に，致死的自傷行為を行い，なおも自殺意思を継続し，他人による生命救助を許さない者は，その自己決定権につき，上述の死病患者のそれとは異なった扱いをされるべきである。なるほど，刑法第201条の自殺関与罪は自殺行為それ自体を可罰的とはしていないが，しかし，第三者による自殺関与（自殺共犯）を処罰している。このことは自殺行為それ自体が，法的に中立であるものの，社会倫理的に見ると非難に値することを意味するのであって，さもなければ，第三者の自殺関与の処罰を説明できない。自殺が社会倫理的に非難できない行為ならば，それに関与する行為も非難に値しないはずだからである。自殺は法律上禁止されておらず，適法ではあるものの，刑法の実質的基礎である社会倫理的規範に違反するが故に正当とは位置づけられないのである。自殺関与罪の規定は自己決定権よりも家父長的原理に優位性を認めているのである[295]。直接自殺に関与する自殺関与罪においては，間接自殺の形態であ

LG Ravensburg, NStZ 87, 229〔麻痺が進行していくと終末段階には喉頭及び呼吸筋に麻痺に至る，不治の脊髄病に罹患している妻をその夫は仕事をなげうって面倒を見ていた。死が避けられない状態になって，妻は入院し，人工呼吸器を取り付けられた。妻は特別の電動筆記器具の助けを借りて，もはや耐え難いので死にたい，早ければ早いほどよい，心からお願いすると訴えた。夫は，病室には他に誰もいない時を見計らって人工呼吸器を取り外し，心臓が停止するまで看取ったという事案。ラフェンスブルク地方裁判所は，妻の真摯な死の願望が夫の臨死介助を正当化するとして，要求に基づく殺人罪に関して無罪を言い渡した〕。

[295] 欧州会議は，欧州人権条約第2条「すべての者の有する生命への権利は法律で保護される」につき，法益主体の承諾があっても，第三者の侵害から保護されることを明らかにした。このことは，私的領域の尊重が同条約第8条第2項の定める社会「倫理」の保護の留保の下にあることを意味する。Moos, (Fn. 287. Sterbehilfe), 34（翻訳 624頁）; G. Duttge, Sterbehilfe aus rechtsphilosophischer Sicht, GA 2001, 158 ff., 175.

これに対して，我が国では，上田健二（「生命倫理学の視点から見た臨死介助の重要問題」現代刑事法42号（2002年）26頁以下，35頁以下）は，自殺それ自体は違法でも適法でもなく，「法的に自由な領域（Rechtsfreier Raum）」に属するから，自殺者の明示的且つ真摯な死への意思を前提として，自殺援助も「法的に自由な領域」に属するので，自殺援助はあたかも「適法である」として扱うのと同じ法的効果が付与されるべきと論じ，刑法第202条の改正条文を提案している。「他人の自殺行為への関与および彼の要求に基づく殺人は，それが自殺者または被殺者の真摯な意思の尊重によって決定づけられている場合には，罰せられない」。

る同意殺人罪におけるのと同様に，自殺者の死ぬ意思は無意味である[296]。上述のいわゆる「自然死因」をその成り行きに任せることと，死因が外因的である，つまり，不自然な方法で生命から別れを告げる自殺とは根本的に異なるのである。そうすると，自殺未遂後の自殺患者の治療拒否は非難に値する自殺を直接的に継続させることになるのであって，そうすると第三者は不作為によって自殺に関与してはならないのである。自然死因の場合とは異なり，結果回避のための保障人義務が遮断されることはない。このように理解することによって，当初は頑強に自己の自殺意思に固執し，後に，救命を感謝する自殺者を救うことにもなるのである[297]。

(2) 結果帰属

不真正不作為犯においても因果関係の問題と負責の問題は区別されなければならない。不作為の因果関係は，負責を根拠付ける出立点であって，これに続き，結果の客観的帰属を検証しなければならない。

---

[296] 自殺関与罪も同意殺人罪も処罰され，しかも殺人罪に比してその法定刑が軽いのであるが，それは自己の生命の維持がその個人を超える社会的次元を有しているからである。すなわち，一方で，個人が有するその生命を維持する利益があり，他方で，法共同体が有する他人からの生命の不可侵性への利益というものがある。個人はその利益に関して法的には自由に処分でき，したがって，自殺未遂は不処罰であるが，個人は法共同体の利益を処分できない。後者の側面が「殺害禁忌」に繋がる。*R. Moos*, Wiener Kommentar zum Strafgesetzbuch, 2. Aufl., 2002, § 77 Rn 8; *ders*. (Fn. 95), § 78 Rn 3.

[297] *Moos*, (Fn. 276), Vorbem zu §§ 75-79, Rn 46-51.; *ders*., (Fn. 287. Sterbehilfe), 28 ff.（邦訳，吉田敏雄「臨死介助，自殺及び自殺患者に対する医師の治療義務（下）」北海学園大学『法学研究』第43巻第3・4号・2008年・619頁以下）。
自殺関与の処罰規定のないドイツでも，連邦裁判所は可罰性を肯定する。BGHSt 32, 367 ff.〔重病で，夫に先立たれ，生活に疲れた76歳の女性がモルヒネの過剰摂取と睡眠薬で死のうと決意した。彼女が残した遺書には，入院も，集中治療も望まない，生命延長のための投薬の必要もないと書かれていた。尊厳のある死を迎えたいと。医師（*Wittig*）が回診のために訪問しときには，この女性は意識は無かったが，まだ生きていた。医師はそのままの状態で死を迎えさせた。連邦裁判所は，医師を無罪としたが，その理由は，患者が救われたとしても重い，非可逆的損傷が残ると思われ，このような場合，集中治療室には入れないという医師の良心判断を擁護できるというものだった。しかし，普通の場合は，医師が自殺者の死の願望に屈することは基本的に許されないと〕。しかし，学説は一般に可罰性を否定する。自殺者に心理的障害があれば，救助・治療義務も肯定できようが，そうでない場合には，患者の自律的決定を自殺の場合に尊重しないという合理的理由は見当たらないと。*Roxin*, (Fn. 285), 101.

a 相当性連関

不作為の因果関係を肯定するためには，命令された作為が行われていたなら，確実性に境を接する蓋然性をもって，具体的結果の発生を阻止できたという認定が必要であり，これが認定される場合，命令された作為が行われないなら，結果が発生するということが客観的に予見可能であったことも認定されるのが普通である。これが否定された場合，既に不作為の因果関係は否定される。これにより，命令された不作為と結果の発生の間の非定型的因果関係が排除されることになる。したがって，相当性連関には限られた適用領域しか残らない。結果が後続の作為に基づき，「まったく非定型的態様で」発生するとき，例外的に，不作為の因果関係はあるが，相当性連関が欠如する[298]。例えば，玄関前の地面の雪が凍結して非常に滑りやすくなっていること，そこで訪問客が滑って怪我をするかもしれないことの認識を有している家の所有者が，滑り止めの措置をとらずにいたところ，案の定，訪問客が滑って大腿骨骨折の大怪我をし，病院で手術を受け，その手術は成功したが，手術後，ガス壊疽で死亡したとき，家の所有者に訪問客の傷害の結果を帰属させることはできるが，その死亡の結果を帰属させることはできない[299]。

b 危険連関

前述の例において，麻酔医の重大な医療過誤により，患者が手術台の上で死亡したとき，この結果を家の所有者に客観的に帰属させることはできない[300]。

c 仮定的代替適法行為

不真正不作為犯においては，仮定的代替適法行為の問題は因果関係の問題に解消される，なぜなら，仮定的代替適法行為というのは義務に違反して実

---

[298] *Hilf*, (Fn. 1), §2 Rn 63.
[299] *Kienapfel/Höpfel*, (Fn. 6), Z 29 Rn 12a.
[300] *Kienapfel/Höpfel*, (Fn. 6), Z 29 Rn 12b.; *M. Burgstaller*, Wiener Kommentar zum Strafgesetzbuch, 2. Aufl., 2001, §6 Rn 64 ff.; *ders.*, Wiener Kommentar zum Strafgesetzbuch, 2. Aufl., 2001, §80 Rn 72 ff. 82.

行されなかった作為以外の何ものでもなく，仮定的代替行為の結果発生への仮定的作用は既に不作為の因果関係を認定するために必要であるからだとする見解がある[301]。これは当然のように思われるが，しかし，不作為の因果関係が肯定されてもなお危険増加の欠如の故に結果を行為者に帰属できない場合がありうる。すなわち，命令された（救助）行為をしていれば疑いも無く（つまり，確実性に境を接する蓋然をもって）危機に瀕している法益を維持する（つまり，構成要件該当結果を回避する）見込みが著しく高かったか否かの検証が必要である[302]。例えば，母子2人暮らしのマンション4階の1室で火災が発生し，炎に包まれている中で，幼児を救うには建物の外で待機している救助隊員の腕に投げ落とすしか母親には方法が残されていない。しかし，子を投げ落としても死の危険はある。下から投げ落とせという救助隊の声が聞こえるにもかかわらず，母親は逡巡する。幼児は窒息死するが，母親は間一髪救助された。この場合，母親の不作為とその子の窒息死の間には因果関係がある。命令された作為（窓から救助隊員の腕に投げ落とすという作為）があったならば，具体的結果（幼児の窒息死）は蓋然性と境を接する確実性をもって生じなかったといえるからである。しかし，命令された救助行為が疑いも無く幼児の生命を維持する見込みを著しく高めたとはいえないのであるから，結果の客観的帰属は否定されるべきなのである[303]。

---

[301] *Burgstaller*, (Fn. 300) §6 Rn 78.; *ders.*, (Fn. 300) §80 Rn 66.; *Steininger*, (Fn. 2) §2 Rn 124.
[302] *Kienapfel/Höpfel*, (Fn. 6), Z 29 Rn 12c.; *Hilf*, (Fn. 1), §2 Rn 65.; *Wessels/Beulke*, (Fn. 36), Rn 713.; *Kühl*, (Fn. 51), §19 Rn 4a.
[303] BGH JZ 73, 173 [Fensterwurffall].; *Kienapfel/Höpfel*, (Fn. 6), Z 29 Rn 12c.; *Hilf*, (Fn. 1) §2 Rn 65.; *Wessels/Beulke*, (Fn. 36), Rn 712.

第3章 違法性

　構成要件要素つまり不法要素のすべてが充足されると，作為犯におけるのと同様に，結果回避不作為の違法性が徴表される。したがって，違法性の段階では，正当化事由の存否だけが問題となる[1]。保障人の地位が違法性の要素であり，したがって，違法性判断に当たっては，構成要件該当性に加えて保障人の地位が積極的に認定されるべきであるから，不真正不作為犯の構成要件はいわゆる「開かれた」構成要件であり，そうすると不真正不作為犯では構成要件の違法性徴表効果は認められないとの見解[2]は拒否されるべきである。保障人の地位は客観的構成要件要素である[3]。

1　緊急避難

　不真正不作為犯の正当化事由としては，先ず，緊急避難がある。例えば，火災の際に，他人の物の保管者がその保管義務に従うことなく，別人の本来保管義務のないより価値の大きい物を救出する場合，保管義務を果たさなかったという不作為には正当化事由としての緊急避難が認められる[4]。この場合，別人の物が保管義務のある物と比較して同価値のときでも，保管義務に従わない不作為には正当化の緊急避難が成立する。別人の物を不作為によっ

---

[1]　 *E. Steininger*, Salzburger Kommentar zum Strafgesetzbuch, 2001, §2 Rn 125.; *K. Kühl*, Strafrecht AT, 6. Aufl., 2008, §18 Rn 135.; *H. Fuchs*, Österreichisches Strafrecht AT, 7. Aufl., 2008, 37. Kap Rn 80.
[2]　 *Th. Rittler*, Lehrbuch des österreichischen Strafrechts, 2. Aufl., 1954, 128 mN.
[3]　 *O. Triffterer*, Österreichisches Strafrecht, 2. Aufl., 1985, 14. Kap Rn 88.; *E. Steininger*, Der Irrtum über normative Tatbestandmerkmale, JBl 1987, 295 ff., 299 ff. 参照，團藤重光『刑法綱要総論（第三版）』（1990年）147頁。
[4]　 *Th. Lenckner, W. Peron, Schönke/Schröder*, Strafgesetzbuch Kommentar, 27. Aufl, 2006, §34 Rn 5.

て損壊することはその第三者の権利侵害を意味するのであって，そのような権利侵害は，保管義務によって保護される法益が優越する場合にのみ許されるからである[5]。

保障人がその救助義務を果たすためには同時に自分の法益を危殆化するか犠牲にするしかない場合も，正当化事由の緊急避難が問題となる。例えば，火災に際して，自分の生命を賭さなければ自分の妻を救助し得ない夫が，救助行為に出ないとき，正当化事由の緊急避難が成立する。救助行為の不作為によって守られなかった利益が不作為者自身の利益に優越していないとき，当該不作為は緊急避難によって正当化される。救助義務の履行によって利益を享受する者は，現在の危難に直面して，自らが許される避難行為をしたならばそこから生ずる害よりももっと大きな犠牲を払うことを救助義務者に要求することはできないからである[6]。

作為義務と不作為義務が衝突する場合も緊急避難の領域に入る。この場合，一般的には不作為義務が作為義務に優先する。刑法は，法的平和を維持する上で，作為を義務付けるのではなく，不作為を義務付けることで満足している。他人の利益に積極的に危害を加える者が処罰を免れるにはその正当性を証明しなければならない。これに対して，不作為にとどまる者は，そのことによって第三者の権利を侵害することはないのであるから，一般にはその正当性を証明する必要はない。例えば，人工呼吸器が1台しかない病院に，重態患者が搬送されてきたとき，担当医師が，既に別の重態患者に取り付けられていた人工呼吸器を取り外し，急患に取り付けたところ，当初の患者は間も無く死亡し，後から入院した患者は数週間後に無事退院できたという場合，当初の患者を殺してはならないという不作為義務（禁止規範）が優先するので，正当化緊急避難は成立しない。生命対生命という同価値の法益が対立している状況において，急患を救命するために既に治療の開始されて

---

[5] *H.-J. Rudolphi, Rudophi/Horn/Samson/Günther*, Systematischer Kommentar zum Strafgesetzbuch, 1992, Vor § 13 Rn 29a.; *C. Roxin*, Strafrecht AT II, 2003, § 31 Rn 205.
[6] *Rudolphi*, (Fn. 5), Vor § 13 Rn 29b.; *Roxin*, (Fn. 5), § 31 Rn 206.

いる患者を犠牲にすることは許されない[7]。

これに対して，犬に襲われている自分の子を守るためにやむを得ず他人の箒を用いてその犬を撃退したが，その箒も折れたという場合，ここでは子の生命・健康対物という位階の異なる法益が対立しているのであり，子を守るという作為義務は他人の物を損壊してはならないという不作為義務に違反してしか実現できず，したがって，（義務）緊急避難が成立する[8]。

2 保障人の義務衝突

不真正不作為犯における特別の正当化事由はいわゆる保障人の義務衝突である。すなわち，行為者に同時に複数（2個又はそれ以上）の，法的に重要な

---

[7] *W. Gropp*, Strafrecht AT, 3. Aufl., 2005, §6. B. Rn 156-157.; *C. Roxin*, Strafrecht, Strafrecht AT I, 4. Aufl., 2006, §16 Rn 117.

[8] 参照，内藤謙『刑法講義総論（中）』(1986年) 638頁，642頁。*U. Kindhäuser*, Strafrecht AT, 3. Aufl., 2008, §18 Rn 2.
　作為義務と不作為義務が競合している場合として論理的義務衝突と呼ばれるものがある。例えば，刑法第134条では薬剤師に秘密保持義務が定められているが，刑訴法第149条では薬剤師に証言拒絶権が認められていない。そこで，薬剤師が法廷で刑訴法第161条による証言を求められた場合，刑法上の業務上の秘密保持義務（不作為義務）と刑訴法上の証言義務（作為義務）が衝突することになるが，これは法規相互間の論理的関係を矛盾なく解釈することによって解決が図られる。刑訴法第161条によって刑法第134条の適用が制限されるので，この場合表見的義務衝突とも呼ばれる。内藤（注8）639頁，642頁。
　ちなみに，不作為義務と不作為義務の衝突というのは存在しない。殺すな，盗むな，騙し取るなといった禁止規範は不作為義務を基礎付けるが，これらの不作為義務は同時に並存できるからである。もっとも，不作為義務と不作為義務の衝突の例として，高速道路を運転中，誤って反対車線にはみ出たが，停車することも，後ろ向きに走ることも，方向転換することも許されず，進退窮まるといった例が挙げられる。しかし，不作為義務の意味からすると，ここには実際には不作為義務と不作為義務の衝突は見られない。高速道路においては，安全な自動車交通といった観点から，道路交通上の義務が定められている。当然ながら，自動車運転者は高速道路で十分な理由もなく停車したり，逆走したりしてはならない。しかし，反対車線にはみ出た者の事例で，そのまま反対車線を走行し続けると，停車するときよりもにいっそう危険であるといえるとき，この具体的状況下で，この運転者に「停車してはならない」との不作為義務を課すことはできない。十全な注意を払って停車する運転者に不作為義務違反を問うことはできない。同様に，既に反対車線にはみ出た運転者が，交通状況からすると，安全な道路交通のためには，正しい方向へ転換したほうがよい場合もありうるのであって，この場合，この運転者に「方向転換してはならない」という不作為義務を課することはできない。方向転換が危険にすぎる状況の下では，自動車を道路わきに停車すべきことになる。*Gropp*, (Fn. 7), §6. B. Rn 165-168.

作為義務が課せられるが，具体的状況からして1つの義務しか果たしえない場合である。これは行為義務衝突と呼ばれる。

　規範の名宛人が義務衝突の状況において1つの義務しか履行し得ないとき，果たせなかった義務に関して，「誰も不可能なことを義務付けられない」という原則が妥当する。規範名宛人は，義務が競合しているとき，自分の果たしえない義務に関して，行為不法が消滅し，違法性が阻却される。

　規範名宛人が競合する義務の中からいかなる義務を履行するべきかについては，義務の重さが規準となる。

　より価値の高い義務とより価値の低い義務が衝突するとき，より価値の高い義務が履行されなければならない。例えば，医療従事者が保障人として，火災に際して，高価な医療機器と生命・身体に危険の迫っている患者を救い出すという2つの義務を有しているところ，医療機器を犠牲にして，患者を救出するとき，2つの義務のうち1つしか果たしえない状況にあるなら，生命救助義務が優先する。医療機器の損壊を阻止しなかったという不作為は正当化される。同様に，船客と小荷物が海上に落下したとき，船長は船客を犠牲にして小荷物を回収してはならないのである。これらの場合，保障人には，犠牲になった法益に関して，それを救助する可能性も，確実性に境を接する蓋然もあったのであり，したがって，構成要件該当性が肯定されるものの，違法性が阻却される。

　同価値の義務が衝突しているときは，法はどちらの義務を履行するのが「正しく」，したがって，どうするべきかの判断基準を与えることはできず，どの義務を履行するかは規範の名宛人の判断に委ねられるのである[9]。炎に包まれた家屋の中で，父親がその幼児2人のうちの1人しか救助し得ない状況にあるとか，搬送先の病院に医療器具が1台しかなく，そこに同時に搬送

---

[9]　*W. Küper*, Grundsatzfragen der „Differenzierung" zwischen Rechtfertigung und Entschuldigung, JuS 1987, 81 ff., 89.; *Roxin*, (Fn. 7), §16 Rn 119. 参照，山中敬一『刑法総論（第二版）』(2008年) 544頁。森下忠「義務衝突の法的構造」岡山大学法経学会雑誌32号 (1960年) 1頁以下，41頁以下。大嶋一泰「刑法における義務の衝突」福岡大学35周年記念論文集法学編 (1965年) 276頁以下。同「刑法における義務衝突と緊急避難」福岡法学第21巻第3＝4号 (1977年) 275頁以下。内藤（注8）646頁。

された2人の重態患者の一方にしか接続できないといった場合がある。履行されなかった作為義務に関しては，違法性が阻却される[10]。これらの場合，義務付け規範が限定されるのであって，法的には，行為者に2人を救助する義務が課せられるのではなく，1人を救助する義務しか課せられない。具体的状況において誰にもできないにもかかわらず，行為者に対しては2人とも救助するようにとの不可能な要求をすることは到底できない[11]。そうする

---

[10] 同価値の義務衝突に関して，これを**構成要件不該当事由**と捉える見解もある。自分の2人の子のうち1人しか救助し得ない緊急状態の下にある父親には，初めから1つの，しかも代替的な生命救助義務しか課せられないのであり，父親はどちらかの子を救助しなければならないのであり，2人とも救助しなかったときは，殺害禁止を犯しているが，1個の既遂殺人罪しか犯していないと。*G. Freund*, Strafrecht AT, 2. Aufl, 2009, §6 Rn 96a.

しかし，この見解は適切でない。規範名宛人はどちらかの義務は履行できるのであるが，ただ同時に履行することができないだけである。それ自体構成要件に該当する不作為が，衝突する義務の履行のために例外的に許容されるのである。*Kindhäuser*, (Fn. 8), §18 Rn 3. 山中（注9）543頁。

他方，同価値の義務衝突を**責任阻却事由**と捉える見解もある。行為者は履行されなければならない，法秩序の要求する義務の1つを実際には履行しなかったのであり，この不作為は違法である。人間の生命を質的，量的に差異化することは許されないからである。しかし，法秩序は，正当化事由としての義務衝突とは異なり，解消不可能な義務衝突の只中にいる行為者の精神的決断を非難することはできないと。*H.-H. Jescheck, Th. Weigend*, Lehrbuch des Strafrechts AT, 5. Aufl., 1996, §33 V c.; *D. Kienapfel, F. Höpfel*, Strafrecht AT, 12. Aufl., 2007, Z 30 Rn 28. 阿部純二「義務の衝突」（福田平，大塚仁編『演習・刑法総論』所収（1971年）123頁以下，128頁）。しかし，この説によると，勇気を奮ってやっと1人を救助した者も，どの道2人を救うことはできないのだからと考えまったく救助行為に出なかった者も等しく違法と判断されることになる。これでは，1人でも救助するようにと人々を動機付けることが難しくなろう。*W. Küper*, Grund- und Grenzfragen der rechtfertigrnden Pflichtenkollision im Strafrecht, 1979, 24.; *Roxin*, (Fn. 7), §16 Rn 120.

なお，同価値の義務の競合の場合に，「法的に自由な領域」論から違法性阻却事由と同一の結論を導出する見解もある。*T. Dingeldey*, Pflichtenkollision und rechtsfreier Raum, Jura 1979, 478 ff. 近時のドイツ刑法学説の詳細については，勝亦藤彦「義務の『衝突』に関する一考察」（大谷實他編『宮澤浩一先生古稀祝賀論文集（第2巻）』（2000年）所収）295頁以下。

[11] 森下（注9）42頁「義務衝突にあっては，一方の義務履行によって利益を受けるのも，他方の義務違反によって不利益を蒙るのも，ともに同一の法秩序である。この法秩序単一性の思想を肯定するかぎり，小損害選択の原理を義務衝突解決の規準原理として採用することは是認される。法秩序にとっては，同価値の義務間の衝突において，どちらの義務が履行されるかは問題でなく，どちらの義務も履行されないことこそ問題だからである。ここに，一方の義務が適法とされる根拠が存在する。いいかえれば，行為の適法性と

と，義務が衝突しているのではなく，利益が衝突しているのである。したがって，行為者が2人とも救助しなかった場合，2個の（故意又は過失の）殺人罪ではなく，1個の（故意又は過失の）殺人罪が成立することになる[12]。違法性阻却判断にあたっては，行為者の動機を問題とするべきではない。法の下において人間の生命は同価値なのであるから，法が行為者の動機を評価し，それに基づいて作為義務の優先度を決定してはならない[13]。

競合する義務の衡量にあたっては，危険に瀕している法益の価値，同価値法益の侵害の重さ，危険の切迫性の程度（救助の緊急性）が考慮されなければならない。例えば，重傷者の治療は軽傷者の治療よりも優先されるべきである。緊急状況を惹起した者の違法性も考慮される。例えば，違法に事故を惹き起こした者が生命の危険な状態にあり，他方，それによって被害を蒙った被害者は軽傷にとどまるとき，前者が優先的に治療されるべきであるが，両者ともに同程度の怪我の状態であれば，被害者の治療が優先されるべきである[14]。

3　被害者の承諾

危機に瀕している者が救助を断念するか，拒否するとき，承諾の正当化事由が働く。しかし，こういった場合，既に，危険回避のための保障人の作為義務が否定されることが多い。但し，救助を必要とする者の自由な意思決定が存在すること，自分の行動の射程距離を知っていること，拒否することの状況的意味を理性的に理解できることがその前提要件となる。このことは，病人の面倒を見るための救助処置にもいえる。いかなる救助も拒否する者は，自分の運命の自己答責的引き受けをしているのであり，重大な損傷が迫

合義務性とは表裏の関係に立っている」。
[12] *H. Schlehofer, Jeecks/Miebach*, Münchner Kommentar zum Strafgesetzbuch, Bd. 1, 2003, Vor §§ 32 ff. Rn 164 u. 173.; *Kühl*, (Fn. 1), § 18 Rn 137.
[13] *Küper*, (Fn. 10), 24.; *Roxin*, (Fn. 7), § 16 Rn 121.
[14] *Roxin*, (Fn. 7), § 16 Rn 123.; *Schlehofer*, (Fn. 11), Vor §§ 32 ff. Rn 174. これに対して，事故を惹起した者の違法性は作為義務の優先度に影響を及ぼさないする説もある。*Th. Lenckner, Schönke/Schröder*, Strafgesetzbuch Kommentar, 27. Aufl., 2006, Vorbem §§ 32 ff Rn 74.

っているとか，処分のできない法益が問題となっており，それ故，被害者の承諾という正当化事由が働かない場合であってもそうである[15]。

4 正当防衛

不作為が正当防衛によって正当化される事態というのはほとんど考えられない。急迫不正の侵害行為を不作為によって防衛するというようなことを想定できないからである[16]。これに対して，一定の状況の下では，不作為は正当防衛における「侵害」と見られうることがあり，これに対しては正当防衛が許される。例えば，犬の飼い主が，その犬が通行人を襲っているのを見ながら，引き止める行動に出ないとき，犬の飼い主は不作為による「侵害」を行なっている。犬の飼い主は，危険源責任者としての保障人の地位にあるからである。不作為による侵害に対しては，危険源自体（犬）に対しても，不作為者自身に対しても防衛行為は可能である。後者の場合，正当防衛者は侵害者に対してその犬を呼び戻すように強いることができる[17]。

母親がその幼子に食事を与えず餓死寸前の状態にあるとき，母親の不作為による「侵害」があり，第三者はその子の母親に食事を与えるように強いることができるし，場合によっては母親の住居に入り自ら幼子に食事を与えることができる[18]。

---

[15] *Steininger*, (Fn. 1), §2 Rn 126.; *M. Hilf*, Wiener Kommentar zum Strafgesetzbuch, 2. Aufl., 2005, §2 Rn 146.
[16] *Roxin*, (Fn. 5), §31 Rn 203.; *Hilf*, (Fn. 15), §2 Rn 145.
[17] *P. Lewisch*, Wiener Kommentar zum Strafgesetzbuch, 2. Aufl., 2003, §3 Rn 16.; *Steininger*, (Fn. 1), §2 Rn 126.
[18] *Roxin*, (Fn. 7), §15 Rn 11. しかし，レーヴィシュ（注17）は，「侵害」が可能なのは，危険源（支配）管轄のある保障人だけに限定して，犬に襲われた子を見たその親が救助行為に出ないとき，犬の襲撃を阻止しないことが親の不作為による「侵害」とはいえないと論ずる。

参照，最決昭和57・5・26刑集36巻5号609頁〔日放労長崎分会会長であった被告人は，配転命令撤回，懲戒処分理由の明示を求め，長崎放送局長に団体交渉の申し入れをしたが，これを拒否されたので，他の組合員20数名とともに放送局の会議室の仕切りガラスを叩き割り，長机，ドアを壊し，会議室に侵入したという事案。〕「本件のように，使用者側が団体交渉の申入れに応じないという単なる不作為が存するにすぎない場合には，いまだ刑法第三六条一項にいう『急迫不正の侵害』があるということはできない」。

第4章 責　任

　不作為犯の責任非難は，行為者が，危機に瀕している法益を保護するべく積極的に出来事に介入するのに足りるエネルギーを使わなかったというところにある。この消極性において，一般的に，価値を積極的に侵害する場合よりも犯罪的心情が少ないといえる。不真正不作為犯の不法においては，等価値性の認定が要求されたが，それは不作為犯の不法の程度が作為犯のそれよりも一般的に低いことを意味するのであるが，不作為犯の責任も作為犯の責任よりも一般的に低いといえる[1]。

　責任に関しても，基本的には，作為犯において展開される要件，すなわち，責任能力，不法の意識（の可能性），期待可能性及び免責事由の不存在が妥当する。

　作為犯において，実行行為時点に責任無能力が認められる場合，原因において自由な行為の法理の働く余地があるが，それと同様に，不真正不作為犯においても，行為者が自ら責任無能力を招来し，この時点で現実化している作為義務を果たせないとき，原因において自由な不作為（omissio libera in causa）の法理が働く。例えば，踏み切り番が，飲酒のため，遮断機を下ろせなくなるとき，その不作為の故に処罰可能である[2]。

　構成要件的錯誤と命令の錯誤は区別されなければならない。行為者が保障人の地位を基礎付ける事情に関して誤った認識を有しているとか，保障人の地位を基礎付ける事情の社会的意味を正しく認識していないときは，構成要件的錯誤が存在するが，これに対し，行為者がこの両方を認識しているが，

---

[1]　*R. Moos*, Wiener Kommentar zum Strafgesetzbuch, 2. Aufl., 2002, §75 Rn 25.; *M. Hilf*, Wiener Kommentar zum Strafgesetzbuch, 2. Aufl, 2005, §2 Rn 148.
[2]　*K. Kühl*, Strafrecht AT, 6. Aufl., 2008, §18 Rn 12, 22, 32 u. 138.

法的結果回避義務はないと考えるとき，この錯誤は保障人の地位自体に関するものではなく，保障人の地位から生ずる法的義務の存在ないし限界に関する錯誤である。これは命令の錯誤といわれるもので，禁止の錯誤と同様に扱われる。すなわち，命令の錯誤が回避できないとき，責任が阻却される。例えば，夫が川でおぼれている女性が自分の妻だとは気づかなかったとき，保障人の地位に関する錯誤があるが，妻だと気づきながら，離婚間じかだから法的救助義務はないと考えるとき，命令の錯誤がある[3]。命令の錯誤を回避できない場合というのは，作為犯の禁止の錯誤を回避できない場合よりも多いといえよう。危険に瀕している法益を積極的介入によって保護する義務は，容易に認識できない場合が多いばかりか，保障人の地位とその射程距離に関して未解明の部分が多くあり，判例・学説の今後の展開に委ねられているところが大きいからである[4]。

現実の作為可能性から区別されるべき，命令された作為（適法行為）の期待可能性は不作為犯の独立した責任要素である[5]。不作為者の身体的及び精神的属性をもっていて，しかも法的に保護される価値を尊重する人であっても，具体的状況において，命令された作為をすることが「現実には期待できなかった」場合，保障人の地位にある者を非難することはできない[6]。また，保障人の地位にある者に命令された作為をすることが可能だったとしても，しかし，葛藤状況から異常な動機形成が生じ，そのため，法による作為の命令に従うことがあまりにも高すぎる要求の場合も，期待可能性は否定される[7]。例えば，父親が，火災で不安のあまり父親にしがみつく１歳の子

---

[3] D. Kienapfel, F. Höpfel, Strafrecht AT, 12. Aufl., 2007, Z 30 Rn 28. 参照，福田平「不真正不作為犯における保証者的義務の錯誤」（『團藤博士古希記念論文集第１巻』(1983年) 所収) 145頁以下。

[4] Hilf, (Fn. 1), §2 Rn 151.

[5] Kienapfel/Höpfel, Z 29 Rn 9. これに対して，シュトレーは，具体的状況から行為の期待ができないとき，作為の事実的可能性がない場合と同様に，結果発生の阻止義務は生じないとして，期待可能性を構成要件の問題と捉えている。W. Stree, Schönke/Schröder, Strafgesetzbuch Kommentar, 27. Aufl., 2006, Vorbem §§ 13 ff Rn 155.

[6] M. Burgstaller, Wiener Kommentar zum Strafgesetzbuch, 2. Aufl., 2001, §6 Rn 100 u. 101.

[7] R. Moos, Salzburger Kommentar zum Strafgesetzbuch, 2004, §4 Rn 125.; M.

第4章　責　任　145

を，地上で待ち受けている救助隊員の腕めがけて，その燃焼中の3階の部屋から投げ込む気には到底なれない場合，期待可能性はない[8]。故意の作為犯とは異なり，しかし，過失犯と同様に，不真正不作為犯では，期待可能性の積極的認定が必要である[9]。

Burgstaller, (Fn. 6), §6 Rn 101.
[8]　*Kienapfel/Höpfel*, (Fn. 3), Z 29 Rn 9.
[9]　*H. Fuchs*, Östrerreichsches Strafrecht AT, 7. Aufl., 2008, 37. Kap Rn 81.

第5章 未　遂

(1) 障害未遂

　不真正不作為においても未遂は可能である。保障人の不作為にもかかわらず、第三者の介入があったとか偶然により、結果が発生せず、被害者が救われたとか、あるいは、結果は発生しているが、仮定的因果関係が認められないとか、客観的帰属ができない場合に、未遂が成立する[1]。

　未遂の段階は、構成要件該当状況の存在、すなわち、結果発生を回避する作為可能性とともに発生する行為義務の懈怠から始まる[2]。命令された行為は一般に直ちに行われなければならない。但し、その場合でも、短い認知・熟慮時間は認められる（第2章Ⅱ1参照）。これを超えると、未遂が成立する。この認知・熟慮時間が経過する前には、故意がまだなかったということもありうる。構成要件該当状況の発生と故意の生ずる時点が異なりうるのである[3]。

　問題となるのは、保障人が結果回避措置の採れる最初の可能性を利用しなかったときにすでに、行為義務の故意の懈怠、つまり、未遂が認められるのか（最初介入可能時点説）[4]、命令された作為をするための最後の可能性を利用

---

[1] *O. Triffterer*, Österreichisches Strafrecht AT, 2. Aufl., 1985, §15 Rn 87.; *R. Moos*, Wiener Kommentar zum Strafgesetzbuch, 2. Aufl., 2002, §75 Rn 22.; *E. Steininger*, Salzburger Kommentar zum Strafgesetzbuch, 2001, §2 Rn 130.; *M. Hilf*, Wiener Kommentar zum Strafgesetzbuch, 2. Aufl., 2005, §2 Rn 153.
[2] *F. Nowakowski*, Wiener Kommentar zum Strafgesetzbuch, 1982, §2 Rn 39.; *Steininger*, (Fn. 1), §2 Rn 131.; *Hilf*, (Fn. 1), §2 Rn 154.
[3] *Hilf*, (Fn. 1), §2 Rn 156. 参照、野村稔『未遂犯の研究』（1984年）105頁以下、310頁以下。
[4] 牧野英一「不作為犯の未遂」（同『刑法研究2巻』所収（1921年））107頁以下、114頁〔犯意の遂行が確定的に外部に表明されたとき、つまり、第1回の食事を与えないときに未遂が成立する〕。西原春夫『刑法総論』（1977年）283頁〔行為者の作意がないと法益侵

しなかったときに初めて未遂が認められる（最終介入可能時点説）5)のかという点である。

最初介入可能時点説は支持しがたい。なるほど，最初の機会があれば，もうそれを保障人が利用するということが危殆化された法益の保護に繋がる。とりわけ，保障人も，以後も救助の可能性が残されているのか否かについて知りえないという理由からそういえよう6)。しかし，これでは，不真正不作為犯の未遂成立時点が早くなりすぎ，これは悪しき心情だけで処罰することに繋がる。行為者は，後の時点でも損害を見ることなくなおすることができることを，現時点においてしていないに過ぎないからである。行為者は，法益に危険が生じていないと考えるか，危殆化された保護法益をもっと後の時点でも救助しうると考え，実際，その間に，当該法益に危険が増加したとは云えない場合もありうる。例えば，自分の幼児を餓死させようとする母親が，殺意を抱いた後の最初の食事を与えないとか，看護師が患者に殺意を抱いて先ずは延命に必要な注射をしないが，看護師も知っているように，患者の生命にまだ危険が生じていない場合である7)。本説によれば，間接正犯の場合も未遂時期が早くなりすぎる。例えば，医師が，看護師に対し，回復不可能で，応答不可能ではあるがまだ臨死の状況にはない患者に栄養補給をしないように指示する場合にも，指示した時点において殺人未遂が成立する。しかし，患者の生命に危険はまだ生じていないし，医師もまだいつでも救命措置を採ることができるのであり，未遂を認めるには早すぎる8)。

害の危険が発生する場合，例えば，乳児に授乳しない母親の場合，作為義務は既に事前に潜在的に発生していて，ただ作為義務の内容たる作為に出なかったときに，作為義務違反が問題になる〕。*W. Maihofer*, Der Versuch der Unterlassung, GA 1958, 289 ff.; *O. Lönnies*, Rücktritt und tätige Reue beim unechten Unterlassungsdelikt. NJW 1962, 1950 ff.; *H. Schröder*, Grundprobleme des Rücktritts vom Versuch, JuS 1962, 81 ff.; *D. Herzberg*, Der Versuch beim unechten Unterlassungsdelikt, MDR 73, 89 ff.
5)　*Armin Kaufmann*, Die Dogmatik der Unterlassungsdelikte, 210 ff.; *H. Welzel*, Das Deutsche Strafrecht, 11. Aufl., 1969, 221.
6)　*Herzberg*, (Fn. 4), 91.
7)　*Th. Vogler*, Strafgesetzbuch Leipziger Kommentar, 10. Aufl., 1985, §27 Rn 110.; *K. Kühl*, Strafrecht AT, 6. Aufl., 2008, §18 Rn 146. 松宮孝明『刑法総論講義（第四版）』2009年・238頁。

行為者の主観から，結果発生を阻止するための最終的に可能な時点を徒過したときをもって未遂犯の成立を肯定する**最終介入可能時点説**[9]も支持しがたい。本説によると，中止未遂の成立する余地が無くなるからである[10]。さらに，最初介入可能時点説とは逆に，未遂犯の成立時期が遅すぎることも指摘できる。なるほど，行為者は，最終的可能時点で結果の発生をまだ阻止できると考えているが，行為者がそれまでのいくつかの結果回避可能性を無為に放置するとき，被害者には危険が著しく増加するのである。保障人義務は，最終段階の結果回避ばかりでなく，既に結果発生に間じかな危険を回避することも要求するのである[11]。

　そうすると，作為義務の懈怠をもって未遂が成立するのであるが，作為の可能性があるというだけでは足りず，作為が必要となる時点，すなわち，行為者の主観から，構成要件該当状況が存在し，保護法益に対する危険が生じており，それ以上待てば，行為義務者の結果回避行為が難しくなる[12]，つまり，時間の経過とともに，保障人による回避可能性が不確かになるときに初めて，しかし，そのとき既に作為義務の発生が現実的になると解するべきである[13]。例えば，上記の母親の例では，幼児に食事を与えないことによってその生命に危険が発生するときに初めて未遂が認められるし[14]，看護師の例

---

[8]　*Kühl*, (Fn. 7), §18 Rn 146.
[9]　中山研一『刑法総論』(1982年) 415頁注4「着手時期は，結果発生の具体的危険の側から論定されるべきであって，救助の可能性が現実にのこっている間は着手にはいたらないという主張も十分成り立ちうるように思われる」。宗岡四朗「可罰未遂の限界」九大法学39号 (1980年) 143頁以下，172頁以下〔実行の着手は，作為義務を放棄した時点であり，これは法益への具体的危険が切迫したときに認められる〕。
[10]　*C. Roxin*, Strafrecht AT II, 2003, §29 Rn 284.
　ミチュは，中止犯の成立ということを考慮すると，不作為の継続によって保護法益客体への危険が著しく増加したとき，つまり，命令を履行する最後の機会ではなく，その前段階をもって未遂とするべきであると論ずる。*J. Baumann, U. Weber u. W. Mitsch*, Strafrecht AT, 11. Aufl., 2003, §26 Rn 57.
[11]　*G. Strathenwerth*, Schweizerisches Strafrecht AT I, 1982.; §15 Rn 3.; *Kühl*, (Fn. 7), §18 Rn 147.
[12]　*Nowakowski*, (Fn. 2), §2 Rn 39 mN.
[13]　*Hilf*, (Fn. 1), §2 Rn 155.
[14]　*A. Eser, Schönke/Schröder*, Strafgesetzbuch, Kommentar, 27. Aufl., 2006, §22 Rn 51.; *Kühl*, (Fn. 7), §18 Rn 148.; *Roxin*, (Fn. 10), §29 Rn 272. 内藤謙『刑法講義総

においては，患者の体力が無くなるときではなく，患者に死の危険が迫ったときに初めて未遂が認められる[15]。

　結果発生の直接的危険がまだ生じていない場合であっても，保障人が結果の発生を阻止するための介入を成り行きに任せ，出来事の推移を自分の支配領域から手放したときは，その時点で未遂犯が成立する。例えば，鉄道線路巡回員が，列車が間も無く通過する時点で線路上に倒れている人を見つけながら，そのまま放置する場合，その時点で未遂犯が成立するのは当然であるが，いつ列車が通過するかとは関係なく，戻ってくるつもりもなく，人が倒れている線路から離れ，成り行きに任せた場合にも，その時点で未遂犯が成立する。後者の事例では，被害者の救助は第三者によって発見されるという幸運にかかっているのであるから，行為者が立ち去った時に未遂罪の成立が認められるべきである[16]。

　『論下 II』（2002年）1246頁は，未遂犯の実質的処罰根拠である既遂結果発生の具体的危険を「結果としての危険」と理解し，不真正不作為犯の実行の着手を結果発生の具体的危険の側から論定するべきとして，本設例の場合には，「幼児が餓死寸前にいたらなくても，著しく苦しみだしたとき（健康が害されて死の具体的危険が生じたとき）は，最後の救助の可能性が残っているとしても，結果発生の具体的危険の側からみて，不作為による殺人の未遂を認めうる」と論ずる。

15)　*Kühl*, (Fn. 7), §18 Rn 150.
16)　*J. Wessels, W. Beulke*, Strafrecht AT, 32. Aufl., 2002, §16 V 1 Rn 742.; *H.-H. Jescheck, Th. Weigend*, Lehrbuch des Strafrechts AT., 5. Aufl., 1996, §60 II 2.; *Roxin*, (Fn. 10), §29 Rn 272-277., 286-287. 参照，井田良『刑法総論の理論構造』（2005年）435頁「未遂不法は，結果発生の切迫性が肯定される場合だけでなく，行為者が結果発生・不発生に関するコントロールを放棄して（事態を手放して）成り行きにまかせ，大きな障害なしに結果に至り得る状況を設定した場合（結果発生の自動性が肯定される場合）にも認められ得る」。野村稔（注3）313頁。加藤敏幸「不真正不作為犯の未遂について」関大法学第32巻第1号（1982年）170頁以下。

　これに対して，内藤（注14）1247頁は，食物を与えない親が幼児を人里離れた山小屋に置き去りにした場合，その幼児に死の具体的危険が発生しない段階で救助されたときは，保護責任者遺棄罪は成立するが，不作為による殺人未遂は成立しないと論ずる。フォーグラー（*Th. Vogler*, (Fn. 7), §22 Rn 121) も，親がその森の中で生まれた嬰児を殺害の意図でそのまま放置し，家に戻る場合，その時点ではまだ未遂とはいえず，後の時点，つまり，その嬰児の生命への危機的状況を徒過したときに未遂犯の成立を認め，その理由として，その時点で犯罪が既遂に至る「犯罪意思」が明確になることを挙げる。しかし，具体的危険の発生のみを未遂時期の規準にすることには賛成できない。例えば，暗殺者が航空機の中に密かに爆弾を仕掛け立ち去った場合，この作為犯人にはその時点で殺人未遂罪が成立するし，その後，警備員がその爆弾を発見したが殺害の意図でそのまま放置した場

浦和地判昭和45・10・22（刑月2巻10号1107頁。控訴審の東京高判昭和463・4高刑集24巻1号168頁は原判決を維持した。）も、自動車の衝突事故で被害者に重傷（左大腿骨複雑骨折、頭部外傷、右下腿打撲傷で約6ヶ月の入院治療を要した）を負わせた後、自分の運転する軽乗用車に乗せて病院の方向に走行中、処罰も重く、多額な補償金も要求されると思い、途中で人通りのない場所へ運んで置き去りにし衝突事故の発覚を免れようと決意し、病院の所在する方向とは異なる方向に車を走らせ、午後一一時三〇分頃、事故現場から約二、九〇〇メートル離れた所に至り、未必の故意をもって、陸田窪みに被害者を助手席から引き摺り下ろして放置して、同所から逃走したが、翌日午前一時五五分頃、被害者を捜していた者らによって救助されたので、被害者は死亡するにいたらなかった事案について、「不真正不作為犯とは不作為による作為犯で、不作為とは期待された行為をしないことであるから、その着手の時期は客観的にみてことさらにその義務を放棄したと認められる時点」であると解し、具体的には、未必の殺意をもって被害者を車外に引き摺り下ろした時点に「着手の開始」を認め、被害者を放置して逃走した時点を「実行の終了」と解している。前橋地高崎支判昭和46・9・17（判時646号105頁）は、被告人甲が、小児麻痺のため歩行困難な被害者丙（69歳）をだまして所持金を奪おうと企て、情を知らない乙に自動車を運転させ、被害者を厳寒期に深夜人気のない山中に連行し、停車後、乙に情を打ち明けていやがる乙に強く協力を迫りこれを承諾させ、偶々排尿のため車外に出た丙から現金を引ったくり、そのまま置き去りにし乙の運転で同所を立ち去ったが、丙は一晩中付近を這いずり回り、同所から一四〇メートル離れた山子屋に辿り着き救護されたという事案につき、「自らが生命に切迫した危険のある場所まで連行した被害者をその場所に放置するという不作為の行為は、その場所の放置しないこと（作為義務を果たすこと）が可能であった以上は、作為によって人を殺す（又はその未遂）行為と構成要件的に同価値と評価し得るから、同被告人の不作為は、殺人（未遂）の実行行為としての定型性を具備していると認定すべきで

合、当該航空機の離陸後に爆発するように設定されていたという場合でも、警備員には立ち去った時点で殺人未遂罪が成立を認めるべきである。Roxin, (Fn. 10), §29 Rn 287.

ある」として，甲に不作為による殺人未遂罪の成立を肯定した。

原因において自由な不作為の場合も，自分の支配領域にある限り，法益への直接的危険が生じた時点で未遂が成立する。酩酊して眠り込み遮断機を下ろせなくなった踏み切り番の例において，行為者が酩酊した又は制御能力を失った時点ではなく，列車が接近したときに未遂が認められる[17]。

不真正不作為犯においては実行行為に接着した行為という概念はみとめられない。保障人は行為義務の発生前には可罰的足りえないからである。義務が一旦発生すると，不作為は既に所為の実行を意味するからである[18]。

⑵　中止未遂

作為犯においては，未終了未遂の中止犯は作為を任意に最終的放棄をすることで足り，終了未遂においてのみ積極的行為を要するが，不真正不作為犯にあっては，未遂犯は常に積極的行為に出なければならない，つまり，それまで為されなかった結果回避行為をしなければならない。そこから，不作為未遂は結果の回避行為を前提とするから，不真正不作為犯においては未終了未遂と終了未遂の区別は不要であり，終了未遂あるいは未終了未遂と見るべきだとの見解も打ち出される（単一説）[19]。

しかし，不真正不作為犯においても，未終了未遂と終了未遂の区別は可能であり，それぞれに応じて，中止犯の成立要件が満たされなければならない。未終了未遂は，行為者の主観からすると，構成要件的結果の発生を当初命令されていた作為を遅ればせながらでも行うことによって回避できる場合

---

[17]　*Kühl*, (Fn. 7), §18 Rn 150a.
[18]　*Trifferer*, (Fn. 1), 15. Kap Rn 86.; *Steininger*, (Fn. 1), §2 Rn 131. エーザーによれば，保護法益が不作為によって危殆化されているか，既に存在する危険が増加するとき，未遂が認められる。*Eser*, (Fn. 14), §22 Rn 50.
[19]　終了未遂説に，*Roxin*, (Fn. 10), §29 Rn 269. 未終了未遂説に，*G. Hager, W. Massauer*, Wiener Kommentar zum Strafgesetzbuch 2. Aufl., 1999, §§15, 16 Rn 16〔不真正不作為犯では未終了未遂しか考えられず，中止犯が成立するためには反対行為が必要である〕。Vgl. *W. Küper*, Der Rücktritt vom Versuch des unechten Unterlassungsdelikte, ZStW 112 (2000), 1 ff.; *H.-J. Rudolphi, Rudolphi/Samson/Horn/Günther*, Systematischer Kommentar zum Strafgesetzbuch, 1992, Vor §13 Rn 56.; *G. Freund*, Strafrecht AT, 2. Aufl., 2009, §8 Rn 67.; BGH, NStZ 1997, 485.

に認められる。例えば、殺意を抱いてその幼児を餓死させようとする母親が、普段与えていたのと同じような食事を再び与えればまだ救命できると考え、そうするときとか、水泳場の監視人が、水泳客が溺れているのを無視していたが、間も無く飛び込んでその水泳客を引き上げて救助したという場合、救助不作為の未終了未遂の中止犯が成立する。

終了未遂は、行為者の主観からすると、構成要件的結果の発生を回避するためには、当初命令されていた作為を行うだけでは足りず、他の特別の措置を採ることが必要である場合に認められる。例えば、上記の例で、母親が衰弱した幼児を救命するためには、当初命令されていた普通の食事を再び与えることでは足りず、病院での人工栄養補給が必要であると考え、そうするときとか、溺れた水泳客に人工呼吸を施すといった場合、不作為の終了未遂の中止犯が成立する[20]。

不作為犯の終了未遂にあっては、作為犯の終了未遂と同じく、作為にもかかわらず発生した結果は行為者に負責される。しかし、不作為犯の終了未遂の場合、例えば、結果発生の危険の程度を誤認して未終了段階にあると考えた行為者がそれに相応する作為をしたが、結果が発生したという場合のように、中止行為にもかかわらず結果が発生するという危険を行為者に負責させるべきでない。この場合、過失犯が成立する[21]。行為者が中止行為に出ている限り、結果の発生が第三者の関与によって回避された場合でも、中止犯が成立する[22]。

---

[20] *J. Wessels, W. Beulke*, (Fn. 16), §16 V 2 Rn 743, 744.; *Kühl*, (Fn. 7), §18 Rn 154.; *B. Tag, Dölling/Duttge/Rössner*, 2008, Gesamtes Strafrecht §13 Rn 32.; *W. Gropp*, Strafrecht AT., 3. Aufl., 2005, §9 Rn 72. 参照、斉藤誠二「不真正不作為犯の未遂」(『成蹊大学政治経済論叢終刊記念論文集上巻』(1968年) 所収) 262頁以下、2299頁以下。

[21] *Vogler*, (Fn. 7), §24 Rn 142.; *Eser*, (Fn. 14), §24 Rn 30.; *H.-H. Jescheck, Th. Weigend*, Lehrbuch des Strafrechts AT, 5. Aufl., 1996, §60 II 3 〔行為者が、当初命令されていた作為を行なわず、後に特別の作為を要する段階にいたってようやくこれを行なうという場合にのみ、結果発生を行為者に負責させることができる〕。反対、*Kühl*, (Fn. 7), §18 Rn 153 〔作為犯において、結果の発生があれば中止未遂は認められないのであり、このことは不真正不作為犯にも妥当する〕。BGH NJW 2000, 1730, 1732.

[22] *Vogler*, (Fn. 7), §24 Rn 142.; *Eser*, (Fn. 14), §24 Rn 30.

⑶ 不能未遂

不真正不作為犯においても不能未遂は可罰的である。学説には，不能未遂とされる事例においては，回避されるべき結果というものが差し迫っていないのであるから，行為者は，不作為の決意のみを理由として，つまり，法秩序に対する単なる反抗的意思を理由として処罰されることになり，これは，単なる心情無価値を処罰することを意味するとして，可罰性を否定する見解もある[23]。しかし，作為犯においても，事後的判断からすると，行為の態様

---

[23] E. Schmidthäuser, Strafrecht AT. Lehrbuch, 2. Aufl., 1975, 17 Rn 27; ders., Strafrecht AT, 2. Aufl., 1984, 13. Abschn. Rn 27/28「危険のない（不能）未遂というのは不作為犯においてはまったくありえない。このことは義務根拠付けの特別の構造から判明する。行為をしないことで侵害される具体的行為義務が存在するのは，現実に危険が客体に迫っていて，潜在的行為者が具体的状況において，結果回避の客観的見込みのある行為をする可能性がある場合に限られる。当事者が危険状況を表象したとか，救助の可能性があると考えたとかという理由だけで，人の行動を命令された行為の不作為と性格づけようとするなら，実際には，けしからぬ考え（Gedankensünde）を国の刑罰に利用すること，つまり，不法を伴わない不法の心情を犯罪だと宣告することになろう」。例えば，岸辺で横になっている者が子供たちの甲高い秋叫び声を聞いたが，自分の子が溺れ死ぬ危険があり，助けを求めていると誤信しながら，何もしないとき，殺人未遂は成立しない。又，母親が毒蛇にかまれた自分の子を救うことのできる薬品を持っていると誤信しながら，その不適当な薬品を投与しないときも，殺人未遂は成立しない。西田典之（『刑法総論』（2006年）110頁）も，「客観的に結果回避可能性がない場合には，そもそも不作為すなわち期待さるべき作為と言うものを観念することができないので，そこでは不作為犯の実行行為が欠如し，未遂犯も成立しない」と論ずる。

Rudolphi, (Fn. 19), Vor § 13 Rn 55.; ders., Die Strafbarkeit des versuchten unechten Unterlassungsdeliktes, MDR 1967, 1 ff. ルードルフイーは，不真正不作為犯の未遂を5分類している。そのうち，不可罰とされる場合として，先ず，保障人により保護されるべき法益には客観的には何等危険は存しないが，保障人が誤って自己により関渉せられるべき危険状態が存すると思った場合が挙げられる。例えば，①甲が，ある標的を射る目的で，銃を構えているのを，母親乙が，標的の傍らに立っている自分の子を殺そうとしているのだと誤信したが，乙は，自分の子が殺されるのを欲したので，甲の射撃を阻止することは可能であったにもかかわらず，そうしなかったという場合，②飲食店主は，正気を失うほどに酩酊していると思われた客が乗用車を運転していくのを敢えて引きとめようとはしなかったが，実際は，その客はほろ酔いすらしておらず，ただ，そのように振舞っているにすぎなかったという場合，③12歳の子供が密かに水泳を練習していたが，その父親を驚かせる目的で，第三者に水中に突き落としてもらったところ，その子はなお泳ぐことはできないと思っていた父親が，その子の溺死を欲して，第三者の行為をも阻止しなかったし，また，その子を救助するための措置も採らなかったという場合，④農夫がある夜その納屋に光輝を発見し，大火災の始まりだと思ったが，十分に保険金をつけてあるその納屋が燃え落ちてもかまわないと思い，その火と見違えたものを消そうとはしなかった場合

や客体の性質に鑑み当初から結果発生の危険性がない（不能未遂）にもかかわらず，行為者に代わる分別のある第三者が行為者の計画及び行為の事情を考慮した事前の判断からすると結果の発生が可能と考えた場合，その可罰性は認められる（相対的不能。印象説）。そうすると，不真正不作為犯における不能未遂の可罰性を否定する理由はない[24]。例えば，自分の子が川の中で溺れた振りをしながら遊んでいるのを見た父親が，実際に溺れていると誤信しな

を挙げ，これらは不能未遂の場合であって，「保障人により保護せられるべき法益は客観的には何等危険に晒されていない。保障人の不活動の結果として，外界にはまったく法益侵害結果が生じていない」ことを理由に保障人の当罰性を否定する。

次に，現実には客観的法益の危殆化が見られ，それどころか，法益侵害に進展するのだが，この危殆化が保障人によって保護されるべき法益とはかかわりがないとか，保障人が監視するべき危険源に由来するものでない場合，例えば，①激流に溺れている子を認め，それが自分の子であると誤信した者が，その死を免れさせるための措置を採らなかったという場合，②ある男が少女を強姦しようとしているのを見た看護師が，その男は自分の監督下にある精神障害者であると誤信したが，その行為を阻止しなかったという場合，③他人が高価な絵画を焼却しようとしているの気づいた者が，その絵画は自分の妻の所有物であると誤信したが，その焼却を阻止しなかった場合も不可罰である。

続いて，保障人が，自分によって保護せられるべき法益に向けられた第三者からの作為未遂を阻止しなかった場合であるが，例えば，父親が，殺害の意図で子を狙っている第三者の行為を阻止しなかったとき，第三者の行為が的を外れて死の結果が発生しなくとも（欠効未遂），父親は可罰的であるが，保障人が阻止しなかった作為の未遂が不能，つまり，絶対に危険でない未遂の場合は，父親は不可罰である。後者の場合，保障人によって保護せられるべき法益に危殆化が客観的にはおよそ欠如している，したがって，僅少の結果無価値が欠如しているからである。

最後に，保障人が，自分により回避せられるべき法益危殆化をなお阻止可能と誤信しながら，救助行為に出ない場合が不可罰とされる。例えば，保障人が，まだ救助の機会があると誤信しながら，既に死亡している者や，もはや救助し得ない事故負傷者を病院に搬送しない場合，不可罰にとどまる。こういった不能の不作為未遂の場合，不活動から生ずる結果無価値というものが欠如し，こういった未遂の不法は心情無価値のところにしか認められないからである。

ニーポート（*B. F. Niepoth*, Der untaugliche Versuch beim unechten Unterlassungsdelikt, JA 1994, 337 ff.）は，不真正不作為犯の不能未遂について，その当罰性は肯定するが，要罰性を否定することにより，結局，その可罰性を否定する。参照，塩見淳「不作為犯の不能未遂」法学論叢第148巻 3 = 4 号（2001年）277頁以下。

斉藤（注20）327頁も，ルードルフイーが不能未遂としているものを除外して，不真正不作為犯の未遂を認める。塩見淳（注23）277頁以下は，法益客体に対する客観的な危険が欠如している場合は未遂犯の成立を否定するが，侵害結果が回避不能の場合は未遂犯の成立を肯定する。

[24] *Kühl*, (Fn. 7), §15 Rn 151.; *Roxin*, (Fn. 10), §29 Rn 377.; *R. Moos*, Wiener Kommentar zum Strafgesetzbuch, 2. Aufl., 2002, §75 Rn 26.

がら，その子を救助しないとか，救助行為をすれば結果の回避が可能であると誤信しながら，夫がその川で溺れている妻を救助しないときは，不能未遂として可罰的である。これに対して，事実の認識において錯誤は見られないが，刑罰規範に関して錯誤が見られるとき，幻覚犯として不処罰である。例えば，川で溺れている妻を助ける客観的可能性がないにもかかわらず，自分の命を賭してまで救助をしなければならない法的命令があると考える夫とか[25]，川で溺れている子が隣人の子であると認識しながら，救助義務があると考える者とか，正当防衛行為として打ちのめした不正攻撃者を救助する法的義務があると考える正当防衛者は幻覚犯である[26]。

不作為者が不能を認識していなかった場合，不能未遂の中止犯も可能である。例えば，夫が，窓から転落した妻に気づきながら救助しなかったが，妻はその時点で既に致命傷を負っていたところ，それとは知らず，夫がしばらくして悔悟して救急車を呼んだとき，このような客体の不能を認識していないとき，行為者が任意且つ真摯に「結果回避」行為をするとき，中止未遂が認められるべきである。行為者の視点からすると，結果が発生しないが故に「既遂」とならなかったのか，結果が行為者には帰属できないような態様で発生したのかで違いが生ずることはないからである[27]。

---

[25] BGH NJW 1994, 1357.
[26] *Kühl*, (Fn. 7), §15 Rn 100a.
[27] *H. Kudlich, K. A. Hannich*, Anmerkung zum BGH, Urt. v. 15. 5. 1997, StV 370 ff.; *Wessel/Beulke*, (Fn. 16), §16 Rn 745.; *Kühl*, (Fn. 7), §18 Rn 154.; *Gropp*, (Fn. 20), §9 Rn 72b. これに対して，BGH StV 1998, 369〔酩酊状態にある被告人が，夕方，被害者を放熱器の後ろにあるニッチに挟み込み，そこから自力では抜け出ることができなくしたところ，翌朝，被害者はまだ生きていたが，熱効果で致命傷を負っていた。被告人は当初は被害者の面倒を見なかったが，被害者の泣き声を聞いていた隣人のきつい要請でこの隣人を家に入れた。その後，被害者は挟み込まれた場所から解放された。被害者は翌々日死亡したという事案。ドイツ連邦裁判所は，不作為による殺人未遂罪の成立を認めた。被告人は，朝7時に被害者が自分の行為のせいで死ぬであろう事を認識したとき，その死の結果を阻止することはできなかった。それ故，不作為の仮定的因果関係が欠け，被告人に殺人既遂を問擬することはできない。不作為犯の未遂は常に作為犯の終了未遂に等しく，結果の発生を阻止しないかぎり中止未遂は成立しないとした〕。本判例は中止犯の成立を否定したのは結論的には妥当といえよう。被告人の自発性と真摯性に疑問があるからである。

第 6 章 過失の不真正不作為犯

1 過失の不真正不作為犯概説

過失の真正不作為犯は，刑法典中には見られないものの，特別法中には散見される（例えば，運転免許証の過失不携帯罪）。これに対して，過失の不真正不作為犯は，過失犯規定の存在を前提に，可罰的である。主として，過失の不真正不作為が問題となるのは過失致死傷罪である。

過失の不真正不作為犯の構成要件は，故意の不真正不作為犯の客観的構成要件と過失の作為犯の構成要件から構成される。先ず，結果回義務を基礎付ける状況，命令された作為の非着手（不作為），命令された作為に着手する事実上の可能性（個別行為能力），結果の発生，不作為の因果関係及び保障人の地位が構成要件要素となる。次いで，注意義務違反の不作為行為が付け加わる[1]。

過失犯が成立する要件として重要なのは，客観的注意義務違反である。客観的注意の内容は，保護法益に対する危険を認識し，適切な評価を下す内面的注意と危険を取り除く措置を採る外面的注意である。すなわち，構成要件的結果の発生の客観的認識可能性から，その発生を避けるための客観的回避義務が生ずる。過失の不真正不作為犯にあっては，客観的認識可能性は保障人の地位を含む構成要件該当状況，不適切な救助行為等に及ぶ[2]。

過失の不真正不作為犯における注意義務と保障人の義務が重なる限り，主

---

[1] Vgl. *U. Ebert*, Strafrecht AT, 2. Aufl., 1994, 168.; *P. Bringewat*, Grundbegriffe des Strafrechts, 2. Aufl., 2008, Rn 639.; *K. Kühl*, Strafrecht AT, 6. Aufl., 2008, §19 Rn 4.
[2] *H.-H. Jescheck, Th. Weigend*, Lehrbuch des Strafrechts AT, 5. Aufl., 1996, §59 VII 2.

観的注意違反も個人の行為能力と一致せざるを得ない。すなわち、主観的注意違反は具体的不作為における個別事情に関わる個別行為能力を含むので、結局、これに解消される[3]。

保障人義務と注意義務の関係については、一方で、保障人義務というのは、換言すると、結果発生の阻止義務であり、他方で、保障人の地位にある者にのみ注意義務が、つまり、結果の発生を阻止するために必要とされる注意を払うことを内容とする義務が課せられるのである。そうすると、過失の不真正不作為犯における注意義務違反と保障人義務違反というのは、注意義務違反が保障人義務違反を含むという形で重なるのである[4]。

次のような場合に過失の不真正不作為犯が認められる。第1に、行為者が不注意にも結果回避義務を基礎付ける構成要件的状況を認識しないとき、行為者が結果の発生の迫っていることを認識しないときと（認識のない過失）[5]、認識はしているが、介入せずともやり過ごせると考える場合がある（認識のある過失）。前者は、母親がその子供の重い病気を見過ごし、死なせてしまった場合、後者は、母親がその子供の重い病気に気づきながら、医師に見てもらうことをせず、死なせてしまった場合である。第2に、行為者が、救助行為の手段があるにもかかわらず、軽率にも、救助に役立つ行為のできる状況

---

[3] *O. Triffterer*, Österreichisches Strafrecht AT, 2. Aufl., 1985, 14. Kap Rn 98.; *M. Hilf*, Wiener Kommentar zum Strafgesetzbuch, 2. Aufl., 2005, §2 Rn 47.

[4] *W. Wohlers*, Nomos-Kommentar Strafgesetzbuch Bd. 1, 2. Aufl., 2005, §13 Rn 21.; *K. Lackner, K. Kühl*, Strafgesetzbuch. Kommentar, 26. Aufl., 2007, §15 Rn 54.; *U. Kindhäuser*, Strafgesetzbuch, 3. Aufl., 2006, Rn 31.; *H. Fünfsinn*, Der Aufbau des fahrlässigen Verletzungsdelikts durch Unterlassen im Strafrecht, 1985, 98 ff. Dagegen *Cramer/Sternberg-Lieben*, *Schönke/Schröder*, Strafgesetzbuch. Kommentar, 26. Aufl., 2001, §15 Rn 143.

[5] *Roxin*, Strafrecht AT II, 2003, §31 Rn 197-200.; *Hilf*, §2 Rn 143. ヴェルツェルは、溺れている子どもが自分の子どもであることに気づかない父親について、溺れている子どもを救えという規範には意味があるが、溺れている子どもが自分の子どもであるか否かに注意を払えという規範には意味がないことを理由に、過失犯の成立を否定する。*H. Welzel*, Das Deutsche Strafrecht, 11. Auf l., 1969, S. 223. 大谷實『刑法総論（第三版）』2006年・78頁は、川で溺れている自分の子について、その父親が自分の子であると気づかないかぎり、保障人の地位はおよそ生じないと論ずるので、過失犯の成立は否定されることになろう。しかし、保障人の地位は客観的に定められるべきもので、行為者の主観に左右されるべきものではないので、本説は適切でない。

にはないと考える場合もある。例えば，行為者が，携帯している電話で救助を要請できるにもかかわらず，うかつにもそれ携帯していることを忘れてしまい，重病人を素人の自分には救うことができないと考える場合である。第3に，命令された作為をするに当たってそれが適切な行為であるとは云えない場合，保障人は命令された作為を試みているが，しかし，同時に，必要な注意を怠っている。例えば，川に飛び込んで救うことができるにもかかわらず，溺れている者には届かない縄をその者めがけて投げ込む場合である。第4に，行為者が保障人の地位を基礎付ける事実状況を認識しないときも，過失の不真正不作為犯が成立する。溺れて助けを求めている女性が自分の妻であることに気づかない夫とか，車道で自動車に轢かれて倒れている被害者を見たが，実は自分が轢いたことに気づかなかった運転者の場合である。法は保障人に構成要件的状況にある場合にそこに介入することを命令するばかりか，それ以上に，危険に陥っている者が自分の子どもであるか否かに注意を払うこと，自身が結果回避義務を基礎付ける状況を創出したのか否かに注意を払うことを命令している[6]。

注意義務違反が認められるとき，結果の発生が第三者や被害者自身によって自律的に招来された場合のように客観的帰属が否定されない限り，構成要件該当性が肯定される。

2 管理過失・監督過失

(1) 不真正不作為犯としての管理過失・監督過失

過失の不真正不作為犯においては，保障人義務は，故意の不真正不作為犯の場合とは異なり，結果の発生を直接的に回避する作為に関係するばかりでなく，結果発生の危険を排除すべき行為を行うことにも向けられている。すなわち，結果の発生を回避するべく，かなり早い時期に命令された作為が履行されなければならない。したがって，保障人として，一定の安全措置を採る義務あるいは他人の危険な作為を監視する義務を遵守しない者は保障人義

---

[6] *Th. Weigend*, Leipziger Kommentar Strafgesetzbuch, Bd. 1, 12. Aufl., 2007, §13 Rn 97.

務に違反している[7]。管理・監督過失と云われる法現象においても、このような保障人の作為義務違反が問題となっているのである。

わが国において管理過失・監督過失犯論の展開の契機となったのは昭和48年の「森永ドライミルク中毒事件差戻し第一審判決[8]」であった。次いで、昭和58年から昭和60年前半にかけて、ホテルや百貨店の大規模火災に伴う大量死傷事件に関わる「太洋デパート火災事件第一審判決」(昭和58年1月)、「千日デパートビル火災事件第一審判決」(昭和59年5月)、「川治プリンスホテル火災事件第一審判決」(昭和60年5月)、「ホテル・ニュージャパン火災事件第一審判決」(昭和62年5月)及び都市ガス漏れ事故に関わる「北ガス事件判決」(昭和61年2月)が管理・監督過失犯論の発展、しかもその不真正不作為犯構成の展開を促したのである[9]。

---

[7] W. Gallas, Die strafrechtliche Verantwortlichkeit der am Bau Beteiligten, 1963, 32. A. Schutzbach, Die strafrechtliche Verantwortung für Betriebsunfälle, 1983, 122.
[8] 徳島地裁判決昭和48・2・28判例時報721号7頁(森永乳業徳島工場では、昭和28年頃から、ドライミルクの溶解度を良好にする安定剤として、「協和産業」から第二燐酸ソーダを買い入れ、これを原料に混入してドライミルクを生産していた。ところが、昭和30年4月から7月にかけて買い入れた第二燐酸ソーダは、「協和産業」が従来納入していた製品とは別個の、「松野製薬」製造になる、いわゆる「松野製剤」であり、結晶が一見第二燐酸ソーダに似ており、納入品名も「第二燐酸ソーダ」と表示されていたものの、内容は、「松野製薬」がアルミナ製造の際にできた産業廃棄物を脱色・再結晶させたものであって、人体に有害な程度の砒素化合物を含有する粗悪有毒品であった。そのために、右「松野製剤」入りのドライミルクを飲用した乳児中、49名が死亡し、725名が皮膚症状・呼吸器粘膜症状などの傷害を受けた。当時の徳島工場長Oと、製造課長Kが業務上過失致死傷罪で起訴された。工場長は無罪「本件工場長が被告人Oのように事務系工場長である場合には、訴因に掲げるような直接的注意義務はもちろん監督上の注意義務も認めることができない」。製造課長は有罪「製造課長たる被告人Kも第二燐酸ソーダの使用については、その当初の研究、実験の段階から中心となって関与していて、その後本格的製造に入ってからは、毎回の第二燐酸ソーダの発注について、Y副主任をして規格品を発注させるよう指示監督すべき業務上の注意義務を負いながら前記のようにこれを怠り、Y副主任から漫然と単に第二燐酸ソーダとのみいって事務課に依頼し、同課から協和産業に対し無規格品の右薬剤を発注するにまかせていたので、納入品は当然成分規格について保証のない無規格品であったから、それが間違いなく第二燐酸ソーダであるかどうかについて無関心であり得る立場ではなく、当然右Y副主任をして右確認のための科学的検査をなさしめ、もって右毒物が粉乳に紛れ込むことを避止すべき注意義務があったというべきである」)。
[9] 参照、石塚章夫「管理・監督過失論学説史―その不真正不作為犯構成をめぐって」(『鈴木茂嗣先生古稀祝賀論文集上巻』2007年所収)413頁以下、422頁。同「捜査・訴追及び裁判上の立証」刑法雑誌第28巻第1号28頁以下。

いわゆる監督過失,管理過失では一般的には過失の不真正不作為犯が問題となっているのである。管理過失とは,従業者等の行為への監督の誤りではなく,管理者自身による物的設備・機構（例えば,消火設備,延焼防止設備,非常警報設備,避難設備）や人的体制などの不備自体が結果の発生に結びつく場合をいう。監督過失とは,他人に対する指導・指揮・監督等の不適切さが結果の発生に結びつく場合である。なるほど,安全体制の不備な企業活動を続けているという実体に着目すると,作為犯としての構成も可能に見えるが,しかし,企業活動そのものの社会的有用性,そしてその企業活動に伴う危険がかなり低い事に鑑みると,抽象的危険行為は認められるものの,作為行為の規範的危険性が否定され,したがって,作為の実行行為性は否定される（社会的相当行為）。もし,作為犯と構成するなら,個々の従業員の作為形態の営業行為を全体として捉え,これをもって管理者・監督者の作為行為と見ることになるが,これは擬制にすぎる。しかし,危険性は低いとはいえ,結果の発生の回避に備えた安全体制は確立しておかねばならないのである。それをしていないこと,つまり,結果回避措置を採らないという不作為こそが問題とされるべきなのである（第2章Ⅰ6(2)d参照）。

　判例は火災事故にかかわる管理・監督過失について,その行為の構造を明確に認識することなく,過失犯の注意義務の問題に焦点を合わせている[10]。

---

10) ①最一小決平成2年11月16日刑集44・8・744［川治プリンスホテル火災事件］昭和55年11月20日午後3時頃,川治プリンスホテルの新館（木造一部鉄骨亜鉛メッキ鋼板葺き一部瓦葺2階建）の婦人風呂拡張に伴う旧露天風呂の取り壊し作業に従事していた建設会社の作業員Hが,アセチレン切断による鉄柵切断作業に従事していたところ,不注意により,切断機の炎を婦人風呂外壁の間隙に流入させたため,同所付近から火災が発生した。火災は壁体内を上昇しながら婦人風呂屋根裏に達してから天井に燃え移り,充満した火炎及び煙は,屋根裏に接着していた新館2階への階段の天井及び側壁を燃え抜けてフラッシュオーバー現象を起こし,これにより大量の煙が流出し,煙は右階段部を上昇して新館2階廊下を東方に進み,新館と旧館の接合部である連絡通路を経て旧館（鉄骨木造亜鉛メッキ鋼板葺一部陸屋根5階建）に流入し,さらに,旧館中央階段及び西側階段を上昇して,3階,4階に充満し,これに続いて火炎が広がっていった。同ホテルには新館と旧館との各連絡通路部分には防火戸の設置がなく,旧館2階ないし4階の中央及び西側の階段部分は防火区画となっていなかったため,多量の煙や火炎が短時間に,しかも容易に旧館2階ないし4階の各階段,廊下,客室等に流入,充満した上,同ホテルの従業員による適切な火災通報,避難誘導がまったく為されなかったため,婦人風呂及びこれに隣接する大浴場

並びに旧館の2階ないし4階にいた宿泊客及び従業員の相当数は，外部に脱出することが困難となって逃げ場を失い，多量の煙，一酸化炭素等を吸入し，あるいは，新館屋根等に飛び降りざるを得なくなり，その結果，老人会の団体客を含む宿泊客42名及び従業員3名が死亡し，宿泊客22名が傷害を負った。この事件について，ホテルの代表取締役Tと，その妻で専務取締役のMが業務上過失致死傷罪で，作業員Hが業務上失火罪と業務上過失致死傷罪で起訴された。第一審（宇都宮地裁），原審（東京高裁）ともに被告人Mに有罪判決を下した。上告棄却。第一審は被告人H，被告人Tに有罪判決を下したが，両被告人ともに控訴せず。

「被告人（M）は，Tとともに同ホテルの経営管理業務を統括掌握する最高の権限を有し，ホテルの建物に対する防火防災の管理業務を遂行すべき立場にあったことが明らかであるが，宿泊施設を設け，昼夜を問わず不特定多数の人に宿泊の利便を提供する旅館・ホテルにおいては，火災の危険を常にはらんでいる上，被告人は，同ホテルの防火防災が人的にも物的にも不備であることを認識していたのであるから，いったん火災が起これば，発見の遅れ，初期消火の失敗等により本格的な火災に発展し，建物の構造，避難経路等に不案内の宿泊客等に支障の危険の及ぶ恐れがあることは容易に予見できたものというべきである。ところで，被告人は，同ホテルにおいては，防火管理者が選任されていなかったのであるから，必要と認められる消防計画を自ら作成し，あるいは幹部従業員に命じて作成させ，これに基づく避難誘導訓練を実施する義務を負っており，また被告人は，旧館二階ないし四階への煙及び火災の流入，拡大を防止し，宿泊客等の生命，身体の安全を確保するため，建築基準法令に従い，自らの責任において，新館二階と休館二階との連絡通路部分に煙感知連動式甲種防火戸を設置し，旧館二階ないし四階の中央及び西側の各階段部分を防火区画とする義務を負っていたというべきである。……本件火災による宿泊客等の死傷の結果は，被告人が右のような義務があるのにこれを怠ったことによる」。

②最高一小決平成2年11月29日刑集44・8・871［千日デパートビル火災事件］昭和47年5月13日午後10時25分頃，大阪市の千日デパートビル（地下1階，地上7階）3階の大部分を賃借していた株式会社ニチイから電気工事を請け負っていた業者の従業員らが同階売場内で工事をしていた際に，原因不明の火災が同階東側の右ニチイ寝具売場から発生し，2階及び4階にあった衣料品や寝具類はほぼ全焼した上，その際に発生した一酸化炭素を含む多量の有毒ガスが，キャバレー「プレイタウン」専用の南側エレベータの昇降路，E階段，F階段及びビル北側の換気ダクトを通って上昇し，7階の「プレイタウン」店内に流入し，その結果，一酸化炭素中毒及び救助袋による脱出の際の転落によって，客及び従業員118名が死亡し，42名が傷害を負った。この事件について，千日デパートビルの所有者である日本ドリーム観光の千日デパートビル管理部次長M（公判係属中死亡），同管理部課長で千日デパートビルの防火管理者N，日本ドリーム観光の子会社である千日土地観光株式会社が経営するキャバレー「プレイタウン」の代表取締役で管理権原者のK，同支配人で防火管理者Tが，業務上過失致死傷罪で起訴された。第一審（大阪地裁）は被告人N，K，Tに無罪判決を下したが，原審は一審判決を破棄し，被告人3名に有罪を言い渡した。上告棄却。

Nについて，「ドリーム観光としては，火災の拡大を防止するため，法令上の有無を問わず，可能な限り種々の措置を講ずべき注意義務があったことは，明らかである（……）。……本件火災に限定して考えると，当夜工事の行われていた本件ビル三階の防火区画シャッター等（……）のうち，工事のため最小限開けておく必要のある南端の二枚の防火区画

第 6 章　過失の不真正不作為犯　163

シャッターを除く，その余の全部の防火区画シャッター等を閉め，保安係員又はこれに代わる者を工事に立ち合わせ，出火に際して直ちに出火場所側の南端東側の防火区画シャッター一枚を閉める措置を講じさせるとともに，『プレイタウン』側に火災発生を連絡する体制を採っておきさえすれば，……『プレイタウン』への煙の流入を減少させることができたはずであり，保安係員又はこれに代わる者から一階の保安室を経由して『プレイタウン』側に火災発生の連絡がされることとあいまって，同店の客及び従業員を避難させることができたと認められるのであるそうすると，ドリーム観光としては，少なくとも右の限度において，注意義務を負っていたというべきであり……そうであれば……被告人Nとしては，自らの権限により，あるいは上司である管理部次長のMの指示を求め，工事が行われる本件ビル三階の防火区画シャッター等を可能な範囲で閉鎖し，保安係員又はこれに代わる者を立ち合わせる措置を採るべき注意義務を履行すべき立場にあったというべきであり，右義務に違反し，本件結果を招来した被告人Nには過失責任がある」。

　Tについて，「被告人Tにおいて，あらかじめ階下からの出火を想定し，避難のための適切な経路の点検を行ってさえいれば，B階段が安全確実に地上に避難することができる唯一の通路であるとの結論に到達することは十分可能であったと認められる。そして，被告人Tは，建物の高層部で多数の遊興客を扱う『プレイタウン』の防火管理者として，本件ビルの階下において火災が発生した場合，適切に客等を避難誘導できるように，平素から避難誘導訓練を実施しておくべき義務を負っていたというべきである。したがって……右注意義務を怠った被告人Tの過失は明らかである」。

　Kについて，「被告人Kは，救助袋の修理又は取替えが放置されていたことなどから，適切な避難誘導訓練が平素から十分に実施されていないことを知っていたにもかかわらず，管理権原者として，防火管理者である被告人Tが右の防火管理業務を適切に実施しているかどうかを具体的に監督すべき注意義務を果たしていなかったのであるから，この点の被告人Kの過失は明らかである」。

　③最一小判平成3年11月14日刑集45巻221頁［太洋デパート火災事件］昭和48年11月29日の午後1時10分頃以後に，営業中の熊本市内の太洋デパート本店店舗本館（地下1階，地上7階，一部9階）の南西隅にあるC号階段の2階から3階への上がり口付近で原因不明の火災が発生し，火炎はC号階段に切れ目なく積み重ねてあった寝具などの入ったダンボール箱を次々に焼いて3階店内に侵入し，さらに3階から8階までの各階に燃え広がってそれらの階をほぼ全焼し，午後9時19分頃鎮火したが，火災に際し，在館者に対し，従業員らによる火災の通報がまったくなされず，避難誘導もほとんど行なわれなかったため，多数の者が逃げ場を失うなどし，その結果，従業員，客及び工事関係者104名が死亡し，67名が負傷した。この事件について，太洋デパートを経営する株式会社大洋の代表取締役A（第一審係属中に死亡），筆頭常務取締役B（第一審係属中に死亡），取締役人事部長C，店舗本館3階の売場の課長で3階の火元責任者D，営繕部営繕課の課員で店舗本館の防火管理者として選任届けの出ていたEが業務上過失致死罪で起訴された。第一審（熊本地裁）はC，D，Eの過失を否定し，無罪を言い渡した。原審（福岡高裁）は，第一審判決を破棄し，被告人3名の過失を認め，有罪判決を下した。被告人上告。最高裁は原判決を破棄した上，被告人3名についての検察官の控訴を棄却した。これにより，第一審の無罪判決が確定。

　Cについて，「原判決が被告人Cに太洋の取締役会の構成員の一員として取締役会の決議を促して消防計画の作成等をすべき注意義務があるとしたのは，是認することができな

い。多数人を収容する建物の火災を防止し，右の火災による被害を軽減するための防火管理上の注意義務は，消防法は八条一項がこれを消防計画作成等の義務として具体的に定めているが，本来は同項に定める防火対象物を使用して活動する事業主が負う一般的な注意義務であると考えられる。そして，右の事業主が株式会社である場合に右義務を負うのは，一般に会社の業務執行権限を有する代表取締役であり，取締役会ではない。すなわち，株式会社にあっては，通常は代表取締役が会社のため自らの注意義務の履行として防火管理業務の執行に当たっているものと見るべきであり，取締役会が防火管理上の注意義務の主体として代表取締役に右義務を履行させているものと見るべきではない。原判決は，被告人Cについて取締役会の構成員の一員として消防計画の作成等に関与すべき立場にあった旨を判示するが，それが一般に取締役会が防火管理上の注意義務の主体であるとの見解の下に取締役である同被告人に右義務があることを判示した趣旨であるとすれば，失当といわざるを得ない。……取締役としては，取締役会において代表取締役を選任し，これに適正な防火管理業務を執行することができる権限を与えた以上は，代表取締役に右業務の遂行を期待することができないなどの特別の事情のない限り，代表取締役の不適正な業務執行から生じた死傷の過失責任を問われることはないものというべきである。これを本件についてみると，……本件において太洋の取締役会の構成員に過失責任を認めることを相当とする特別の事情があるとは認められない。したがって，原判決が被告人Cに太洋の取締役会の構成員の一員として取締役会の決議を促して消防計画の作成等をすべき注意義務があるとしたのは，誤りといわざるを得ない。さらに，原判決が被告人CにA社長の防火管理上の注意義務の履行を促すよう同社長に直接意見を具申すべき注意義務があるとしたのも，首肯し得ない。……自ら防火管理上の注意義務を負っていなかった同被告人に，A社長に対し意見を具申すべき注意義務があったとは認められない」。

　Dについて，「被告人Dがいかなる立場において本件の結果発生を防止する注意義務を負っていたかについてみると，同被告人は，店舗本館三階の売場課長であったが，売場課長であることから直ちに防火管理の職責を負うものとはいえない。そして，被告人Dの売場課長としての職務の中に三階の防火管理業務が含まれていなかったことは，記録上明らかである。また，被告人Dは，店舗本館三階の火元責任者であったが，消防法令の予定する火元責任者の主な職責は，防火管理者の指導監督の下で行う火気の使用及び取扱いであり（……），火元責任者であるからといって，当然に受持ち区域における消火，延焼防止等の訓練を実施する職責を負うものではなく，防火管理者からその点の業務の遂行を命じられていたなどの事情がなければ，右の職責を認めることができない」。

　Eについて，「消防法施行令三条は，同法八条一項に定める防火管理者の資格として，所定の講習課程を終了したことなどのほか，『当該防火対象物において防火管理上必要な業務を適切に遂行することができる管理的又は監督的な地位にあるもの』という要件を定めているところ，右の管理的又は監督的な地位にあるものとは，その者が企業組織内において一般的に管理的又は監督的な地位にあるだけでなく，更に当該防火対象物における防火管理上必要な業務を適切に遂行することができる権限を有する地位にあるものをいう趣旨と解される。しかし，……被告人Eがそのような地位にあったとは認められず，消防計画を作成し，これに基づく避難誘導等の訓練を実施するための具体的な権限を与えられていたとも認められない。もっとも，防火管理者が企業組織内において消防法八条一項に定める防火管理業務をすべて自己の判断のみで実行することができる地位，権限を有することまでは必要でなく，必要があれば管理権原者の指示を求め（同法施行令四条一項参照），

あるいは組織内で関係を有する所管部門の協力を得るなどして業務を遂行することが消防法上予定されているものと考えられる。しかしながら，……被告人Eが消防計画の作成等の主要な防火管理業務を遂行するためには，A社長や常務取締役らに対し，すべてそれらの者の職務権限の発動を求めるほかはなかったと認められるのであり，このような地位にしかなかった同被告人に防火管理者としての責任を問うことはできない。したがって，原判決が被告人Eについて店舗本館の防火管理者としてA社長らにりん議を上げることにより消防計画を作成し，これに基づく避難誘導等の訓練を実施すべき注意義務があるとしたのは，誤りというべきである」。

④最二小決平成5年11月25日刑集47・9・242［ホテル・ニュージャパン火災事件］本件ホテルの建物は，いわゆるY字3差型の複雑な基本構造を有する鉄筋コンクリート造り地上10階，地下2階である。本件火災当時，主として客室，事務所として利用されていた4階から10階までの部分については，スプリンクラー設備は設置されておらず，4階及び7階に代替防火区画が設けられていたにすぎず，加えて，防火戸は火災時に自動的に閉鎖しないものが多く，非常放送設備も一部使用不能状態にあり，消火，通報及び避難訓練もまったく行なわれていなかった。このような状態の中で，昭和57年2月8日午前3時16分，7分頃，9階938号室の宿泊客のタバコの不始末により同室ベッドから出火し，駆けつけた当直従業員が消火器を噴射したことによりベッド表層では一旦火災が消失したが，約1分後に再燃し，同室ドアが開放されていたため火勢が拡大した。右出火は当直従業員らによって早期に発見されたが，消防訓練等が不十分だったため，初期消火活動，避難誘導等をほとんど行なうことができず，非常ベルの鳴動操作，防火戸の閉鎖に思いつく者もいなかった。その結果，9，10階を中心とする宿泊客32名が死亡，24名が傷害を負った。株式会社ホテル・ニュージャパンの代表取締役社長と防火管理者である支配人兼総務部長が業務上過失致死傷罪で起訴された。後者については第一審の有罪判決が確定。「被告人は，代表取締役社長として，本件ホテルの経営，管理事務を統括する地位にあり，その実質的権限を有していたのであるから，多数人を収容する本件建物の火災の発生を防止し，火災による被害を軽減するための防火管理上の注意義務を負っていたものであることは明らかであり，ニュージャパンにおいては，消防法八条一項の防火管理者であり，支配人兼総務部長の職にあったHに同条項所定の防火管理業務を行なわせることとしていたから，同人の権限に属さない措置については被告人自らこれを行なうとともに，右防火管理業務についてはHにおいて適切にこれを遂行するよう同人を指揮監督すべき立場にあったというべきである。そして，昼夜を問わず不特定多数の人に宿泊等の利便を提供するホテルにおいては火災発生の危険を常にはらんでいる上，被告人は，昭和五四年五月代表取締役社長に就任した当時から本件建物の九，一〇階等にはスプリンクラー設備も代替防火区画も設置されていないことを認識しており，また，本件火災の相当以前から，既存の防火区画が不完全である上，防火管理者であるHが行なうべき消防計画の作成，これに基づく消防訓練，防火用・消防用設備等の点検，維持管理その他の防火防災対策も不備であることを認識していたのであるから，自ら又はHを指揮してこれらの防火管理体制の不備を解消しない限り，いったん火災が起れば，発見の遅れや従業員らによる初期消火の失敗等により本格的な火災に発展し，従業員らにおいて適切な通報や避難誘導を行なうことができないまま，建物の構造，避難経路等に不案内の宿泊客らに死傷の危険の及ぶおそれがあることを容易に予見できたことが明らかである。したがって，被告人は，本件ホテル内から出火した場合，早期にこれを消火し，又は火災の拡大を防止するとともに宿泊客らに対する

しかし，過失の不真正不作為犯にあっては，保障人義務の主体が過失犯の注意義務の主体を限定する，つまり，注意義務は保障人の地位に基礎付けられねばならないのである。したがって，先ず，保障人の地位が確定されなければならないのであり[11]，これによって処罰の範囲も限定されることになる。ホ

───────────────

適切な通報，避難誘導等を行なうことにより，宿泊客らの死傷を回避するため，消防法令上の基準に従って本件建物の九階及び一〇階にスプリンクラー設備又は代替防火区画を設置するとともに，防火管理者であるBを指揮監督して，消防計画を作成させて，従業員らにこれを周知徹底させ，これに基づく消防訓練及び防火用・消防用設備等の点検，維持管理等を行わせるなどして，あらかじめ防火管理体制を確立しておくべき義務を負っていたというべきである。そして，被告人がこれらの措置を採ることを困難にさせる事情はなかったのであるから，被告人において右義務を怠らなければ，これらの措置があいまって，本件火災による宿泊客らの死傷の結果を回避することができたということができる。以上によれば，右義務を怠りこれらの措置を講じなかった被告人に，本件火災による宿泊客らの死傷の結果について過失があることは明らかであり，被告人に対し業務上過失致死傷罪の成立を認めた原判断は，正当である」。

札幌地判昭和61年2月13日刑月18巻1・2号68頁［北ガス事件］については，参照，吉田敏雄「熱量変更計画最高責任者の監督過失」ジュリスト867号111頁以下。丸山雅夫「監督過失(2)」刑法判例百選Ⅰ総論（第六版）2008年・118頁以下。

[11] 参照，林幹人『刑法総論（第二版）』2008年・299頁以下。前田雅英『刑法総論講義（第四版）』2006年・276頁。なお，井田良『犯罪論の現在と目的的行為論』1995年・205頁は，従業員による客の招致行為を含む企業活動そのものは法人全体の企業活動の一環であって，個人の刑事責任を追及する刑事法にあっては，法人の営利活動を管理・監督者自身の行為と同一視することはできない。それのみならず，招致行為を作為による実行行為と見ることには，入館行為が個々の客自身の自主的判断に基づいているだけに無理があり，やはり，管理権原者や防火管理者等の不作為の態度を問題とせざるを得ないと論ずる。

これに対して，作為犯としての構成を試みる見解もある。山中敬一「因果関係（客観的帰属）」（中山研一・米田泰邦編著『火災と刑事責任』1993年所収）69頁以下，83頁以下は，注意義務違反には命令の不作為という要素があるが，これにより，過失犯が不作為犯になるわけではない，スプリンクラーをつけない不作為は，死傷の結果に対する過失致死罪を構成しない，なぜなら，過失致死罪の実行行為は，結果発生の具体的危険が発生する時点以降で問題となり，且つ，作為的側面において死傷を惹起するという因果力を要するからである，そして，個々的には様々な作為とスプリンクラー不設置のような不作為的要素からなる複合体としての「危険状態においてうまく作動しない欠陥ある結果防止システムを具体的危険発生以前に設置した」行為（危険状態拡大源設置行為）に着目し，これがそのような危険状態を創出し，維持し，ここから惨事が招かれた場合に，この全体的システムとしての「危険体制確立・維持行為」が作為としての因果力をもつとし，このように，不作為的要素が同時に全体的な行為複合における「作為」として結果に対する因果力をもって初めてこの行為が，事後的に危険実現判断を経て顕在化するところの過失犯の「事前的潜在的実行行為」となると論ずる。本説は，結局，具体的危険発生以前には，スプリンクラー等を設置しないという行為は，不作為としての実行行為たりえないが，全体

テルや百貨店においては，宿泊客によるタバコの火の不始末，買い物客，宿泊客その他の者による放火，厨房からの出火，その他原因不明の出火による火災の危険を常にはらんでおり，しかも，いったん火災が発生すれば，他人の生命・身体等への大きな被害が生ずる虞がある。この意味で，ホテルや百貨店は危険源といえる[12]。消防法上の管理権原者たる代表取締役等の経営の最高責任者や名目だけでなく，実質的に防火業務に従事している防火管理者は，火災による死傷の結果の発生する以前の段階から結果の発生を防止する

的な「行為複合」において作為と位置づけられることにより「事前的潜在的実行行為」になりうると論ずるのであるが，その論理が不明確であるのみならず，スプリンクラー等を設置しないという不作為が「現実の」実行行為となるかどうかは死傷の発生という偶然の事情に左右されるところに問題がある。参照，松宮孝明「刑事法学の動き　山中敬一『因果関係（客観的帰属）』」法律時報66巻9号111頁。

　酒井安行「管理・監督過失における実行行為－不作為犯なのか」（『下村先生古稀祝賀・刑事法学の新動向』1995年・103頁以下）も，安全設備の不設置等は実行行為としての不作為ではなく，客体の状況を示す状態にすぎず，漠然とした危険ではなく，具体的な危険のある状況においてホテルへ客を引き入れる行為が実行行為であると説く。本説によっても，ホテルや百貨店において現に出火し，多数の死傷者を出したということから出立して，直近の誘引，招致行為に実行行為性を認めることになるので，作為の実行行為性は結果の発生という偶然の事情に左右されることになる。

　佐久間修『刑法総論』2009年・310頁も，不十分な防災体制のままで営業を続けること自体が，多数の人々を危険な場所に招じ入れる点で，作為による過失の実行行為と見ることもできると論ずる。同旨，堀内捷三『刑法総論（第二版）』2004年・135頁。

　日高義博「管理・監督過失と不作為犯論」（『神山敏雄先生古稀祝賀論集第一巻』2006年・139頁以下）は，過失実行行為の実体は法益侵害の危険を惹起した客観的注意義務違反の行為であり，その内容は結果回避義務であり，これは，具体的状況によって，作為義務を要求することもあれば，不作為義務を要求することもあり，作為的要素と不作為要素を併せもっている，次に，過失実行行為の形態としては，作為の過失実行行為，不作為の実行行為，場合によっては，作為・不作為の過失実行行為も存在するが，不作為の過失実行行為を不真正不作為犯として捉える必要はない，なぜなら，過失犯処罰規定（刑法第209条，第210条，第211条）は作為の行為を前提にした規定ではない，というのも，過失犯における結果回避義務は作為，不作為の両方に向けられていることから，作為犯か不作為犯かという二者択一指向は意味を成さないからである，そうすると，結果回避義務違反の行為態様に着目するなら，「作為的過失犯」と「不作為的過失犯」に区別すれば足り，したがって，管理・監督過失において不作為が問題となる場合は「不作為的過失犯」として把握すべきだと論ずる。しかし，本説によっても，「不作為的過失犯」の場合，結果回避義務の主体の限定という問題は依然として残る。参照，石塚（注9「管理・監督過失論学説史」））433頁。

12)　参照，林幹人「監督過失の基礎」（『平野龍一先生古稀祝賀論文集（上巻）』1990年所収）325頁以下，335頁。同（注11）157頁，303頁。

ことができるような物的設備や人的体制を整備しておく監視保障人義務がある。管理過失の場合には，このような防火管理上の安全体制を整えていないというある程度早い時期の不作為が実行行為である[13]。監督過失の場合には，結果発生に接着した時点での不作為が実行行為と見られることが多いであろう。過失の不真正不作為犯において，結果の発生からかなり遡り，まだ具体的危険の発生していない時点で実行行為を認めることに問題はない。故意の不作為犯であっても，具体的危険の発生だけが実行行為の規準というわけではないからである。例えば，時限爆弾の仕掛けられていることに気づいた列車乗務員が，列車乗務交代時に乗客殺害の意図で放置したとき，時限爆弾が1日後に爆発するように設定されていたとしても，その時点で殺人の実行行為が認められる。結果発生時点からの時間的間隔の大小が実行行為性の決定的規準となるわけではない。

(2) 監督過失と信頼の原則

　同一の事業活動に関わる複数の者の刑事責任が問題となる監督過失においても，上位者に信頼の原則が適用されてその客観的注意義務違反が否定される場合がありうる。上位者である監督者が下位者である従業員に十全な安全教育・訓練を施している場合には，下位者の注意義務違反行為があっても，上位者の注意義務違反が否定されるのである。最判昭和63・10・27刑集42・8・1109［日本アエロジル工場塩素ガス流出事件］は，タンクローリーで運搬されてきた原料の液体塩素を工場の貯蔵タンクに受け入れるに際し，その

---

13)　参照，内田文昭「太洋デパート火災事故際高裁判決の論点」ジュリスト994号（1992年2月）48頁以下，53頁「一旦火災発生のときには，とり返しがつかなくなるほどに《危険》きわまりない状態を放置しておいたかどうかを問い，それが肯定できるならば，その時点に，業務上過失致死・致傷の《実行行為性》を認めてゆくべきであろう」。
　これに対して，神山敏雄『大コンメンタール刑法第2巻』（大塚仁他編）1989年・731頁は，管理権原者等の保障人義務を原則として否定し，したがって，その不作為は，原則として，業務上過失致死傷罪の構成要件に該当せず，例外として，防火管理者が，契約や事実上の引き受け等によって火災からビルを保護し，客・従業員の生命・身体の安全を保護することを日常業務としている場合には保障人の地位に立つことがありえるが，この場合，過去の防災措置義務違反によるのではなく，勤務時間中の火災発生以後における不作為の実行行為の過失責任が問われると説く。

第6章 過失の不真正不作為犯　169

作業に従事していた未熟練技術員がタンクの受入れバルブを閉めようとして誤ってパージバルブを開け，大量の塩素ガスを大気中に放出させて付近住民に傷害を負わせたという事案であるが，未熟練技術員Ｋ，これを指導監督しつつ作業に当たっていた熟練技術員Ｔ，受入れ作業担当の班の責任者であった技師Ｆ，これらの総括者で人員配置や安全教育の責任者でもあった製造課長Ｓの４名が業務上過失傷害罪で起訴された。最高裁は被告人４名の業務上過失傷害罪の成立を肯定したが，ＳとＦの監督責任について，「被告人Ｓ及び同Ｆは，未熟練技術員である被告人Ｋを技術班に配置して液体塩素の受入れ作業に従事させるに当たっては，同人が知識経験の欠如から単独で不的確なバルブ操作をして事故を起す危険が予見されたのであるから，同人に対する安全教育を徹底して行い，熟練技術員の直接の指導監督の下でなければバルブ操作をしないことなどを十分に認識させておくべきであり，少なくとも急遽同人を技術班に配置するに際してはその旨を同人に注意しておくべきだった。また，両被告人は未熟練技術員である被告人Ｋとともに液体塩素の受入れ作業に当たる熟練技術員に対しても，その直接の指導監督の下に被告人Ｋを作業に従事させ，決して単独でバルブ操作をさせることのないよう安全教育を徹底し，少なくとも被告人Ｋを急遽技術班に配置するに際してはその旨を熟練技術員に対し注意しておくべきであった。しかるに，両被告人は，これらを怠ったまま漫然被告人Ｋを技術班に配置して液体塩素の受入れ作業に当たらせるという危険な行為に出て本件事故を招来したものであるから，両被告人に過失があったことは否定すべくもない。」と判示した上で，さらに，原判決，第一審判決が，ＳとＦは「右の安全教育又は指示を行っただけでは足りず，液体塩素の受入れ作業の現場を巡回して監視する義務がある旨を判示している点は，過大な義務を課するものであって，正当とはいえない。すなわち，右の安全教育又は指示を徹底しておきさえすれば，通常，熟練技術員らの側においてこれを順守するものと信頼することが許されるのであり，それでもなお信頼することができない特別の事情があるときは，そもそも未熟技術員を技術班に配置すること自体が許されないことになるからである」と判示して，信頼の原則の適用の余地のあることを肯定している[14]。

⑶ 客観的帰属

　管理・監督過失でも行為と結果の客観的帰属が問題となる。行為の抽象的経験的危険では、発生した結果が、一般的経験からすると、事前の観点から客観的予測可能であり、したがって、不作為と予期される結果の間に経験的相当性があるか否かが問題となる。一旦出火すると、一般的にかかる不作為のために死傷の結果の発生を阻止できなくなることが予見できるし（抽象的経験的危険）、かかる不作為に社会的相当性があるともいえないから、不作為行為の帰属は可能である。結果の経験的危険では、具体的に惹起された結果が、一般的生活経験に照らして、事後の観点から客観的に予見可能であったか否かが問題となる（相当性連関）。不作為の危険領域の外にあるとき、つまり、客観的予見可能性がないとき、結果は不作為と相当性連関にない。管理過失の場合には、一旦出火した後の火災の拡大を阻止する作為義務が問われているので、防火管理体制の不備という不作為によって、出火後の火災の拡大を防ぐことができず、具体的形をまとって生じた死傷の結果を招来したといえる場合に結果の帰属が肯定される。「万一の危機発生」から生じうる結果発生を回避することが問題となっているのであるから、具体的な出火原因・出火・態様・時期の予見可能性が不要なのは当然である[15]。もとより、

---

14)　札幌高判昭和56・1・22刑月13巻1＝2号12頁［白石中央病院事件］も、病院においてボイラーマンの過失により火災が発生したが、火災報知機の始動により火災を知った夜警員は火災の状況を見て狼狽し、立ち去ったが、見習い看護婦、夜間当直アルバイトの助産婦は当初、報知器の誤作動と思い火災の発生の有無を確認せず、また火災発生を知った後も避難誘導などの適切な措置を講じなかったため、新生児や入院患者ら数名が死傷したという事案について、第一審が、病院長が日ごろの避難訓練をきちんとやっていれば結果は防止できたとして同人に業務上過失致死罪の成立を肯定したのに対して、被告人は、「本件病院の理事長兼病院長として、本件病院の経営及び管理部門全体を統括し、診療部門全体を監督する職責を担っており、旧館出火の場合に備えて新生児及び入院患者並びに付添い人の救出や避難誘導に関する職責をも当然負担していたといわざるを得ないけれども、本件病院の理事長ないし病院長としての立場から考えるとき、当直看護婦や夜警員が当然果たしてくれるものと予想されるような出火通報、非常口開扉及び新生児搬出などの救出活動ないし避難誘導活動が現実に実行されないであろうという場合までも考慮に入れて火災発生に備えた対策を定めなければならないとまでいうのは行過ぎといわざるを得ない」と判示して、無罪とした。

15)　参照、井田（注11）218頁。
　これに対して、予見可能性を責任に位置づけ、管理・監督過失については予見可能性を

不作為の時点では予見できなかった事情，例えば，常軌を逸した原因で出火したといったような事情がある場合，相当性連関が欠如する。

否定する見解がある。松宮孝明『刑法総論講義（第四版）』2009年・225頁は，管理・監督過失について，火災がいつ起こるかわからないということは，火災による死傷の具体的予見可能性がないということであるが，管理者らに抽象的の危険の認識がある場合もありうるものの，それは，死傷結果に対する過失ではなく，抽象的危険犯の故意にすぎず，したがって，危険状態での経営の継続は，抽象的危険犯で対処されるべきで，過失致傷罪で対処すべきでないと論ずる。町野朔『プレップ刑法（第三版）』2004年・218頁も，ホテルなどの防火火災対策に不備がある以上，一旦火災が起これば宿泊客に死傷の危険の及ぶことは容易に予見できるとはいえ，しかし，そのような火災発生の予見可能性がなければ，結果発生の予見可能性もない論ずる。同旨，浅田和茂『刑法総論』2005年・353頁。

第7章 不作為による正犯と共犯

1 間接正犯

　不作為による間接正犯というのは存在しない。間接正犯というのは事実上の行為支配に基づくのであるが，不作為犯にあっては，不作為者である背後者が他人（媒介者）を操縦支配する影響力を有するとはいえない，換言すると，媒介者は「背後者の意思の道具」となっているとはいえないからある。保障人の正犯性は法的な特別の地位によって基礎付けられた作為義務に基づいている。例えば，看護師が，その監督下にある被害妄想に罹っている精神病者による第三者への殺人行為を阻止しないとき，当該保障人としての看護師には不作為による直接正犯が成立する。保障人は，精神病者を自分の意思の道具にしているわけではなく，まったく無理強いされることなく振舞う者をすき放題にさせているに過ぎないからである[1]。

　これに対して，不作為による間接正犯を認める学説がある。不作為による間接正犯は道具の構成要件的法益侵害行為を惹起するという形での不作為による間接正犯は可能であるとの学説がある[2]。例えば，上記の例において看

---

[1] *H.-H. Jescheck, Th. Weigend*, Lehrbuch des Strafrechts AT, 5. Aufl., 1996, §60 III, 640.; *K. Kühl*, Strafrecht AT, 6. Aufl., 2008, §20 Rn 267.; *W. Gropp*, Strafrecht AT, 3. Aufl., 2005, §10 Rn 69.; *G. Stratenwerth*, Strafrecht AT, 4. Aufl., 2000, §14 Rn 12.; *C. Roxin*, Strafrecht AT Bd II, 2003, §31 Rn 175.; *V. Krey*, Deutsches Strafrecht AT Bd. 2, 3. Aufl., 2008, Rn 385.; *H. Otto*, Grundkurs Strafrecht AT, 7. Aufl., 2004, §21 Rn 108.

[2] *R. Maurach, K. H. Gössel u. H. Zipf*, Strafrecht AT, Tb 2, 7. Aufl., 1989, §48 III A Rn 95.; *J. Baumann, U. Weber u. W. Mitsch*, Strafrecht AT, 11. Aufl., 2003, §29 Rn 118f.〔間接正犯としての背後者の役割は専らその行為に依存するのであるから，背後者が作為で負責されるか不作為で負責されるといった問題も専らその行為に依存するのであり，媒介者の行為は問題とならない〕。BGHSt 40 257〔連邦通常裁判所は，アルツ

護師に不作為による間接正犯が肯定される。しかし，この場合，患者は看護師とは関係なく行為をしているのであり，看護師が患者の行為を惹起したとはいえない。もとより，看護師が精神病者に第三者を殴るように仕向けるという場合，看護師の作為による間接正犯が成立する[3]。ドイツ連邦通常裁判所の判例に，国境警備隊員がベルリンの境界を越えて西ドイツに逃亡する者に発砲・射殺した事案について，ドイツ社会主義統一党中央委員会政治局員に「組織支配」を理由に不作為による間接正犯を認めたものがある[4]。しかし，作為による間接正犯で展開された「組織支配」論を不作為犯に転用することはできない。不作為では，作為犯でみられるような背後者の操縦支配というものはないし，又，作為犯では，身分のない故意のある道具を利用する場合の利用者に間接正犯が認められるが，不作為では，背後者にこれに相当する「刺激」行為もない。たしかに，階統的権力構造からすると，政治局員の影響力は大きいのであるが，そのことから操縦的支配があったとはいえないであろう[5]。

これに対して，他人が意図していた結果発生阻止行為を暴行によって妨げる保障人は作為による直接正犯である[6]。他人を欺もうや脅迫を用いてこの者がしようとしている結果の発生阻止行為を妨げる保障人は，不作為をさせ

ハイマー症の疑いが強い70歳の女性患者の担当医と患者の息子が，脳障害をきたし意思決定もままならない患者に回復の見込みがまったく立たないため，これ以上の苦痛を与え続けることはできないと判断し，両名協議の上，看護人に対して，「患者にはお茶しか与えないように」との書面を渡したところ，看護師がこれに従わなかったが，患者は約10ヶ月後に肺水腫のため死亡したという事案で，担当医も息子も正犯意思を有し，且つ，行為支配も有していたとして，不作為による間接正犯の成立を肯定した〕。参照，内田文昭「不真正不作為犯における正犯と共犯」神奈川法学34巻3号（2001年）637頁以下，711頁以下。内田文昭『刑法Ⅰ（改訂版）』1986年・139頁〔子供が者を盗っているのを知りながら，これを阻止しないのは，不作為による窃盗の間接正犯〕。

[3] *C. Roxin*, Täterschaft und Tatherrschaft, 6. Aufl., 1994, 472.; *G. Stratenwerth*, Schweizerisches Strafrecht AT I, 1982, §15 Rn 7.
[4] BGHSt 48, 77.
[5] *Ch. Knauer*, Strafbarkeit wegen Totschlags durch Unterlassen bei Nichtherbeiführung eines Beschlusses des SED-Politbüros, NJW 2003, 3101 ff., 3102.; *Kühl*, (Fn. 1), §20 Rn 267a.
[6] *Roxin*, (Fn. 3), 472.

るという作為の形態をとった間接正犯である[7]。例えば，泳げない父親が，その溺れている息子を助けようとしている他人に，息子は泳げるから大丈夫だと言って救助行為を阻止するとき，父親には作為による殺人の間接正犯が成立する[8]。

2 共同正犯

a 複数の不作為者における共同正犯

作為犯の共同正犯では，共同の行為決意と犯行計画遂行への共同加功が前提となる。この要件が充足されると他人の行為分担も自分に負責される（一部行為の全部責任）。不真正不作為犯においては，犯行計画の積極的遂行というものはない。しかし，不真正不作為犯においては，作為犯とは異なり，保障人義務違反の不作為がある。そうすると，複数の保障人に「共同の結果回避義務」，つまり，結果回避のための相互支援要請・協働義務があり，それにもかかわらず，複数の作為義務者が，構成要件的結果の発生を阻止しないことを申し合わせて同一の結果回避義務に違反する場合，共同正犯が成立が認められよう。しかし，不作為では作為の共同正犯に見られるような行為の分担というものが存在しないから，行為分担の相互負責の必要はない[9]。例えば，父親と母親が申し合わせてその子の面倒を見ず，死なせてしまうとか，受刑者を共同して監視する任務を有している2人の刑務官が相互に意思

---

[7] *Jescheck/Weigend*, (Fn. 1), §60 III, 640.; *H.-J. Rudolphi, Rudolphi/Samson/Horn/Günther*, Systematischer Kommentar zum Strafgesetzbuch. Kommentar, 1992, §13 Vor §13 Rn 45.; *Gropp*, (Fn. 1), §10 Rn 68.; *Th. Weigend*, Leipziger Kommentar, Strafgesetzbuch, 12. Aufl., 2006, §13 Rn 84 Fn. 277.
[8] Vgl. *Kühl*, (Fn. 1), §20 Rn 267.; *P. Cramer, G. Heine, Schönke/Schröder*, Strafgesetzbuch, Kommentar, 27. Aufl., 2006, §25 Rn 56.
[9] *Kühl*, (Fn. 1), §20 Rn 268.; *Roxin*, (Fn. 1), §31 Rn 172 f.; *W. Wohlers* Nomos-Kommentar, Strafgesetzbuch Bd 1, 2. Aufl., 2005, §13 Rn 27. 参照，齋藤彰子「不作為の共同正犯(1)」法学論叢147巻6号（1999年）102頁以下，104頁以下。曽根威彦「不作為と共同正犯」(『神山敏雄先生古稀祝賀論文集（第1巻）』(2006年) 所収・405頁以下）407頁。これに対して，クライ (Krey, (Fn. 1), Rn 386) は，共同正犯というのは共同支配としての行為支配（機能的行為支配）を要求するところ，不作為にあってはかかる実体が存在しないことを理由に，共同正犯を否定する。

を連絡しながら被収容者の脱走を傍観した場合である[10]。但し，このような事例では，共同正犯を認める実益はそれほどない。作為義務を履行せず，結果の発生を阻止しない者は，他人の行動とは関係なく結果の発生を負責されうるからである[11]。したがって，同時正犯として解決することも可能である[12]。

不真正不作為犯において，共同正犯の認められる本来的事例というのは，複数の保障人がそれぞれ単独では結果の発生を阻止できず，共働して結果の発生を阻止しなければならない場合である。例えば，父母が川で溺れている自分らの子を救うために協働しなければ小船を川に出せないとか，金庫室に誤って人が閉じ込められたが，異なった鍵を有する2人の所持者によって同

---

10) RGSt 66, 70〔母親の不作為による嬰児殺についての父親の不作為の罪責が問題となった事件で，可罰的行為が複数の者の合意に基づく不作為によって実行されうるところ，父親は，男性として指導的地位を有していたこと，嬰児の死を予見し欲していたこと，母親の関与のもとにおいて生じたすべてのことを自分の犯行とみなしていたことからすると，父親には幇助でなく正犯が成立する〕。内田（注2）60頁以下は，複数の保障人間にあっては，それぞれの「不作為の重み」（主導的か従属的・周辺的）に応じて正犯（共同正犯）か共犯（幇助犯）が決められるという観点から，本判決を支持する。*A. Donatsch, B. Tag*, Strafrecht I, 8. Aufl., 2006, 318〔急いで輸血をしないと生命の危うくなる子がいるにもかかわらず，その両親が子にどんな治療も受けさせない〕。大塚仁『刑法概説（総論）』改訂版・1986年・260頁。AG München, Urt. v. 28. 5. 1998, NJW 1998, 2836 ff〔アメリカのコンピュサーヴ社ドイツ法人の代表取締役である被告人がアメリカ本社のサーヴァに投稿されたチャイルド・ポルノ等をドイツ国内の会員の見聞に供した事案に関して，ハードポルノ文書頒布罪につき，被告人にはアメリカ本社との不作為による共同正犯が成立する〕。参照，鈴木秀美「インターネット・プロバイダの刑事責任」法律時報71巻4号（1999年）116頁以下。東京地判昭和57年12月22日判タ494号142頁〔自宅に居住させていた従業員に対し，木刀なので数回にわたって暴行を加えて，鼻骨骨折を伴う鼻根部挫創，後頭部挫創等の障害を負わせた被告人2名が，このため，食欲が減退し，高熱を出し，意識も判然としなくなる等重篤な症状を呈するに至った当該従業員に，医師による適切な治療を受けさせなければ，同従業員が死亡するかもしれないことを認識しながら，傷害の事実が発覚するのを恐れて治療を受けさせず，自宅内にあった可化膿止めの錠剤等を投与する等にとどまったため，同人を死亡するに至らしめたという事案で，両被告人に不作為による殺人正犯の成立を認めたが，共同正犯については言及がない〕。
11) *Stratenwerth*, (Fn. 1), §14 Rn 15.; *ders.*, (Fn. 3), §15 Rn 9.; *Weigend*, §(Fn. 7), 13 Rn 82.; BGHSt 48, 77, 95.
12) 神山敏雄『不作為をめぐる共犯論』1994年・305頁，310頁は，この事例を「形式的共同正犯」と呼び，同時正犯として処理するが，不作為者全員の作為があって初めて結果の発生を回避しうる場合を「実質的共同正犯」と呼び，この場合に限り，共同正犯を認める。

時に開錠されなければ開けられない場合に，その2人の者がそのままにしておいたとか，製造会社の複数の取締役が共同してしかその欠陥製品を回収することができない場合，共同正犯が成立する[13]。

一方の保障人は単独では結果の発生を阻止し得ないが，他方の保障人は単独でも結果の発生を阻止しうるとき，両者の意思の連絡の下，作為義務を履行しない場合は共同正犯が成立し，両者の意思の連絡がない場合は同時正犯が成立する[14]。

保障人義務を有する者の不作為と保障人義務を有しない者の不作為との間

---

[13] 植田重正「不作為と狭義の共犯」関西大学法学論集13巻4・5・6合併号（1964年）267頁以下，270頁「この場合に2人の義務者は各自単独では救助が不可能であり，そしてかように結果防止が不可能な場合には，不作為自体が成立し得ないと見るべきであるから，不作為の同時犯（各自の単独正犯）とみることは，理論的に疑義があるからである」。

松宮孝明『刑法総論講義（第四版）』2009年・273頁は，単独では結果を回避できない場合など，客観的・社会的に共同の作為義務の違反が認められる限度で不作為犯の共同正犯を認める。

Jescheck/Weigend, (Fn. 1), §63 IV 2 682.; *Kühl*, §20 Rn 268.; *Stratenwerth*, (Fn. 1), §14 Rn 15.; *ders.*, (Fn. 3), §15 Rn 9.; *Weigend*, (Fn. 7), §13 Rn 82.; BGHSt 37, 106, 129.

[14] この例において，神山説によれば，単独でも結果回避可能性のある者には単独正犯，単独では結果回避可能性のない者には共同正犯が成立しそうであるが（参照，曽根（注5）408頁），神山（注8）192頁は，意思の連絡があるとき，不作為共同正犯が成立するが意思の連絡がないときは，単独で結果の発生を阻止できる保障人は不作為正犯，単独では結果の発生を阻止できない保障人は不作為による片面的従犯となるとするが，その理由として，単独で結果の発生を阻止できる保障人が保護法益の主たる役割を担っていることを指摘する。これに対して，齋藤彰子「不作為の共同正犯（2・完）」法学論叢149巻5号（2001年）41頁以下は，このような理由からは，意思の連絡があるときも，単独では結果の発生を阻止できない保障人は共犯となるはずであると論ずる。齋藤は，不作為の重要性の程度の相違，つまり，結果阻止の直接性，間接性の区別が決定的であり，前者が正犯，後者が共犯となると論ずる（40頁）。そうすると，レーヴェンハイム（*U. Loewenheim*, Anstiftung durch Unterlassen, 1962, 52）の例，つまり，「泳げない水泳客が水中に落ちて溺れそうになっている。ともにプールの管理人であるAとBとがプール・サイドに立っていたが，これを助けようともしない。AとBはともに泳いでいって救助すべき者であったが，当時Bは腕を折っており，したがって泳ぐことができなかった」という例において，レーヴェンハイムによると，Aには水中に飛び込んで水泳客を救助するという法益に対する直接的保護が期待されているのに対し，Bには近くにいる見張り人に知らせるという法益に対する間接的保護が期待されるので，Aは不作為正犯，Bは不作為による共犯となる。齋藤説もこれを支持することになろうが，Bにも見張り人に通知する等何らかの方法で救助が可能である限り，その懈怠は不作為正犯を根拠付けるべきである。参照，中義勝「不作為による共犯」刑法雑誌第27巻第4号（1987年）1頁以下，7頁注3。

には共同正犯は成立しない。例えば，母親がその男友達と殺害を申し合わせて自分の子に食事を与えず餓死させる場合，母親には不作為による殺人罪の正犯が成立するが，保障人の地位にない男友達には正犯は成立しない。男友達には，「餓死させよう」という等の言動が見られる場合には，不作為者に対する作為による共犯が成立する（下記3参照)15)。意思の疎通なしにそれぞれの思惑から不作為にとどまるとき，非保障人には正犯も共犯も成立しない。

b 不作為者と作為者の共同正犯

他人が作為によって構成要件的結果を招来し，保障人が結果の発生を阻止しないという態様で協働するとき，例えば，保護保障人がその被保護者の身体虐待を第三者にゆるす場合とか，銀行員が部外者と仕組んでこの者に「襲われた」振りをし，現金の「強奪」を許すが，犯行前に銀行幹部に注意を促すことはせず，亦，犯行中に急報することもしなかったとき，共同正犯が成立する。共同の犯行計画がある限り，作為で実現した重い事情も共同正犯の法形象により不作為者に負責される16)。もっとも，保障人は，作為正犯者の

---

15) BGH Urt. v. 23. 9. 1997, NStZ 1998, 83 f.
　保障人の地位のない者に幇助犯の成立を認める見解に，大塚（注10）260頁，286頁以下。内藤謙『刑法講義総論（下）II』2002年・1443頁。共同正犯の成立を肯定する見解に，大谷実『刑法総論（第三版）』2006年・257頁。川端博『刑法総論講義（第二版）』2006年・559頁。前田雅英『刑法総論講義（第四版）』2006年・477頁。佐久間修『刑法総論』2009年・376頁。曽根（注9）409頁。井田良『刑法総論の理論構造』2005年・437頁。
16) *Weigend*, (Fn. 7), §13 Rn 83.; *Baumann/Weber/Mitsch*, (Fn. 2), §29 Rn 89. 大塚仁『犯罪論の基本問題』1982年・334頁〔甲と乙とが意思を連絡して乙の子供丙を殺そうとはかり，甲が水泳のできない丙を川へ投げ込んだが，乙はこれを救助しないで放置したため，丙が溺死した場合，殺人罪の共同正犯が成立する〕。BGH NJW 1966, 1763〔客の乱暴を阻止しなかった飲食店主と乱暴を働いた客に不作為と作為の共同正犯が成立する〕。
　これに対して，共同の作為義務も共同の行為支配もないから共同正犯は成立せず，非保障人は作為の正犯，保障人は不作為の正犯と理解するのが，*V. Krey*, (Fn. 1), Rn 389a. ロクスィーン（*Roxin*, (Fn. 1), §31 Rn 174）は，作為犯も不作為犯も「義務犯」の場合に共同正犯の成立を限定する。例えば，刑務官甲と刑務官乙が意思を連絡して受刑者の逃亡を可能にするため，甲が当該受刑者に居室の鍵を渡し，乙が外に通じる扉の条を閉めないでおく場合。飲食店主が客甲が他の客乙に暴行を加えているのを黙認するとき，飲食店主は不作為の正犯であるが，甲の作為正犯と共同正犯にはならない。

犯罪行為を阻止する義務があるのだから，どの道，その違反により正犯となるので，共同正犯を認める実益はそれほど大きくない（下記4ｃｃｃ　ⅵ参照）。

　共謀共同正犯の成立を認めた下級審の裁判例がある。大阪高判平成13年6月21日判タ1085号292頁は，母親が当時1歳2ヶ月の三女が泣き出したことから，三女を殺害しようと決意し，顔面，腹部を殴打した上，抱きかかえた三女を布団上に叩きつけ，更にこたつの天板に叩きつけてその頭部を強打させ，頭部外傷等による急性硬膜下血腫により死亡させて殺害したが，その際，母親がこたつの前に立ち，三女を右肩付近に抱え上げた状態で，夫の方を振り向き「止めへんかったらどうなっても知らんから」と警告的言葉を発することによって，夫がいかなる態度に出るかを問いただした際，妻と一旦は目を合わせた夫が，ベランダの方を向いて自分を制止しようとしないことを確認したことから，三女をこたつの天板に投げつけて殺害するのを夫が容認したと理解し，他方，夫も，その場で妻の本件犯行を制止することのできる唯一の人物であったのに，自らも三女に死んでほしいという気持ちから，妻と一旦合った目を逸らし，あえて妻を制止しないという行動に出ることによって，妻が三女を殺害するのを容認したといえるとして，この時点で，三女をこたつの天板に叩きつけるという方法殺害することについて暗黙の共謀が成立したと認定した。本事案においては，共謀共同正犯を是認しない立場からでも，妻の作為による実行行為と夫の不作為による実行行為（犯罪阻止行為をしないという不作為）が認められ，殺人罪の実行共同正犯が成立する[17]。最決平成15年5月1日判時1832号174頁は，事故の状況に付き従うボデイガード役組員らの拳銃所持につき，それを直接指示していなかった（不作為の態様）ものの，その自発的所持を確定的に認識し認容していた上，組員らもそのことを承知していた場合における大手暴力団組長に，実質的には「所持させていたと評しうる」として，拳銃所持罪の共謀共同正犯の成立を認めたが，組長の正犯性を肯定するに当たって，その行為が作為なのか不

---

17)　*Stratenwerth*, (Fn. 3), §15 Rn 10. これに対して，曽根（注9）419頁は，妻と夫の間に共謀があっても，不作為にとどまる夫には幇助しか認められないとする。

作為なのかについては論じていない。

3 不作為犯に対する作為による共犯

　故意というのは因果過程の操縦であり、これが不作為には欠けているという理由から「不作為故意」というものを否定する目的的行為論によれば、構造上故意に結び付けられる共犯というのは認められない。不作為への教唆や幇助にみえる法現象は実際には行為決意が生ずるのを妨げるか、その遂行を妨げているにすぎない。他人の作為を妨げる行為は専ら作為犯の構成要件にしたがって判断されるべきである。したがって、救助しようとしている者に金銭を渡して救助を止めさせる者は常に殺人の正犯であり、不作為者が保障人であるか否かとは関係がないと[18]。しかし、この理論によると、非保障人が川で溺れている人を助けようとしたが、連れの非保障人が救助に行くのを思いとどまらせた場合、助けに行かない非保障人には作為義務がなく殺人罪は成立せず、助けを思いとどまらせた非保障人は殺人罪の作為による正犯が成立するという奇妙なことになる。更に、母親にその子を絞殺するように決意させた者は殺人罪の教唆犯となり、これに対して、母親にその子を餓死させるように勧誘する者は殺人罪の正犯となるというこれまた奇妙なことになる。そもそも、故意の意思内容が現実化意思を内容とするところ、何も実現されない不作為では、こういった意思は考えられないというのは独断に過ぎない。不作為者が認識しながら因果過程に介入せず、しかも、構成要件的結果の発生の可能性を少なくとも甘受すれば、不作為故意を認めるのに十分である。保障人はこういった故意を他人によって喚起されうるのである。次に、不作為者が救助行為をするか否かはこの者の自由な判断にかかっており、関与者には、その作為にも関わらず、構成要件的不法の実現を支配しているとはいえないのであるから、共犯が成立するとすべきである。目的的行

---

[18] *Armin. Kaufmann*, Die Dogmatik der Unterlassungsdelikte, 1959, 190 ff., 317.; *H. Welzel*, Das Deutsche Strafrecht, 11. Aufl., 1969, 206 f. カウフマン説とヴェルツェル説の詳細な紹介・検討したものに、神山敏雄「不作為をめぐる共犯」刑法雑誌18巻1・2号1頁以下。

為論は正犯を認めるのであるが，これは行為支配論と矛盾することになる[19]。

　加担行為と刑法上重要な結果の間に第三者の自由な介在行為があるという共犯の特徴は不作為犯においても存在するので，不作為犯に対する教唆や幇助も可能である。教唆も幇助も作為によって行なわれるので，共犯者の保障人義務は必要がない。教唆は，保障人に故意を生じさせ不作為にとどまらせるとき可能である。例えば，非保障人が救助義務のある消防吏員に燃焼中の家の中にいる人の救助に協働しないように勧めるとか（教唆），非保障人が母親に川で溺れているその子を救助しないように勧めるとか（教唆）といった場合である。不作為が正犯の行為であるから，幇助は，保障人の不作為にとどまる意思を精神的に強めるといった精神的幇助が一般的であろうが，しかし，物理的に容易にする幇助も可能である。例えば，川で溺れている自分の子を救助しない決意をした母親に，良心の呵責を感じさせないために注意をそらして，その決意を賞賛する者には精神的幇助が成立する。非保障人が救助義務のある消防吏員を隠まって，指揮者から燃焼中の家の中にいる人の救助に動員されないようにするとか，保障人である母親がその子の苦痛で泣く声に我慢できず，これ以上聞きたくないとき，非保障人が母親に耳栓を渡し，泣き声を聞こえないようにするといった場合は物理的幇助である。これらの場合，保障人には不作為による正犯が，非保障人には作為による教唆，幇助が成立する[20]。

---

[19] W. Stree, Teilnahme am Unterlassungsdelikt, GA 1963, 1 ff.; *Rudolphi*, (Fn. 4), Vor § 13 Rn 45.; *Stratenwerth*, (Fn. 1), § 14 Rn 19.; *Roxin*, (Fn. 1), § 26 Rn 170 f. u. 284.; *Cramer/Heine*, (Fn. 8), Vorbem §§ 25 ff. Rn 100.

[20] BGH NStZ 1998, 83〔救助をしない決意をしている保障人に，助けない方がいい，どっち道警察が来るからと言ってその決意を強めた一緒にいた非保障人〕. *P. Noll, S. Trechsel*, Schweizerisches Strafrecht AT I, 4. Aufl., 1994, 233.; *Donatsch/Tag*, (Fn. 10), 318.; *Stratenwerth*, (Fn. 3), § 15 Rn 12.; *Jescheck/Weigend*, (Fn. 1), § 60 III 1.; *Baumann/Weber/Mitsch*, (Fn. 2), § 31 Rn 23.; *Kühl*, (Fn. 1), § 20 Rn 271.; *Weigend*, (Fn. 7), § 13 Rn 86.; *Krey*, (Fn. 1), Rn 388 u. 389. 齋藤誠二「不作為犯と共犯」Law School 2巻11号（1979年）13頁以下，29頁以下。大塚（注10）270頁，278頁。

4 不作為による共犯

a 不作為による幇助

aa 正犯と幇助の区別　保障人が他者による作為の犯行を阻止しないことが，保障人の不作為による正犯となるのか，他者に対する不作為による幇助となるのかが問題となる。例えば，父親が，自分の子が他人を殺害しようとしているのを防止しないとか，自分の子が他人によって殺されようとしているのを傍観している場合，父親に殺人罪の不作為による正犯が成立するのか，殺人罪の不作為による従犯が成立するのかが問題となる。

　　aaa）日本の判例　日本の判例は，他者の作為正犯行為がある場合の保障人の不作為は原則として幇助であるとの立場をとっているようであるが，不作為による正犯と幇助犯を区別する規準は明確にされていない[21]。

---

21) 次の諸判決は不作為による幇助罪の成立を否定しているが，それはそもそも保障人義務が否定されたことによるものである。
　①福岡高判昭和25年8月1日高裁刑判特12巻122頁〔貸与した自己所有の船が密輸に使われていることに後で気づいたが放置した船主について，「密輸の事実を知った後積極的にその犯罪遂行に協力幇助した事実は認めることができない」として，密輸幇助罪は成立しない〕。
　②名古屋高判昭和31年2月10日〔社長から，苦境打開のため保険金騙取目的で放火する決意をもらされ，一応は反対したが，放火を断念させる努力をしなかった取締役について，放火切迫の場面に遭遇しながら放置したわけではなく，「決意を打ち明けられたに止り，具体的に何時如何なる方法で放火するか，或は，放火そのものを決行するかどうかも定かでない場合にまで，被告人等にこれを阻止すべき法律上の義務を認めるのは，無理であり，これを阻止する方法がない」ので，放火罪の不作為による幇助犯は成立しない〕。
　③大阪高判平成2年1月23日高刑集43巻1号1頁〔料理店を開店し，その客室を売春の場に提供しようと企てていた者の依頼によって，そのような事情を知らないままに同店に関する料理店営業及び飲食店営業の各許可について名義貸しを行い，後に売春の場所提供が行なわれている実態を知りながらこれを放置した者について，名義貸しという先行行為と他人の売春場所提供には関連が乏しく，前者を根拠として他人の正犯行為を防止する作為義務を認めることはできないから，不作為による売春防止法違反の幇助犯は成立しない。第一審判決は売春防止法第11条第2項違反罪（業務上売春場所提供罪）の幇助犯と認めた〕。
　④東京高判平成11年1月29日判時1683号153頁〔自己の従事するゲームセンター主任の甲は，実際上同等の立場にあった店員乙から，同店と関係するパチンコ店の集金人への強盗計画を打ち明けられ，困惑し，「止めた方が良いよ」といさめたが，「甲ちゃんには関係ないから」と言われ，「関係ないなら良いです」と答え，放置したところ，乙は実際に強盗を働き人を負傷させたという事案で，不作為が幇助に当たるというために必要な作為義

①大判昭和3年3月9日刑集7巻172頁は，町会議員総選挙に際して，中風症の選挙人に付き添い投票用紙を代書し投票するという選挙干渉行為を現認しながらこれを制止しなかった選挙長たる町長につき，「不作為ニ因ル幇助犯ハ他人ノ犯罪行為ヲ認識シナカラ法律上ノ義務ニ違背シ自己ノ不作為ニ因リテ其実行ヲ容易ナラシムルニヨリ成立」するとして，不作為による選挙干渉幇助犯の成立を認めた。

　②大判昭和19年4月30日刑集23巻81頁は，物資配給制度の下で，配給物資を購入するのに必要な通帳に記載されている世帯人員が減少しているのに，その異動を訂正せず配給物資を購入していた者がいるのを知りながら，それを放置した町内会長に，「世帯主ニ対シテ異動届出方ヲ督促シタル上異動訂正ヲ施スヘキ義務アルモノト解スルヲ当然ナリトス。蓋シ斯ク解セサルニ於テハ物資配給ノ適正円滑ヲ期シ得サレハナリ」として，不作為による詐欺幇助犯の成立を認めた。

　③高松高判昭和28年4月4日高裁刑判特36号9頁は，チーズの倉庫係が窃盗を企図する者から，「チーズの計算を1俵不正に誤魔化して貰い度い」と頼まれ，「その態度に依って暗黙の承諾を与え」た者につき，「他人の犯罪行為を認識しながらこれを防止すべき職務上の義務に違背し自己の不作為に依ってその実行を容易ならしめたときは不作為に依る犯罪の幇助ありと解するを至当とする」と判示して，不作為による窃盗罪の幇助犯の成立を認めた。

　④最判昭和29年3月2日裁判集刑事93号59頁は，ストリッパーの公然猥褻の演技を目撃しながら，微温的な警告を与えただけでその公演を続行させた劇場の責任者に不作為による公然猥褻幇助犯の成立を認めた。

　⑤東京地判昭和34年2月18日判時185号35頁は，配下の者たちが対立する愚連隊の者を拉致して自分らの所属する愚連隊の首領方に連行し，そこで問

務は，正犯者の犯罪による被害法益を保護すべき義務（保護義務）に基づく場合と，正犯者の犯罪実行を直接防止すべき義務（阻止義務）に基づく場合が考えられるが，本件においては，甲には，他店保管の売上金を守る義務もなく，乙を監督しその犯行を阻止すべき義務もないとして，不作為による幇助犯は成立しない。第一審判決は甲を強盗致傷罪の幇助犯と認めた〕。不作為による幇助を認めるための前提となる義務を保護義務と阻止義務に分けて各別に検討しているところ本判決の特徴がある。

責，暴行，刃物による傷害を加えたが，その際，当該首領は現場において配下の者らが暴行を加えるのを黙認していたという事案で，「問責暴行が行なわれている間，終始その場にあってその情況を現認し，事態の大事に進展すべきを知りながら輩下である他の被告人の右暴行を黙認しそのなすに委せ，……傷害の結果を未然に防止するに足る措置をとらず因って前記の通り傷害を惹起するに至らしめ」たとして，傷害幇助の成立を認めた。

⑥高松高判昭和40年1月12日下刑集7巻1号1頁は，他の者らが喧嘩に出かけるのに同行した者が，自分の登録済みの日本刀を他の者らが持ち出すことを黙認したという事案で，「刀剣類の所持を許されている者につき，その所持及び携帯について危害予防の法律上の義務が要請されている」として，不作為による日本刀の不法携帯幇助犯の成立を認めた。

⑦大阪地判昭和44年4月8日判時575号96頁は，他人所有の空き地を家庭菜園として利用させてもらう際，所有者からその土地の買い手や借り手が現れたら通知してほしいと依頼されていた者が，他人から材料置き場として一時的に簡易な小屋を立てさせてほしいと頼まれ，所有者の承諾なくこれを黙認していたところ，後に，この者が，本格的な建造物を建てたという事案で，建設を制止しなかったという不作為に不動産侵奪の幇助犯の成立を認めた。

⑧高松高判昭和45年1月13日刑月2巻1号1頁は，農業協同組合の預金払戻担当者が，預金者である農業共済組合の組合長が横領の意図で払戻請求をするに際して，情を知りながらこれに応じたという事案で，「払戻目的が刑事上不法なものであることを知った以上，これに応ずべきでないことは条理上当然である」として，不作為による業務上横領罪の幇助犯の成立を認めた。

⑨大阪高判昭和62年10月2日判タ675号246頁は，倒産会社からの債権回収を企図して，他の共犯者とともに拉致・監禁した同社経営者たる被害者を自分が側を離れれば正犯者が殺害することを予測しながら現場を離れ，その間に被害者が殺害されたという事案で，離れた者の行為を，「作為によって人を殺害した場合と等価値なものとは評価し難く，これを不作為による殺人罪

（正犯）に問擬するのは，相当ではない」と論じて，被告人に殺人罪の不作為による幇助犯を認めた[22]。

⑩札幌高判平成12年3月16日判時1711号170頁は，先夫との間に生まれた3歳のわが子が内縁の夫により致命的な折檻を加えられた際に，これを阻止する行為に出なかった女性に，傷害致死罪の不作為による幇助犯の成立を認めた。一審の釧路地判平成11年2月12日判時1675号148頁は，「罪刑法定主義の見地から不真正不作為犯自体の拡がりに絞りを掛ける必要がある以上，不真正不作為犯を更に拡張する幇助犯の成立には特に慎重な絞りが必要であることにかんがみると，甲の暴行を阻止すべき作為義務を有する被告人に具体的に要求される作為の内容としては，甲の暴行をほぼ確実に阻止し得た行為，すなわち結果阻止との因果性の認められる行為を想定するのが相当である」として，被告人に不作為による幇助犯の成立を否定したのに対して，札幌高裁は，「原判決が掲げる『犯罪の実行をほぼ確実に阻止し得たにかかわらず，これを放置した』という要件は，不作為による幇助犯の成立には不必要というべきである」と判示した。

⑪大阪高判平成13年6月21日判タ1085号292頁（上掲2 b）は，母親が三女を殺害しようとした際，父親（夫）の方を見て「止めへんかったらどうなっ

---

[22] ドイツの類似事例として，BGH NStZ 1985, 24〔危険な身体傷害に関与し，続いて他の共犯者による被害者の故意の殺害を回避しなかった被告人に不作為による故殺幇助が成立するか否かが争われた事案で次のように判示された。「故殺の幇助は義務違反の不作為によっても可能であり，その際，結果回避義務を基礎付ける幇助者の保障人の地位は，複数の者によって共同で行なわれた違法な身体傷害から発生しうる。被害者に生じている生命の危険が先行した犯罪行為に関与した幇助者の他でもなくその方法，範囲から発生しているか否かは関係がない。さらに，被害者の生命への危険が被害者に加えられた傷害から**直接**生じていることも必要でない。被害者への生命の危険は当該傷害から間接的に生じておればそれで十分である。なぜなら，被害者が傷害を負っているという状態から，他の因果連鎖が致死的影響を有しうる，例えば，負傷者が助けを要する状態で車道に横たわっており，自動車で轢かれそうになるという結果が生じうるからである。こういった，外から襲来して死因と成りうるものの影響を幇助者は回避しなければならないのであり，こういった死因はそれどころか被害者への第三者からの**故意**の攻撃にも見ることができる。このことは，特に，攻撃が－本件のように－先行した共同の身体傷害の共同正犯者の1人によって実行されたのだが－いわばこの共同の身体傷害の影響が残っているうちに－予期できた場合に云える」〕。

ても知らんから」と言ったが，自分も三女死んでほしいという気持ちがあったため制止しなかった父親に，殺人罪の共謀共同正犯を認めた。

⑫最決平成15年5月1日判時1832号174頁は，自分の身辺でボディガードをする組員が拳銃を不法に所持することにつき直接指示を下さなかった暴力団組長を拳銃不法所持の共謀共同正犯としている（上掲2b）。

bbb）　日本の学説　　我が国の学説では，判例と同じく，従来，原則幇助犯説が通説的地位にあるといってよいであろう。法律上，正犯者の犯罪を防止すべき作為義務を有する者が，その義務に違反して，故意にその防止を怠る行為は，不作為による幇助犯である，例えば，自分の子が他人を殺害しようとしているのを防止しないでいる父親は，子の殺人罪を防止すべき作為義務に違反し，又，自分の子が他人によって殺されようとしているのを傍観している父親は，子の生命を擁護すべき作為義務に違反しており，いずれも不作為による幇助犯が成立する[23]。最近でも，「原則」幇助犯説を主張し，結果回避義務が行為者との関係から（例えば，親子間の犯罪阻止義務）生ずる場合，通常，不作為による幇助にとどまり，事情によっては正犯が成立し，結果回避義務が法益との関係から（例えば，倉庫の管理人の財物保護義務）が生ずる場合も，多くは幇助にすぎず，正犯は例外であるとし，その背後には，作為犯においては現実的な行為支配があるとすれば，不作為犯のそれは潜在的・可能的にすぎず，結果の発生に重要な役割を果たすのは行為を現実に支配する行為者であり，不作為者は「従属的な役割」を演ずるに過ぎないという考えがあると説く学説がある[24]。しかし，これらの見解によれば，自分の子が他人によって殺されようとしているのを傍観している父親には殺人罪の幇助犯の成立が認められるが，自分の子が自ら生命の危難に陥っているのを傍観している父親には殺人罪の正犯が成立するということになるが，このような区別をする法理論的根拠がが明らかでないという問題がある。

これに対して，作為義務二分説も主張されていた。それによると，自分の

---

[23]　大塚（注10）277頁。内藤謙（注15）1444頁以下。
[24]　堀内捷三『刑法総論（第二版）』2004年・295頁以下。参照，林幹人『刑法総論（第二版）』2008年・438頁。山口厚『刑法総論（第二版）』2007年・361頁以下。

子が他人によって殺されようとしているのを傍観している父親の場合，その保障義務は子の生命に向けられているので，子が溺死しそうになっているのを傍観していた父親と同様に，殺人の正犯が成立するが，自分の子が他人を殺害しようとしているのを阻止しない父親の場合，父親には他人の生命を保障すべき義務はなく，ただ自分の子が他人を射殺しにいくということとの関係からこれを防止すべき義務が出てくるにすぎず，殺人罪の不作為による幇助犯が成立する[25]。本説には，不真正不作為犯における作為義務というのは，結果発生回避義務であるという観点からは，作為義務を正犯を基礎付ける「結果の発生を回避すべき直接的な保証者的義務」と「それ以前の安全監護義務ないし安全管理義務の違反を介して間接的結果発生を誘発ないし促進する場合」の幇助犯を基礎付ける作為義務に二分することに疑問が生ずる。

　作為義務二分説に対して，近時，不作為による正犯・共犯の作為義務は等質であり，作為義務の程度によって，その不作為の重要性を区別することはできないとの立場から，結果回避確実性規準説とも呼ばれるべき学説が登場した。これによると，不作為者が作為に出ていれば「確実に」結果を回避できたであろう場合には不作為の同時正犯，結果発生を「困難にした可能性」がある場合には不作為による幇助と解すべきである，その理由として，判例・通説によれば，作為の幇助行為は正犯結果と条件関係（あれなければこれなしの関係）にある必要はなく，正犯結果を促進し，容易にしたことで足りる，これを不作為の幇助に引き直せば，作為に出ることによって「確実に」結果を回避できたという事実関係を必要とせず，結果発生を「困難にした可能性がある」という関係で足り，他方，判例は，不作為単独正犯の成立については，結果の回避が「十中八，九は可能であったこと」を必要としていることが指摘される[26]。しかし，この見解は幇助行為の因果関係の理解において問題がある（下記ｂｂ参照）。

---

[25] 中義勝『講述刑法総論』1980年・266頁。同「不作為による共犯」刑法雑誌27巻4号（1987年）1頁以下。同「わが判例と不作為による幇助」関西大学法学論集第36巻3・4・5号（1986年）493頁以下。
[26] 西田典之『刑法総論』2006年・339頁以下。同「不作為による犯罪への関与について」（『神山敏雄先生古稀祝賀論文集第1巻』2006年所収・423頁以下）439頁以下。

ccc）　諸説の検討　　ここでは，ドイツの学説・判例を概観しながら諸説を整理し，検討してみよう。

　i　**主観説**　本説は，正犯者意思の存否を規準とするが，その存否の判断にあたっては，犯罪結果への自己の利益と行為支配意思を考慮する。この規準は不作為犯にも妥当する。例えば，母親がその幼児に食事を与えないのに，その父親が何等の対応措置を採らないとき，母親が支配的役割を果たしており，父親がその妻の殺害決意に服する場合は，父親は幇助犯であるが，父親がその妻の殺害の決意を無条件に共に担うか，父親にとり幼児の殺害が，前々からほしかったスポーツカーを購入する余裕ができるとか，妻との離婚が容易になるといったように，自己利益の動機から歓迎すべき場合には，父親も（共同）正犯である。母親が自分の子に食事を与えないという不作為ではなく，毒を投与するという作為で殺そうとするとき，それを傍観する父親とか，母親ではなく，第三者が前者の子を殺そうとしているのを傍観する父親の場合にも同様の規準から判断される[27]。

---

[27]　*Baumann/Weber/Mitsch*, (Fn. 2), §29 Rn 61, 72.; *G. Arzt*, Zur Garantenstellung beim unechten Unterlassungsdelikt (1. Teil), JA 1980, 553 ff.
　ドイツ連邦通常裁判所の主観説判例としては，BGHSt 13, 162〔被告人は，自殺の意思で水辺に腰を下ろしている姑から，自分を突き落としてくれるように頼まれたが，これに応じないでいるうちに姑は水中に落ちて溺死した。連邦通常裁判所は，被告人の保障人の地位を認定した上で，「姑の死に至る，姑自身によって招来される事象を支配する意思がなかったこと，したがって，被告人には正犯者意思が欠けていた」と判示して，不作為による嘱託殺人を認めた原判決を破棄した〕。BGH NJW 1966, 1763〔被告人である女性飲食店主は，男性客がダンスの誘いを断った女性の頭髪を切るのを黙過した。連邦通常裁判所は，飲食店主の保障人の地位を認定した上で，「飲食店主が4人の男性犯行者の振る舞いを容認し，この者たちと一体化していることは，男性客らの振る舞いを面白がっていたように見えたことからいえる」と判示した〕。BGH StV 1986, 59〔保障人が他人の殺人行為を傍観していたという事案で，連邦通常裁判は，「介入しないということが幇助犯故意によって担われていたのか，正犯者故意によって担われていた」のかが問題であり，決定的なのは「他人の作為行為に対する不作為者の内的態度である」，「笑いながら」傍観する態度は正犯者故意を表していると判示した〕。BGH NStZ 1992, 31〔「不作為者の内的態度が……－特に，回避されるべき行為結果への関心ゆえに－……正犯者意思の現れと見られうるか，又は，不作為者の内的態度の特徴として，不作為者が作為行為者に……意思において服従しており，事象を内的関与なしに且つ関心なしに……単なる幇助者意思の意味で進行させたに過ぎないと云えるか」が重要である〕。BGHSt 48, 77〔「組織支配」の場合，犯行現場から離れるほど責任は増すのであるから，東ドイツ政治局員は「評価的考察」からすると東ドイツ国境での殺害行為の不作為による正犯である〕。

本説には，恣意的結論の理由を基礎付けることができる理論を提供していると批判される[28]。先ず，自己の「利益」とか，判例の用いる「内的容認」という判断基底に批判が向けられる。自己の利益には濃淡があり，しがって，この概念で正犯者意思と共犯者意思を区別することは難しい[29]。次に，内的態度とか動機というのは責任要素であり，刑量には重要な要素であるが，構成要件を充足する正犯ともはや構成要件に該当しない共犯を区別する規準とはならないと批判される。内的態度とか動機で正犯と共犯が区別されるなら，それは行為刑法ではなく，心情刑法を意味する[30]。

ⅱ **幇助説** 本説によれば，作為行為者に完全な刑事責任が問える場合には，この者が作為犯の正犯であり，保障人の不作為行為には常に幇助が認められる。故意の作為犯を実行する行為者に行為支配があり，不作為者は「行為事象の脇役[31]」にすぎず，したがって，不作為は作為に比べてその重さが軽いというのがその理由である。作為者が行為の推移をもはや支配できなくなったときに初めて，行為支配は不作為者に移り，この時点で不作為者の正犯性が認められると[32]。例えば，家の持ち主がその飲み友達を連れて家に戻ったところ，その友達が家に住んでいる転借人を恐喝したが，当該家の持ち主がそれにたいして可能な何等の介入もしなかったという場合，恐喝に関して，積極的に脅迫をする者がこの事件の唯一の「中心人物」であり，介入しなかった者はこの事件の「脇役」である。行為を直接自ら実行する者に行為

---

[28] *Roxin*, (Fn. 1), §31 Rn 132.; *Kühl*, (Fn. 1), §20 Rn 35.
[29] *Roxin*, (Fn. 1), §31 Rn 137.
[30] *Roxin*, (Fn. 1), §31 Rn 138. さらに，主観説は不作為の単独犯には適用できないことも指摘される。誤って川に落ちた子を救助しないで溺死させた父親については，「自己の利益」の有無を問題にするまでもなく，不作為の正犯が認められるべきだからである。*Roxin*, (Fn. 3), 491.
[31] W. *Gallas*, Zur Revision des §330 c StGB, JZ 1952, 396 ff.; *ders*., Strafbares Unterlassen im Fall einer Selbsttötung, JZ 1960, 649 ff.; K. *Lackner*, K. *Kühl*, Strafgesetzbuch Kommentar, 26. Aufl., 2007, §27 Rn 5.; *Kühl*, (Fn. 1), §20 Rn 230. 我が国では，内田（注2）311頁「そもそも，不作為の『存在論的特徴』は，『幇助』的特性をもつもの」であり，「たとえば，幼児を溺れさせた自然的条件が，『正犯』的存在であって，救助にでない親の不作為は，これを支援する『幇助』の存在である」，したがって，通常は，「不作為による加担は『幇助』である」。
[32] *Jescheck/Weigend*, (Fn. 1), §64 Ⅲ 5.

支配がある限り，この者が不作為者の行為支配を妨げている。家の持ち主は幇助犯であり，飲み友達が正犯である[33]。これに対して，作為による殺人行為者がその実行行為を終え，立ち去った後，それに気づいた父親が結果の発生に至るまでの間に結果の発生を阻止できのにもかかわらず，そうしなかったという場合には，殺人罪の不作為による正犯が認められる[34]。

しかし，このような正犯性の規準を事実上の行為支配に求めることは適切でない。不真正不作為犯にあっては，結果阻止の可能性のあることが求められているのであって，保障人に事象の積極的支配が求められているわけではないからである。そもそも被害者が自ら危険に陥った場合には，当該被害者の保障人には当該事象に関する積極的支配がないのであるが，それでも当該保障人は正犯である。なるほど，保障人が作為行為者の犯行を阻止しない場合，保障人は作為者との関係で「脇役」と云えようが，だからといってこの場合を幇助とするのは妥当でない。自ら危険に陥った被害者を救助しない場合，保障人には事象の積極的支配が欠如しているのにもかかわらず正犯である。そうすると，保障人が作為行為者の犯行を阻止しない場合が幇助であり，自ら危険に陥った被害者を救助しない場合が正犯であるとして区別する合理的理由を見出しがたいのである。保障人の不救助ということが決定的に重要なのであり，どのように，つまり，第三者の故意行為，過失行為，はたまた偶然に被害者に危険が生じたのかは重要ではない[35]。本説によれば，さらに，保障人が，第三者による射殺行為を阻止しないとき，被害者が即死の場合（いわゆる「犯罪阻止義務」違反），当該保障人は幇助犯であるが，なお救命できる状況にある被害者を病院に搬送しない場合には，当該保障人は正犯となるが，どちらの場合も保障人の非介入が問題となっているのにもかかわらず，結論を異にするのは妥当でない[36]。本説によると，又，自分の子が殺

---

[33] *Jescheck / Weigend*, (Fn. 1), §64 III 5 696.
[34] *W. Gallas*, Beiträge zur Verbrechenslehre, 1968, 188.
[35] *Rudolphi*, (Fn. 7), Vor §13 Rn 40.; *Roxin*, (Fn. 1), §31 Rn 133, 152 ff.; *Weigend*, (Fn. 7), §13 Rn 90. 阿部純二「不作為による従犯（中）」刑法雑誌18巻1・2号（1968年）71頁以下，75頁以下。
[36] *Roxin*, (Fn. 1), §31 Rn 156.

されると誤想した父親が急いで救助に急行しない場合，共犯従属性説に立つかぎり，幇助の未遂となり不処罰となるが，自分の子が事故にあったと誤信した父親が救助に急行しない場合，殺人未遂となるが，この結論の違いの合理的説明ができない[37]。

　我が国の幇助犯説の中には，その根拠として規範命令の順位を挙げる説がある。作為者によって結果が侵害されるのを，保障人がそれを防止しない場合，先ず，作為者に対して具体的に規範命令が発せられ，作為者の態度如何によって法益が侵害されるか否かが決定されるので，規範的にも事実的にも作為者に主たる役割が与えられる。これに対し，保障人には，作為者に対して発せられた規範命令の違反を前提にして第二次的に当該法益の侵害を防止せよとの規範命令が発せられる。この第二次的命令に違反することは，規範的にも事実的にも，作為者の行為事象を滞りなく進展せしめる役割を果たしていると評価され，この評価は事後的判断によってなされるべきである。そうすると，保障人の作為義務の種類とか，作為者が行為の最中であるとか，あるいは作為者が行為終了後，行為現場から立ち去った後であるとか，不作為者が法益侵害の原因が第三者たる作為者によって惹起されたものであるかを認識しているか否かに関係なく，法益侵害を防止しない保障人は不作為による幇助と評価されると[38]。

---

[37] *G. Grünwald*, Die Beteiligung durch Unterlassen, GA 1959, 116-119.; *Roxin*, (Fn. 1), §31 Rn 157.
　ガラスは，親子といった緊密な保障関係にある場合，自分の子が殺されようとしているのを傍観する親の不作為は，親子といった緊密な保障関係があることを理由に，例外的に正犯と等価値であると論ずる。*Gallas*, (Fn. 31. Strafbares Unterlassen), 687 Anm. 69. しかし，これは原則の放棄に等しく，又，例外の範囲も明らかでない。
[38] 神山・前掲書（注12）182頁以下。同「不作為をめぐる共犯の新様相」現代刑事法 5 巻 9 号（2003年）45頁以下，48頁。曽根（注 9）413頁以下も同趣旨であるが，広義の排他的支配（不作為者が正犯の犯行を制止するこのができる唯一の人）は不真正不作為犯の成立を基礎付ける要件ではあるが，不真正不作為犯の正犯を基礎付けるためには狭義の排他的支配（作為行為に被保障人が保障人単独の支配領域内におかれた）におかれたことが必要であり，これを規範論的に考察すると，「作為者が現場を立ち去った後においては，そこに不作為者の本来の意味での排他的支配が認められるのであって，保障人である不作為者に対して，（単独）正犯を基礎付ける第一次的な規範命令が発せられたとみるべきであろう」と論ずる。

本説には，なるほど，作為者に対する禁止命令違反が前提となって不作為者に対する作為命令が発せられる，換言すると，作為行為者による危険の発生を前提として，それに応じて，不作為者の具体的義務が生ずるとはいえようが，しかし，不真正不作為犯では不作為者に結果回避義務を果たすことが要求されているのであって，これが時間的に先行する作為者の不作為義務に規範的に劣後するとはいえない[39]。

　iii　保障人義務内容説　本説によると，保護義務を懈怠する保障人は正犯であり，監視義務に従わない者，すなわち，監視されるべき者の犯行を阻止しない者は幇助犯である[40]。保護保障人が正犯となるのは，作為行為者の実行行為に終了前後を問わず，自ら犯罪構成要件の前提要件を充足しているからである。これに対して，監視保障人が幇助犯となるのはその法的義務が質的に異なっているからである。但し，監視保障人は，作為行為者（被監視者）が構成要件該当行為を終了した後，結果発生の阻止行為をしない場合には，幇助犯の成立すら否定され，救助の不履行罪（ドイツ刑法第323条ｃ）が成立す

---

[39]　参照，山中敬一「不作為による幇助」（『齋藤誠二先生古稀記念・刑事法学の現実と展望』（2003年）所収）354頁以下。
[40]　*H. Schröder*, Schönke/Schröder, Strafgesetzbuch. Kommentar, 17. Aufl., 1974, vor §47 Rn 105 ff.; *Otto*, (Fn. 1), §21 Rn 45.; *R. D. Herzberg*, Unterlassung im Strafrecht, 1972, 259 ff.; *Cramer/Heine*, (Fn. 8), Vor 25 Rn 104 ff.; *Gropp*, (Fn. 1), §10 Rn 151.; *W. Stree*, Schönke/Schröder, Strafgesetzbuch. Kommentar, 27. Aufl., 2006, §13 Rn 55. 松宮孝明（注13）273頁以下。シュレーダー説について，参照，齋藤彰子「不作為の共同正犯（２・完）」法学論叢149巻５号（2001年）25頁以下，29頁以下。
類似の見解にシューネマン説がある。*B. Schünemann*, Grund und Grenzen der unechten Unterlassungsdelikte, 1971〔結果犯において，結果を正犯者に帰属する上で決定的なことは「結果の原因に対する支配」である。これは「結果の主要な原因に対する支配」と「被害者の脆弱性に対する支配」に分けられる。前者は更に「危険な物あるいは危険な業務に対する支配」と「危険な人物に対する支配」に分けられる。被害者に身体的，精神的欠陥等が認められる「被害者の脆弱性に対する支配」の場合，これに基づく保護義務に反する不作為は正犯を根拠付ける。これに対して，「危険な物あるいは危険な業務に対する支配」の場合，これに基づく「社会往来安全義務」に反する不作為は単に幇助犯のみを根拠付け，「危険な人物に対する支配」の場合，これに基づく「監視義務」に反する不作為は，作為行為者が刑事未成年であるか否かによって，不作為による間接正犯か，不作為による共犯（教唆，幇助）を根拠付ける。しかし，この説に対して，夙に，不真正不作為犯において重要なことは，不作為者には結果発生の阻止が可能であったにもかかわらずそれを懈怠したところにあるのであって，結果の原因に対する支配があったところにはないと批判されてきたのである。参照，齋藤（注40）31頁以下。

るにすぎない。要するに、監視保障人と危険源によって危険に瀕している者との関係と比べると、保護保障人の方が被害者により近い関係にあるというのがその理由である。本説によれば、上記の例では、家の持ち主は、その住まいに関しては監視保障人にすぎないから、恐喝の幇助犯である。母親がその幼児に食事を与えないのに、その父親が何等の対応措置を採らないとき、父親も不作為による正犯である[41]。

しかし、夙に、そもそも保護保障人と監視保障人の明確な区別が可能なのかに疑問が出されていた。水泳場の監視員は水の危険から水泳客を護る保護保障人であるのか、それとも水の危険の監視保障人であるのかと[42]。これは別論としても、本来、保障人義務というのは結果発生を阻止すべき義務なのであるから、本説が、保護保障人なのか監視保障人なのかによって正犯か幇助かを決定するというのなら、その説得力のある理由が必要なのであるが、それが欠如している。本説によっても、監視保障人の対象者が刑事未成年者や精神障害者のような責任無能力者であるとき、監視保障人を不作為犯の正犯が認められるし、保護保障人の場合でも、領得の意思といった一定の構成要件要素が欠如している場合には、幇助犯が成立することになる。そうすると、保護保障人は正犯、監視保障人は従犯という義務内容の論理が貫徹されていないのである[43]。

我が国では、次のような保障人義務内容説が展開されている。犯罪阻止義務（危険源管理監督義務の一種であり、危険源が人の場合）違反の場合には、作為行為者が正犯であり、正犯の犯罪を阻止しないという不作為は幇助犯である。法益保護義務違反の場合には、当該法益が結果発生への因果の流れに委ねられている段階に達したとき（例えば、自分の子が池に溺れているとき）、不作為者

---

[41] *U. Ebert*, Strafrecht AT, 2. Aufl., 1994, 175〔父親がその子どもの第三者による殺害を故意に防止しないとき、保護保障人としての父親は作為による殺人罪の正犯である。これに対して、父親がその未成年の子の行う犯行を故意に阻止しないとき、監視保障人としての父親は不作為による幇助犯である。但し、その子が責任無能力の場合、父親が不作為による正犯である〕。
[42] *Roxin*, (Fn. 1), §31 Rn 160.
[43] *Roxin*, (Fn. 1), §31 Rn 161.; *Weigend*, (Fn. 7), §13 Rn 92.

は正犯である。これに対して，当該法益が他人の実行行為によって結果発生の危険に晒されている段階にあるとき（例えば，自分の子が他人に殺されようとしているとき），不作為者は幇助犯である。前者の場合，不作為者だけが結果発生を回避するための直接的管理支配を有する。後者の場合，他人の実行行為を阻止することによって法益を救助できるというのがその理由である。結局，本説では，犯罪阻止義務に基づく不作為犯が幇助であり，法益保護義務に基づく不作為犯が場合により正犯か幇助犯となる規準は直接的管理支配の存否にある[44]。本説によれば，さらに，法益保護義務の場合，法益侵害の不発生が確保されるまで，作為義務が継続するのに対し，犯罪阻止義務の場合，行為者の実行行為が終了すると，作為義務が消滅する。法益保護義務が直接危険に晒されている法益主体を救助することにあるのに対し（結果発生の直接的回避義務），犯罪阻止義務は他人の意思決定や行為に働きかけてその行為を止めさせることによって尽くされるので（結果発生の間接的回避義務），当該行為者の意思・行為に働きかけて，結果の発生を阻止することが不可能になった以上，犯罪阻止義務は消滅する[45]。

---

44) 山中敬一『刑法総論（第二版）』2008年・907頁。
　ほぼ同旨の見解にシュミットホイザーの説がある。E. Schmidhäuser, Strafrecht AT, 2. Aufl., 1984, 13. Kap Rn 13 ff. それによると，不作為者が危険な人（幼児，精神病者）との関連で監視保障人である場合，（間接）正犯が成立するが，支配領域との関連で監視保障人である場合，例えば，自分の印刷機が他人によって文書偽造に利用されるのを阻止しない場合，不作為による文書偽造罪の幇助犯となる。これに対して，不作為者が被害者との関係で保護保障人である場合，事象の段階で区別される。先行作為行為者が既に実行行為を終了したが，結果がまだ発生していないとき，保護保障人の不作為は正犯である（例えば，他人に突き飛ばされて池に転落した妻に気づきながら救助しない夫）。先行作為行為者の実行行為がまだ終了していないとき，先行作為行為者に現実の行為支配があるから，保護保障人の不作為は幇助犯である（例えば，他の登山者によって谷底に突き飛ばされようとしている妻に気づきながらその犯罪行為を阻止しない夫）。
45) 山中（注39）。
　島田聡一郎「不作為による共犯について（2・完）」立教法学65号（2004年）253頁以下，255頁以下も，次のように論じて，結論的には保障人義務内容二分説と同一の結論を導く。危険創出行為（一般に言う先行行為。先行行為に過失の必要性を否定するところからこの概念が用いられる），危険源管理義務違反のみを根拠に保障人的地位を認めるとき，不作為者が義務を負う根拠は専ら当該因果経過を生じさせたというところにあるから，不作為者は，その因果経過を仮に当初から故意に設定していれば負ったであろう罪責を超えた罪責を負うべきでない。共犯は，そもそも答責的な他人の行為を解して結果を惹起する

存在であるから，間接的危険創出行為に基づく不作為犯の成否を考える場合に，故意有責な行為，つまり，自律的決定に基づく正犯行為が介在しているとき，不作為単独正犯は否定されても，不作為による共犯は否定されない。例えば，甲が，乙に折りたたみナイフを貸したところ，思いもかけず乙がそれを用いて丙を刺突するという場合，答責性の観点からすると，不作為者は単独正犯ではなく，刺突行為の不阻止を根拠とする不作為による傷害致死あるいは殺人の共犯が成立する。しかし，甲は，刺突行為（正犯行為）終了後の救助義務までは負わない。以上の論理は，危険源管理義務違反が問題となる場合にも妥当する。これに対して，法益に対する引き受けが認められ場合（法益保護義務）には，保障人は，結果へと向かう直接的な因果関係を設定したが故に義務を負うのでなく，被害者との関係で救助が類型的に期待される地位におかれているが故に義務を負うのであるから，作為正犯者の行為終了後にも，被害者を直接保護する義務を負い，その違反は不作為単独犯を構成する。

　本説は，危険創出行為，危険源管理義務に後続して自律的決定に基づく作為の正犯行為が介入するとき，不作為者は正犯ではなく，共犯にとどまるとするところに問題があるのみならず，論者の依拠する論理に従っても，作為正犯終了後の不作為者の救助義務を否定することはできないところに問題がある。というのは，仮に，故意の作為正犯行為が介在することにより，不作為者には共犯しか成立しないとしても，そのことから，作為正犯行為の終了後の不作為者の救助義務の存否を導き出すことはできないからである。参照，松尾誠紀「作為犯に対して介在する不作為犯(5)」北大法学論集57巻4号（2006年）85頁以下，117頁。

　そこで，松尾誠紀「作為犯に対して介在する不作為（6・完）」北大法学論集58巻4号（2007年）1頁以下，14頁以下は，次のような理由から，法益保護義務・管理源管理監督義務の区別にかかわりなく，原則として，不作為関与（先行作為犯後の後行不作為犯を単独不作為犯，不作為共犯と区別してこの概念が用いられる）について不真正不作為犯の成立を否定する。刑法は法益の保護を目的とし，その目的の達成のたに事前に犯罪行為を規定することによって，法益侵害の状態がゼロであることを維持するように求めているから，そのような侵害ゼロの状態を積極的に否定した行為が第1に処罰の対象となるべき犯罪行為である。不作為関与の場合，当該法益侵害に対して故意によりそれを惹起した先行作為犯が存在しているから，それが最も非難されるべきである。これに対して，法益主体に既に何らかの損害（実害）が現に惹起されている状況では，いかなる救助行為をしても法益侵害状態をゼロにすることはできない，つまり，刑法の目的追求が失敗した状態にあるので，かかる状態での救助義務違反（後行不作為犯）に対して先行作為犯と同じ無価値評価を与えるべきでない。刑法はあくまで法益侵害が初めからゼロの状態を第1に求めており，ゼロでなくなった侵害状態をゼロに戻すことを求めていない。したがって，ゼロの状態を積極的に否定した行為の処罰を重視すべきであり，それと同等の評価を後行不作為犯に与えるべきでない。例えば，乙が丙に対して故意で発砲した後，瀕死の重傷を負った丙を保障人甲が発見しながらも放置し，丙が死亡したした場合，甲に不作為による殺人既遂罪は成立しない。

　本説は，先行作為犯と後行不作為とでは規範的評価の点で雲泥の差があることを理由としているが，しかし，刑法は，作為者の先行行為の後では，まだ完全には侵害されていない法益の救助，つまり，法益保護を保障人に期待するのである。保障人の結果発生の回避義務というのはどのように被害者に危険が発生したのかとは関係がないことである。本説

しかし，先ず，法益保護義務は直接的回避義務であり，犯罪阻止義務は間接的回避義務だとする対応関係は認められないことが指摘されねばならない。法益保護義務についてみれば，例えば，自分の子が他人に刃物で殺されようとしているのに気づいた父親としては，咄嗟に自分の子を匿うか（直接的回避），犯人の刃物を取り上げるか（間接的回避）をしなければならず，前者に限定されるというものではない。犯罪阻止義務についてみれば，自分の子が他人に刃物で襲うのに気づいた父親としては，自分の子から刃物を取り上げるか（間接的回避），咄嗟に他人を匿うか（直接的回避）をしなければならず，前者に限定されるものではない[46]。次に，犯罪阻止義務の場合，行為者の実行行為が終了すると作為義務が消滅するという点にも問題がある。犯罪阻止義務というのは，被監視者の犯罪行為を阻止する義務を意味するのであるが，それは結果の発生を回避するための1つの手段としての義務に他ならないのであるから，結果発生回避義務を犯罪行為の阻止に限定する根拠こそが問われなければならない。しかし，その根拠が明らかでない[47]。

　保障人義務内容説の一種にヤコプス説がある[48]。これは，保障人義務を制

では，例えば，競技場の警備員が，何者かが仕掛けた時限爆弾を発見したものの，それが爆発すれば死傷者が出ることを予見しながらもこれを放置し，結果的に爆発によって観客が死亡したという場合，後行不作為犯の介在時に未だ危険が顕在化していなかったことを理由に不作為による殺人罪の成立を肯定されるが（18頁），同じく，結果の発生の回避可能性があるのに，上記の例では殺人既遂罪が否定されというのでは，均衡を失していると云わざるを得ない。

46) 参照，松尾（注45（5号））97頁以下。
47) 参照，松尾（注45（5号））100頁以下。
48) *G. Jakobs*, Strafrecht AT, 2. Aufl., 1991, 29. Abschn. Rn 101ff. 参照，齋藤（注14）35頁以下。
　ヤコブスの保障人義務内容二分説の基礎には「義務犯」論がある。「義務犯」とは，他の人格と共同世界を形成する，つまり，他の人格との積極的な関係に足を踏み入れるべき「積極的義務」に違反する「制度的管轄に基づく犯罪」のことであり，これに対して，「支配犯」とは，市民の本来的義務である「消極的義務（他の人格を侵害してはならない）」に違反する「組織化管轄に基づく犯罪」である。「義務犯」では，社会において重要性を有する制度の維持という観点から，制度に由来する「特別な義務」を有する者に負責される。制度的管轄を有している者，つまり，被害法益との制度的結びつきを侵害した者が正犯である。「特別の義務」は一身専属的であって，「量」は問題とならず，これに違反する者は常に正犯である。これに対して，「支配犯」では，組織化（管理や権限が自分だけに帰属されるという意味での排他的支配）自由と結果責任の引き換えという観点から，結果

度管轄に基づく義務（親子関係，婚姻，特別の信頼関係，国の権力関係，基本的公務義務）と「危険に対する答責領域」が問題となる組織管轄に基づく義務（社会往来安全義務，先行行為，義務の引き受け）に分ける。前者の場合，不作為は義務犯と性格づけられ，義務の履行を懈怠する保障人は常に正犯である。後者の場合，保障人は正犯にもなりうるし，従犯にもなりうる。その区別は「不作為行為者の組織圏に属する因果経過の分担分が少なくとも主犯の寄与分と等価値といえるほどに犯行形態を決定付けている場合は共同正犯，それ以下の場合は従犯」という規準によって判断される。例えば，毒物が他人によって自由に使用・処分されないように管理すべき義務を有する者が，その保管を怠り，殺人を意図している他人の手に毒がわたったことに気づきながら取り戻すことをしなかったとき，「通常は幇助に過ぎない」。しかし，この説も，保障人義務が必ずしも結果阻止義務を意味しないことになる点に問題がある[49]。

　iv　**行為支配説**は，不真正不作為の正犯は，特別の正犯者要素，特に，保障人の地位によって補充されるものの，作為犯の場合と同じく，客観的行為支配とこれに関係する行為支配意思を要求する。不作為関与者が他の作為関与者によって創出された危険状況を回避するための保障人であるとき，当該不作為関与者は不作為による正犯となる[50]。例えば，飲食店主が，客らが他

について自由な組織化を為した者に負責される。組織化管轄を有している者が正犯である。「支配犯」では「誰の組織化自由から生じた結果なのか」ということだけでなく，行為者の組織化と侵害経過を結びつける過程を誰かが組織化していたこと，つまり，組織化の「量」も問題となるので，正犯と共犯の区別が可能である。

　義務犯における積極的義務は命令ばかりでなく，禁止も包含するので，不作為ばかりでなく，作為によっても侵害されうる。同様に，支配犯における消極的義務は禁止ばかりでなく，命令も包含するので，作為ばかりでなく，不作為によっても侵害されうる。ヤコプスの「義務犯」論について，参照，平山幹子『不作為犯と正犯原理』2005年・132頁以下。
[49]　*Roxin*, (Fn. 1), §31 Rn 165. 齋藤（注14）36頁。
[50]　*Maurach/Gössel/Zipf*, (Fn. 2), §47 V Rn 111, §49 IV Rn 85 ff. §50 IV Rn 72.; *J. Wessels, W. Beulke*, Strafrecht AT, 39. Aufl., 2009, Rn 517 u. 734.

　ドイツ連邦通常裁判所の行為支配説判例としては，BGHSt 2, 150〔首吊りをし，意識を失っているが，まだ救命できる夫を故意にそのままの状態にしておいた妻は不作為による正犯である。救助義務者というのは普通，「状況を完全に支配している，そうでなくとも状況を大部分支配」しており，「介入することで状況の決定的転換をもたらすことがで

の客に暴行を加えているのを黙認するとき，当該飲食店主は不作為による正犯である[51]。

しかし，行為支配説は不作為者の行為支配を基礎付けることはできない。行為支配というのは，因果の推移を積極的に掌握している，つまり，統制していることを意味するのである。これに対して，不作為者の介入によって事象の推移が転換されうるということは，結果回避の可能性を意味しているのであり，これはまさに不作為犯の概念要素であるものの，行為支配ではない。仮に結果回避の可能性をもって行為支配というならば，教唆者，幇助者も，作為の教唆，幇助に伴い結果回避の可能性を有しているのであるから，同時に行為支配を有しており，それ故正犯となろうが，そうなると，正犯と共犯の区別は不要となろう[52]。

v **作為難易度説** 行為支配説への批判を認識した上で，保障人にとって，構成要件実現を回避できたといえる態様で事象を形成できる「行為支配」を引き受けることができる難易度を決定的規準とする作為難易度説が出現した[53]。保障人が自己の力を傾注すれば（事実上可能な第三者の助力を含めて）結果を阻止することができたといえる場合，不作為者は正犯である。しか

きるものである」。行為を自分のものとはしたくないという留保によって，幇助犯故意が基礎付けられものではない，「なぜなら，幇助犯故意の法的要件，つまり，他人の正犯意思に服するということは……義務者の状況支配に鑑み意味を有しない」からである〕。BGH MDR 1960, 939〔婚約者（男）が首吊りをし，意識喪失状態のとき，他の婚約者（女）だけが完全な行為支配を有していたから，不作為による殺人罪の正犯が成立する〕。BGHSt 32, 367〔意識喪失状態にある自殺患者をその自殺の決断を尊重して死ぬに任せた医師の事案について，「自殺者が事象に影響を及ぼす事実的可能性（行為支配）を最終的に失ったとき，……死の発生は今や保障人の行動に依存する」。保障人は「行為支配を有し，そして，それからの推移が専ら自分の判断にかかることを受け入れるとき，正犯者意思も有する」。なお，ここに正犯者意思とは行為支配の意識を意味するものと理解される〕。

[51] 但し，マオラッハらは，本文と同種の事案のドイツ連邦裁判所の事例（BGH NJW 1966, 1763）は不作為による幇助であると論ずる。飲食店主には男性客の傷害行為に分業的協働もないし，必要的意思の連結もないからであると。*Maurach/Gössel/Zipf*，(Fn. 2), § 49 IV Rn 89. 参照，本書第 2 章注191。

[52] *Roxin*, (Fn. 1), § 31 VII Rn 133.; *G. Freund*, Strafrecht AT, 2. Aufl., 2009, § 10 Rn 48.; *Baumann/Weber/Mitsch*, (Fn. 2), § 29 Rn 58.

[53] *Weigend*, (Fn. 7), § 13 Rn 94.

し，この要件が充足されていても，故意の犯行者（保障人の監視対象者であることも，保護の対象者を攻撃する第三者であることもある）に対峙する保障人に行為支配が認められない場合が多い。すなわち，作為の行為者と比較して，保障人が介入の決意をすれば，保障人は特別の努力をしなくても事象を支配できるという意味での潜在的行為支配がない場合が多いのである。保障人の行為支配の妨げとなるのが第三者の積極的行為者意思という障壁である。これを克服することは，第三者の作為がなく，自らの力で積極的作為をする場合よりははるかに困難である。それ故，第三者の作為の犯行に対して対抗策をとらないという普通の場合は保障人に幇助犯が成立する。もとより，保障人がいつでも且つ労苦なしに構成要件実現を妨害できる事例も考えられる。作為行為者が保障人の（潜在的）「支配下に」ある，例えば，父親がその14歳の娘がよその子をたたくのを口頭の注意だけで阻止できる場合，保障人は作為行為者に対して身体的及び又は心理的に優越しているので，父親が不作為による正犯である。保障人自身は犯行の決意をした第三者を阻止できないが，しかし，具体的状況からして，切迫している結果を容易に阻止できる場合，例えば，被保護者に近いうちに攻撃の虞があるときこれを電話で警察に通報しない場合も，保障人が正犯である。こういった極めて稀な場合，保障人は自分に即座に利用できる防御手段があり，「事象の主人」といえる，したがって，保障人が意識的にこういった可能な手段を利用しないとき，保障人が不作為による正犯である[54]。

　この説に連なるのが「不作為の重み」説である。原則として，作為による正犯に対する保障人の不作為による関与は幇助犯を成立させる。通常は，「作為」が「不作為」を凌駕する「力」を有するというのがその理由である。例えば，他人が幼児を海中に突き落とすのを阻止しなかった父親には，不作為による殺人幇助罪が成立する。これに対して，飲食店の女性経営者が，常連客達の若い女性客に対する毛髪等を切り取る等の乱暴を阻止しなかったと

---

54)　*Weigend*, (Fn. 7), §13 Rn 95 u. Fn. 302. 第三者の攻撃が既に最終的に終了し，その結果を阻止することだけが問題となっている場合，例えば，父親が第三者の攻撃によって重傷を負った息子を救助しない場合，保障人が不作為による正犯である。

いう事案では（BGH NJW 1966, 1763），女性経営者には常連客の乱暴を容易に阻止しえたとするならば，正犯を基礎付ける「不作為の重み」がある。甲，乙両名が，被害者の胸部・頭部等を蹴りつける等して無抵抗状態にした後，乙は現場から2メートル離れ，甲の乱暴を笑って見ていたが，甲がさらに9.3キログラムの鉄パイプで被害者の頭部を殴打するであろうことを認識しながら，これを阻止なかったという事案では（BGHSt 30, 391），「とどめを刺さなかった」乙には「正犯としての重み」がある「不作為」が認められる。先夫との間に生まれた長男（4歳）と次男（3歳）をつれて乙と内縁関係に入った甲が，乙が日ごろから子供達に「折檻」を重ねているのを特に制止もせずにいたところ，事件当日，次男の態度に立腹した乙が，同人に対し手こぶしでその頭部を数回殴打したために仰向けに倒れて意識を失った同人を発見し，乙と共に病院に運んだが，くも膜下出血のため同人を死亡させたという事案では（札幌高判平成12年3月16日判時1711号170頁），甲には乙の乱暴を阻止することは容易でなかったといえるので，不作為による幇助が認められると[55]。

　しかし，結果の発生を阻止できたということではなく，多大な労苦を払わなくとも結果の発生を阻止できたといえる不作為者が正犯だとする本説にも問題を指摘しうる。潜在的行為支配というのは，労苦して結果の発生を阻止し得た場合でもいえることであるから，この場合に潜在的行為支配を否定するならば，それは潜在的行為支配の概念を否定することを意味する。更に，結果発生の阻止の困難さの程度に線を引くことは実際には困難であるので，潜在的行為支配の実践的適用に難がある。そもそも作為に出ることが極めて

---

[55] 内田文昭「不作為の幇助」判タ766号（1991年）87頁以下，内田（注2）669頁以下。
　斎藤信治「不真正不作為犯と作為義務の統一的根拠その他」法学新報112巻11・12号（2006年）245頁以下，293頁以下は，法益侵害的な行動に作為で加功した者と不作為で加功した者とがいる場合，原則的には前者が正犯，後者が幇助犯であるが，「わが児を殺そうとしている児童を格別恐れも感ぜず簡単に追い払えるのに敢えて座視した場合とか（〔狭義の〕保護義務違反），わが児が幼児を死なせようとしているのを容易に阻止できるのに放置した場合とか（いわば阻止義務違反）は，不作為者でも社会的・規範的には主役であって正犯とされるにふさわしかろう（間接正犯が成立するとも解しうる）。」と論ずる。同『刑法総論（第六版）』2008年・264頁も参照。

困難であるという事例では,「命令された作為に着手する事実上の可能性」が否定され,結局,構成要件該当性が否定されることになるのではなかろうか。最後に,不作為の単独犯の場合には,結果発生の阻止の困難度にかかわりなく,したがって,いかに困難であっても不作為正犯を認めざるを得ないことも指摘しておかねばならない[56]。

　vi **正犯説**　第三者による構成要件実現を許容する保障人は原則として不作為犯の正犯であると解する正犯説が妥当と云えよう。第1に,不真正不作為犯の正犯者は,命令された作為をしない者,したがって,不真正不作為犯の構成要件を自らの手で実現する者である[57]。不作為犯の特徴は,保障人の地位から生ずる結果回避義務の違反というところにあり,これが正犯を基礎付けるのである。保障人の作為義務に正犯を基礎付ける作為義務と幇助を基礎付ける作為義務の2種類があるわけではない。結果回避の作為義務に強弱があるわけではないからである[58]。第2に,正犯と共犯の区別は,従来,作

---

[56]　*Roxin*, (Fn. 3), 464 f. 阿部純二「不作為による従犯(上)」刑法雑誌17巻3・4号 (1967年) 1頁以下, 13頁。
[57]　*Rudolphi*, (Fn. 7), Vor §13 Rn 37.
[58]　*Rudolphi*, (Fn. 7), Vor §13 Rn 40.
　ロクスイーンはその説く「義務犯」論から基礎付ける。ロクスイーンによれば,正犯とは具体的な行為事象の中心形態であるが,中心形態はあらゆる犯罪に共通の規準で把握されるわけではない。ほとんどの犯罪では,「行為支配」が規準となり,構成要件に書かれた事象を支配した者が正犯である。しかし,「行為支配」を有していても正犯とはならない犯罪がある。特別な正犯資格を伴う構成要件にあっては,犯罪行為の中心形態を成すのは,正犯行為の外部的行為ではなく,行為者によって請け負わされた社会的役割である。そのような犯罪が義務犯(Pflichtdelikt)と呼ばれる。義務犯というのは,構成要件に前置される刑法外の特別義務を侵害する者だけが正犯となりうるような構成要件である。例えば,供述強要罪(刑法第343条)では,非公務員が公務員に供述を強要した場合,当該公務員は「行為支配」を有しているが,正犯とはない。供述強要罪の正犯要件は,公務員としての身分ではなく,公務員に与えられている適切な取調べを為すべき刑法外の特別の義務を侵害したということである。「義務犯」における可罰性の根拠が行為者に負わせられた社会的役割の侵害にある以上,義務の侵害が作為によって生じたか不作為によって生じたかによって可罰性に変化が生ずるものではない。例えば,受刑者を逃亡させる意図で,刑務官が義務違反的に刑務所の扉を開ける(作為)か,扉を閉めないでおく(不作為)かによって,逃走援助罪(刑法347条)の成否が左右されるわけではない。そうすると,不作為犯はすべて義務犯である。*Roxin*, (Fn. 1), §25 Rn 25, Rn 267 ff., §31 Rn 140 ff.; *Wohlers*, (Fn. 9), §13 Rn 26. ロクスイーン説について,参照,平山(注48) 123頁以下。

為犯を対象に行為支配の観点から展開されてきたのであるが、この区別を、作為とは構造を異にする、事象の支配の認められないところに特徴のある不作為犯に応用することはできないと云えよう。作為の場合、共犯者は正犯を通して結果の発生に影響を及ぼし、これにより正犯の不法も共犯者に帰属される（従属的法益侵害としての共犯）。しかし、不作為の場合、結果回避義務を負う保障人は、作為者（正犯）に影響を及ぼすのではなく、作為者の行為不法とは関係なく、不作為犯の構成要件を充足するのである。例えば、第三者の犯す殺害行為を阻止しない者は、この者を「支援している」のではなく、犯罪結果の発生を回避しないのである。換言すると、不作為者は作為者による結果惹起に事実上従属しているに過ぎない。第三者の犯罪行為に介入しない者は、他の態様の法益侵害の危険を回避しない者と同じなのである[59]。そ

日本の正犯説に、齋藤（注20）22頁。阿部純二「不作為による従犯に関する最近の判例について」研修639号（2001年）3頁以下。井田良『講義刑法学・総論』2008年・493頁。
[59] R. Bloy, Anstiftung durch Unterlassen? JA 1987, 490 ff.; *Stratenwerth*, (Fn. 1), §14 Rn 7.; *ders*., (Fn. 3), §15 Rn 15.; *Cramer/Heine*, (Fn. 8), Vorbem §§25 ff Rn 102.; *Rudolphi*, (Fn. 7), Vor §13 Rn 40.
　従属性の観点から幇助説を展開するのがランフトである。それによれば、保障人義務に違反して犯罪を阻止しないという不作為は作為正犯者との関係で従属していると扱われねばならない、それ故、幇助となりうる。なぜなら、保障人の地位は作為正犯者の故意に依存しているからである。自分の子に襟巻きを持って近づく母親がその子を暖めようとしているのか、それとも絞め殺そうとしているのかに、その子の父親の介入義務は依存する。さらに、ランフトは、義務違反の不作為の従属性の根拠として正犯の不法に依存していることを指摘する。自分の未成年の子が第三者に攻撃しているとき、その父親は自分の子のために介入して、第三者の反撃（正当防衛行為）を阻止してはならない。父親が介入しないという不作為の「客観的義務違反」は正当防衛が被害者から父親に「及ぶ」ことによって否定されるべきである。第三者の傷害行為への不処罰の幇助が認められるべきである。このように正当化事由が及ぶのは幇助に相応しており、同時正犯には相応していない。O. *Ranft*, Garantiepflichtwidriges Unterlassen der Deliktshinderung, ZStW 94, 1982, 815 ff., 833, 839 f.
　しかし、これに対しては、ロクスイーンが正当にも次のように批判する。先ず、前者の説明であるが、この例は、構成要件で保護される法益に対する危険が存在しなければならないということを言っているにすぎず、従属性の説明としては不適切である。こういった危険の存在には、当然ながら、作為者の目的設定が重要でありうるし、この者に対する対応措置が採られねばならない。しかし、故意の作為行為だけが問題となるのではなく、当然のことだが、母親の過失殺人も父親は阻止しなければならない。父親が母親の行為を黙過するなら、父親が不作為による殺人の正犯である。すなわち、保障人義務は従属していないのであり、この事情は幇助解決を否定する1つの論拠となる。次に、後者の例である

うすると，保障人義務は正犯者を基礎付ける規準と捉え，第三者の作為行為を阻止しない保障人は不真正不作為犯の正犯であり，第三者は作為犯の正犯であり，両者は同時正犯ということになる。

但し，本説によれば，構成要件が正犯成立の要件としている正犯要素が保障人に欠如している場合には，第三者の作為を阻止しない保障人の行為は正犯を基礎付けない。例えば，偽証罪の場合，法律よって宣誓した証人が虚偽の陳述をするのを阻止する義務を有する者がこの義務に違反して虚偽の陳述を阻止しなかったとしても，保障人には「法律により宣誓した証人」という正犯資格（身分）が欠けているから，不作為による正犯ではない。又，領得罪の1つである窃盗罪は主観的構成要件要素として領得の意思が要求しているのみならず，そもそも不作為では犯されえないので，例えば，万引きに気づいた店員が，安月給に不満を募らせていたために，何の対応もとらなかった場合，当該店員は窃盗の正犯ではない。これらの場合，不作為者には幇助犯が成立する。不作為者に正犯が成立する場合，例えば，保護保障人がその被保護者が他人により殺害されるのを傍観した場合，他人はその行為支配の故に作為の正犯，保護保障人は不作為の正犯である。この場合，全体の事象を行為支配という面から考察すると，不作為者の刑法上重要な関与は作為の正犯への支配なき加功になり，幇助としてのみ評価されうる。もっとも，競合原則から，この幇助は正犯の背後に退く。そうすると，不作為者に保障人義務があっても不作為の正犯が成立しない場合，不作為による幇助が正面に出てくるのである[60]。

不作為による幇助は，保障人が第三者の幇助不法の実現を阻止しないときにも成立する。例えば，父親が，その子が他人に拳銃を渡して，殺人の幇助をするのを阻止しない場合である。父親は被害者との関係は保障人の地位に

が，このような回り道をした「従属的」構成をする必要はない。むしろ，保障人の義務の範囲が初めから被保護者を危険から守るところまで及んでいないのであり，被保護者は法律上危険を甘受しなければならないのである。したがって，後になって正当化を必要とする「客観的義務違反」は存在しない。Roxin, (Fn. 51), 673 f. 参照，松生光正「不作為による関与と犯罪阻止義務」刑法雑誌36巻1号（1996年）142頁以下，150頁以下。

[60] Roxin, (Fn. 3), 483 f.; Donatsch/Tag, (Fn. 19), 318.

はなく，したがって，回避すべき不法内容は殺人罪の構成要件ではなく，自分の子の犯罪行為を阻止する義務を有するにすぎず，したがって，殺人幇助罪の構成要件である[61]。

本説に対しては，次のような批判がある。他人の犯行に直面した保障人は，自然の猛威，技術的危険あるいは自分の不注意から危険に瀕している法益客体を保護するために自ら作為に出なければならない者と比較すると，いっそう困難な状況に遭遇している。すなわち，保障人は作為による犯行の決意をした者の妨害をしなければならないのである。作為による行為者が保障人の監視対象となっている者であれ，保障人の保護の対象となっている者への第三者からの攻撃であれ，事情は変わらない。したがって，監視保障人及び保護保障人に要求される行為は特別の危険を伴っているから，行為に出る心理閾は他の状況下にある保障人の場合よりも高いのが普通である。それ故，図式的に正犯と捉えることには難があると[62]。しかし，この批判は必ずしも正鵠を得たものとはいえない。自ら危険状態に陥った被害者を救出することに非常な困難が伴うということも間々あるのみならず，例えば，作為者に警察に通報するとの警告を発するなどの方法で，作為者の行為を比較的容易に阻止できることもあるからである。

本説には，作為犯との比較で刑罰の均衡を失することになるとの指摘もある。しかし，一般に，不真正不作為犯は減軽事由となる。作為との等価値性の認められる不作為は，等価値性にも関わらず作為に比して行為無価値の点で軽いからである。等価値性の役割は，構成要件の不法内容にそもそも相応しない不作為の事例を初めから構成要件不該当と扱うところにある。不作為が構成要件に該当しても，当該不作為は作為に比して行為無価値の点で基本的に軽いのであり，それは刑の軽減事由として考慮されるべきである[63]。特

---

[61] *Rudolphi*, (Fn. 7), vor § 13 Rn 42.; *Roxin*, (Fn. 1), § 31 Rn 144.
[62] *Weigend*, (Fn. 7), § 13 Rn 91.
[63] *R. Moos*, Wiener Kommentar zum Strafgesetzbuch, 2. Aufl., 2002, § 75 Rn 21. ロクスィーン（*Roxin*, (Fn. 1), § 31 239) ヴァイゲント（*Weigend*, (Fn. 7), § 13 Rn 98) は，不作為の行為無価値の方が作為の行為無価値よりも小さいことを理由に不法減少を認めるが，従として，責任減少も認める。これに対して，イエシェック／ヴァイゲント

に，保障人が第三者による被保障人への犯罪行為を阻止しないといった場合，その第三者の犯罪への作為による幇助よりも当罰性が重くないので，刑罰は幇助犯に対する刑罰の範囲内に留められるべきである[64]。正犯と共犯の区別の問題を刑量の問題と混淆してはならない。

bb　幇助の因果関係　不作為による幇助においても，作為義務者が介入しておれば具体的態様の形態で現実に生じた結果は生じなかったであろうという意味での因果関係が必要である[65]。ドイツ連邦裁判所の判例によると，不作為による幇助は，幇助者が結果を確実に阻止できたことを前提要件とせず，幇助者が命令された行為によって結果の発生を難しくすることができたということで十分である[66]。この見解は，作為による幇助者であって

（*Jescheck/Weigend*, (Fn. 1), §58 Ⅴ 1 610）は，不作為者の方が法敵対的心情の点で軽いことを理由に責任減少を認めるが，従として不法減少も認める。Vgl. *M. Hilf*, Wiener Kommentar zum Strafgesetzbuch, 2. Aufl., 2005, §2 Rn 170.
　ドイツ刑法第13条第2項は不真正不作為犯の刑の任意的減軽を認めているし，オーストリア刑法第34条第1項5号も不真正不作為犯の刑の必要的減軽を認めている。
[64]　グリュンヴァルトは，作為による正犯と作為による幇助とは，作為によって事象へ現実に影響を及ぼすが，不作為による関与は事象への現実的影響に欠如しており，事象に介入する可能性を有している（潜在的関係）ところに存在するので，作為による正犯，作為による幇助，不作為による共犯は3種類の異なった関与形式であると論じたうえで，次のような理由から，不作為による関与が作為による幇助よりも重く評価されることはないと論ずる。他人の行為に作為による幇助をした者は，幇助行為後，結果の回避可能性を有しているのが普通である（例えば，凶器を渡した者は正犯を阻止する，被害者に警告する，あるいは警察に通報することにより謀殺を阻止できる）。すなわち，幇助行為には不作為犯が付随するのが普通である。この付随する不作為は危険を創出する先行行為に基づく不作為犯に相当するものの，故意によって危険を創出している点で通常の先行行為とは区別され，しかも，故意がない場合よりも「重い」。それにもかかわらず，このような付随する不作為が，犯罪評価に当たっては考慮されない。付随する不作為犯が，作為による幇助行為の先行しない不作為犯より「軽い」わけがないにもかかわらずそうなのである。そうだとすると，不作為による関与は，無価値の程度において，作為による幇助よりも重大な関与形態ではない。そうすると，不作為による関与は，幇助犯に対して適用される刑の範囲に基づいて処罰される。作為犯の実行行為終了後の不作為についても同様である。*Grünwald*, (Fn. 37), 113. 不作為による幇助を認める点を除き，ほぼ同旨，宮澤浩一「不作為による共犯」慶応法学研究33巻2号（1960年）473頁以下。
[65]　*Cramer/Heine*, (Fn. 8), §27 Rn 16.; *Roxin*, (Fn. 1), §31 Rn 169.
[66]　RGSt 71, 176, 178〔乗組員が煙草100キログラムを密輸し，関税を免脱するのを知りながらこれを阻止しなかった航海士について，「義務に従った介入があれば如何なる事情の下でも行為が阻止せられうるということは，不作為による幇助にとって必要ではない。

も、正犯者による構成要件実現と条件関係にある必要はなく、「促進」することで十分であるという見解と相即している[67]。しかし、作為犯の場合でも、正犯者による正犯の現実の実行行為と因果関係のないたんなる「促進」というものの実質的基盤が一体どこにあるのか分からない[68]。このことはますますもって不作為による幇助に当てはまる。不作為による幇助犯の成立に、正犯者の行為を困難にするだけで十分であるとするなら、不作為者は正犯行為をおよそ阻止できないという場合であっても、「阻止行為」をしなければならないということになろう。しかし、保障人というのは結果の発生を阻止する義務を有する。不作為にとどまった幇助者が積極的介入をしても結果を阻止できないのなら、この結果は幇助の次元でも帰属できない。幇助の未遂（不可罰）があるに過ぎない[69]。

b 不作為による教唆

教唆行為というのは、他人に精神的影響を与えて犯罪をしようとする決意を生じさせることであるが、これを不作為によって実現することはできな

むしろ、幇助はその活動によって行為の完成を困難ならしめる状態にあれば十分である〕; RGSt 73, 52, 54〔夫がその妻を殺害する行為の幇助に問われた夫の愛人について、ライヒ裁判所は、前記判決を引用しつつ、被告人（夫の愛人）が自分の愛人に妻殺害の意図のあることを妻に通報することによって、夫の殺害意図が抑制されるとか、妻がいっそう注意を払うことになり、夫の犯罪の実行が著しく困難になったのではないかといった点を考慮すべきだったと判示して、原判決を破棄した〕; BGHSt 2, 129, 134 f; BGH NJW 1953, 1828; BGHSt 48, 301, 302. *Jakobs*, (Fn. 48), 29. Abschn 102a.; *Ranft*, (Fn. 58), 268, 281 ff. 札幌高判平成12年3月16日（本章4⑦判例）も犯罪の実行を阻止することが相当程度可能であったことでよいとしている。

[67] RGSt 58, 113, 114 f; BGHSt 2, 129, 130 f.; BGH StV 1995, 524.; BGH, NJW 2001, 2409, 2410. 大判大2年7月9日刑録19輯771頁「犯罪ノ幇助行為アリトスルニハ犯罪アルコトヲ知リテ犯人ニ犯罪遂行ノ便宜ヲ与エ之ヲ容易ナラシメタルノミヲ以テ足リ其遂行ニ必要不可欠ナル助力ヲ与フルコトヲ必要トセス」。高橋則夫「不作為による幇助犯の成立」現代刑事法2巻6号（2000年）101頁以下、102頁。*Baumann/Weber/Mitsch*, (Fn. 2), § 31 Rn 16 ff.; *Wessels/Beulke*, (Fn. 50), Rn 582.
[68] 通説は「促進」説に反対している。*W. Joecks*, Münchner Kommentar. Strafgesetzbuch, 2003, § 27 Rn 26 ff.; *K. Lackner, K. Kühl*, Strafgesetzbuch. Kommentar, 26. Aufl., 2007, § 27 Rn 2.; *Roxin*, (Fn. 1), § 26 Rn 184 ff.
[69] *Schmidhäuser*, (Fn. 44), 13. Kap Rn 14.; *Weigend*, (Fn. 7), § 13 Rn 96. 阿部（注58）6頁。

い。甲は，乙から甲の父親丙を憎んでおり，殺すかどうか思案中だと聞いたが，甲は乙が丙を殺そうとする決意をするのを止めようとすればとめることができたのにそうしなかったので，乙は丙を殺す決意をし丙を殺してしまったという場合，甲は，丙の生命に対する保障人として，丙の死を阻止する，つまり，乙の丙殺害の決意をできるだけ早く阻止する義務を課せられているところ，甲がこれをしないとき，この不作為が当該情況の下では「行為の提案」と理解されうるので，乙がその後決意をして丙殺害に及べば，甲は殺人の不作為による教唆が成立するという見解があるが[70]，これは甲に不作為による殺人罪の正犯が認められるべき事例である[71]。さらに，「たとえば，不注意な言動によって他人に犯罪意思を誘発した者が，後になってその事実を認識したにもかかわらず，ことさらにこれを是正しないで放置し，その犯罪が遂行された場合，あるいは大体同様であるが，教唆者が単に暴行のつもりで教唆をしたが，軽率な言辞を使用したために（たとえば，ただ「やっつけて了え」という程度の教唆)，被教唆者がこれを殺害の教唆と錯誤し，しかも教唆者が後になってその事実を知りながらこれを放置し，被教唆者によって殺人罪が行なわれた場合」，不作為による故意の教唆が認められるべきであり，不作為による正犯を認めるべきでない，なぜなら，仮に，正犯と解するなら，自己の軽率を発見しながらもこれを是正せずにそれを放置した場合，背後者はすでに犯罪の実行があったと解すべきであるから，被教唆者が何等かの事情で犯意を放棄し，犯行に出なかった場合でも背後者は未遂として処罰されることになるが，この帰結は作為の教唆の場合と対比して承認しがたい結論になるという主張も見られる[72]。しかし，この場合も，不作為者に保障人の地位が認められれば，正犯と解すべきであり，不作為による正犯を認めると作為による教唆との釣り合いが取れなくなるという批判は，最初介入可能時点説を前提としている立論であって，この説自体が失当である（参照，第5

---

[70] *Schmidhäuser*, (Fn. 44), 13. Kap Rn 11.
[71] 参照，齋藤（注20）28頁。
[72] 植田（注13）271頁以下。神山敏雄「不作為による教唆」岡山大学法学会雑誌32巻3・4号（1983年）437頁以下，494頁以下は植田説を支持する。

章)[73]。

　作為によって犯罪を誘発する情況を創出しても教唆犯は成立しないのであるから，ましてや，不作為によるそれにも教唆犯は成立しない。旅行に出かける隣人乙からその家の監視とその郵便受けを定期的に空にしてほしいと頼まれた者甲が，その郵便受けがはちきれそうになっていることから留守であることが推測され，そうすると，空き巣に狙われやすくなることを予期しながら，その郵便受けを空にしないという場合，不作為による教唆が成立するという見解があるが[74]，この不作為によって犯罪を誘発する情況が創出されたにすぎない。仮に甲が作為で乙の郵便受けを満杯にしたからといって，それが作為による住居侵入窃盗教唆になるとはいえないであろう[75]。

　しかし，本来的意味での教唆ではないが，不作為者が教唆犯の規定で処罰されなければならない場合がある。監視保障人がその保障人義務に反して監視の対象である者の教唆行為を阻止しない場合，正犯者は教唆者によって犯行の決意を喚起される。この場合，保障人義務は被保障人の行為を監視することにあり，被教唆者の犯行を阻止することではない。監視保障人が被監視者の教唆行為を阻止しておれば，正犯者が犯行の決意をすることもなかったといえるとき，監視保障人の不作為は作為の教唆の行為無価値に等しい。したがって，保障人に不作為による教唆犯が成立する[76]。例えば，刑事施設の長が，受刑者が第三者宛ての手紙の中で犯行を唆かしているにもかかわらず，その手紙を差し止めないとき，保障人には当該手紙を差し止める義務があり，それを履行すれば，第三者の犯行への決意に繋がる因果過程を断絶させ，第三者の犯行を防止できたのであるから，刑事施設の長には不作為による教唆犯が成立する[77]。同様に，自分の未成年の子が他人に窃盗教唆をしているのに気づきながら知らん振りをする監視保障人たる父親にも不作為によ

---

[73]　参照，齋藤（注20）28頁。
[74]　*Bloy*, (Fn. 59), 496.
[75]　*Roxin*, (Fn. 1), §26 Rn 87.
[76]　*Rudolphi*, (Fn. 7), Vor §13 Rn 42.; *Weigend*, (Fn. 7), §13 Rn 88 u. 28.; *Bloy*, (Fn. 59), 497.
[77]　*Weigend*, (Fn. 7), §13 Rn 88.

る教唆犯が成立する。父親には息子の犯罪行為を阻止する義務があるからである。この場合，父親には，領得の意思も被害者との関係で保障人の地位にもないので，窃盗罪の正犯は成立しない。父親に窃盗罪の不作為による幇助も成立しないのは，正犯の犯行を阻止したり，正犯から被害者を保護する義務もないからである[78]。

---

[78] *Roxin*, (Fn. 1), §26 Rn 87. 神山（注72）517頁は，被監督者が第三者を教唆するのを監督者が阻止しない場合，監督者には犯罪計画の提案者的役割がないことを理由に，不作為による幇助を認める。

著者略歴
吉田敏雄（よしだ　としお）
　　昭和44年3月　北海道大学法学部卒業。
　　昭和62年3月　法学博士（北海道大学）。
　　平成15年10月　新犯罪学会（ミュンヘン）において
　　　　　　　　　「ベッカリーア賞（銀賞）」受賞。
　　平成19年2月　「菊田クリミノロジー賞」受賞。
　　現　職：北海学園大学法学部・大学院法学研究科教授。

主要著作
　　『ペータース誤判の研究』（昭和56年12月・北海道大学
　　　図書刊行会）
　　『行刑の理論』（昭和62年1月・慶応通信）
　　『刑法理論の基礎』（平成17年7月・成文堂）
　　『法的平和の恢復』（平成17年12月・成文堂）
　　『犯罪司法における修復的正義』（平成18年10月・成文堂）

刑法理論の基礎II
不真正不作為犯の体系と構造

平成22年9月10日　初版第1刷発行
平成26年4月1日　初版第2刷発行

著　者　　吉　田　敏　雄
発行者　　阿　部　耕　一

〒162-0041 東京都新宿区早稲田鶴巻町514
発行所　　株式会社　成　文　堂
電話 03(3203)9201(代)　FAX 03(3203)9206
　　　www.seibundoh.co.jp

製版・印刷・製本　藤原印刷　　　　　　　　検印省略
© 2010 T. Yoshida Printed in Japan
☆乱丁・落丁本はおとりかえいたします☆
ISBN 978-4-7923-1883-3　C 3032

定価（本体2100円＋税）